中国的公共住房和住房援助：政策评估与战略选择

张齐武 著

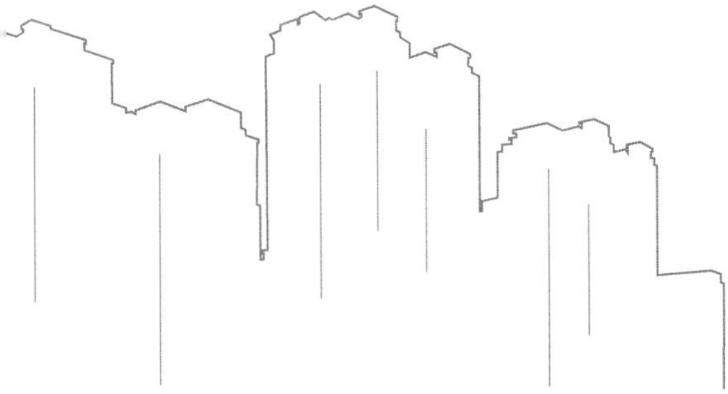

WUHAN UNIVERSITY PRESS
武汉大学出版社

图书在版编目(CIP)数据

中国的公共住房和住房援助:政策评估与战略选择/张齐武著.—武汉:武汉大学出版社,2016.8
ISBN 978-7-307-18205-9

Ⅰ.中… Ⅱ.张… Ⅲ.住房政策—研究—中国 Ⅳ.F299.233.1

中国版本图书馆 CIP 数据核字(2016)第 144981 号

责任编辑:聂勇军　　责任校对:汪欣怡　　版式设计:韩闻锦

出版发行:**武汉大学出版社** (430072 武昌 珞珈山)
(电子邮件:cbs22@whu.edu.cn 网址:www.wdp.com.cn)
印刷:虎彩印艺股份有限公司
开本:720×1000 1/16 印张:26 字数:373 千字 插页:1
版次:2016 年 8 月第 1 版 2016 年 8 月第 1 次印刷
ISBN 978-7-307-18205-9 定价:46.00 元

前　言

我国自进行住房制度改革以来，城市居民住房自有率和人均面积均获得了较大提升，但大城市高房价对城市新增人口和弱势群体产生了明显排斥，“夹心层”现象也比较严重，这对我国2020年实现“住有所居”提出了重大挑战。为此政府拟大量增加公共住房（经适房和公租房）建设量，试图缓解中低收入者买房负担重、租房难、住房状况改善缓慢等社会问题。但在城市层面，经适房政策目标和实际绩效间存在较大差距。在政策层面，关于公共住房合理供给结构、经适房存废与否和住房补贴方式问题仍存在较大争议，本书对此在理论上进行了探索，并使用多种方法进行了评测和比较。

研究首先提出住房政策的主要目标是支持和帮助中低收入群体获得适宜住房。住房政策中包含住房保障和住房援助两类，“住房保障”以房为本，目标是为最低收入者提供“基本住房”。“住房援助”以人为本，以支援帮助居民获得可负担的“适宜住房”为目标。住房保障和住房援助在政策目标上存在递进关系，在政策工具上有差异。研究基于问卷调查和文献研究对“住房援助”进行了定义，将实践中的援助活动分为政策型、项目型、金融型、科技型和非政府型五种类型。研究归纳了我国援助政策，发现现有政策和项目都偏向购房援助，忽视了租房援助。根据我国与世界主流的住房模式的比较，总结了适合我国国情的住房援助经验，提出应加强上位法规制定、产权转移兼顾租售、激励雇主进行住房援助和加快公共住房的市场化、社会化改革的建议。

囤房现象是加剧大城市住房紧张和结构失衡的主要原因。研究通过解析中高收入家庭囤房的原因，论证了我国长期实行的购房援助政策在家庭高储蓄率心智模式下会导致负面效应，因此住房政策应保持中性，避免造成贫富悬殊和社会阶层严重分化。治理囤房的策略重点是弱化囤房动机、推动市场化的公租房项目、提高存量住房的周转速度和使用效率。

就经适房是否应取消的问题，本研究进行了经适房和公租房的政策对比。通过文献研究，比较了经适房管理政策调整前后的住房产权结构变化，发现政策正在向经适房全封闭运行的方向改革。研究按照绩效、效率、充足性、公平性、回应性和适宜性六项评估标准，将住房援助政策目标分解为具体的子目标。利用民意测评和模糊评价法，对当前试图以公租房取代经适房的政策改革进行了绩效预评估，证明了在相同住房财政支出情况下，公租房不宜完全替代经适房。单纯调整援助方式，实行以公租房为主流的政策将难以提高城市住房政策的整体绩效。研究论证了公租房和经适房政策不应偏废，租、售两种援助方式各有利弊，应根据市场需求，因地制宜灵活运用。

针对公共住房管理中的福利错配和公平难题，本研究通过 7 个相似制度案例进行聚类分析，论证了许可（配额）交易是一种体现了细分、微分哲学思想的管理创新，是适合市场经济体制的一种现代管理工具，可以被移植到公共住房管理和其他公共领域。通过对武汉市和黄石市（住建部公租房试点城市）的案例研究，结合与其他大城市公租房管理政策的比较，探讨了推行以可交易房券为补贴方式的改革历程和经验教训，论证了住房援助应采用更加市场化的方式来进行，通过合理运用许可权交易进行政府规制可提高援助政策绩效。

为了评估关键援助政策工具的长期效果，本研究通过对购房者的行为调查，将住房和家庭分为了具有共性的若干子类，依据主体行为规则构建了基于 Netlogo 仿真平台的房地产市场多主体微观仿真模型。该模型包含了商品房、经适房和公租房三个子市场，家庭可根据自身情况进入该三个市场进行交易，公共住房和商品房也可有条件转化。该模型考虑了城市区位特征和活动中心，模拟了家庭综合考虑房价（租）和交通成本的行为模式，集成了家庭的区位选择与租售选择。仿真模型使用武汉市 2000—2010 年的历史数据进行了标定和有效性校验。

本研究利用仿真模型对已开展和未开展的住房援助政策进行了实验。发现当新增公共住房的总比例少于 10%时，对商品住房市场的冲击是比较小的，成交量没有明显变化。但公共住房配建比例越大，成交量震动波幅越大，比例越小，震动波幅越小。对仿真城市而言，如采用 10%的规划配建比例（经适房和公租房各 5%），公租房就会在 5 年后出现大于 15%的空置率，说明商品房强制配建公租房的政策应根据供求状况及时调整。如果保持低于平均住房面积 60%的公共住房准入标准，公租房项目也会在 5 年后出现明显的空置率上升。但如果放宽到低于全市平均面积水平就可以准入，则空置率始终在 10%以内。如果要维持 10%配建比例时，该市应适当调高准入标准，建议用“9070”标准（即家庭收入标准为 90%，人均住房面积标准为 70%）取代“8060”标准，这样可维持适度的轮候时间又不至于出现申购不足。通过多次运行仿真模型还发现经适房比例增大，高收入人群平均家庭总资产降低，最低收入家庭总资产增加，中等收入人群不明显，显示出经适房对贫富差距的调节相对有效。房产税是一种包容性的购房援助，但对租房者改善作用不大。提高个人售房所得税率可以增加无房户的租房面积，但对有房困难户没有显著影响。

本研究根据住房援助的基本原理和政策目标，简要回顾了住房制度改革的历史，探讨了“住有所居”的实现路径，提出了后小康时代中国住房体系从剩余模式经多元模式向高级普惠模式过渡的构想，并结合我国当前社会结构变动趋势和前述实证研究成果提出了政策建议。

目　　录

第1章　绪　　论

1.1　问题的提出

1.1.1　研究背景

“耕者有其田、居者有其屋，劳有所得、老有所养”，这是传统文化对理想世界的朴素描绘。承接这一理想，中国政府提出到2020年实现“住有所居”的社会发展目标①。然而在城镇化过程中，大城市商品房的高房价对城市新增人口和弱势群体产生了明显排斥②，造成了阶段性住房困难（刘志峰，2012）。如何让聚集在城市的居民住有所居、安居乐业，这是我国自住房制度改革以来所面临的重大挑战。

2011年我国人均住房面积已达31.6平方米③，城市居民的总体住房状况已得到了很大改善，伴随着我国住房私有率和自有率的提升，是否拥有住房产权已成为改革时期阶层差异和阶层分化的重要指标（边燕杰，刘勇利，2005）。然而在取得这一成就的同时，富裕居民热衷于囤房，青年群体宁可沦为房奴也要超前购房，这种现象折射出住房问题的复杂性。住房制度改革中出现的经适房

---

① 实现“住有所居”是中共十七大、十八大提出的到2020年实现的社会目标之一。

② 参见《中国家庭金融调查报告·2012》第74页。

③ 数据来源为住房和城乡建设部编《全国城镇住房发展规划（2011—2015年）》。

“信誉危机”、公租房试点遇冷、房地产调控变“空调”等现象，引起了不少学者的反思（茅于轼，巴曙松，陈杰等，2010）。为此中国政府拟大量增加保障性住房建设量，试图缓解房价涨幅过快，中低收入者买房难、租房难、住房条件改善缓慢等社会问题。但在城市层面，不断增长的住房保障土地与资金需求难以落实，保障政策目标难以实现（全国人大常委会保障性住房建设专题调研小组，2009）。在立法层面，住房保障覆盖范围、经济适用房的存废、保障方式选择成为疑难问题（郑尚元，2010）。

本研究对我国当前的住房政策背景有四个基本判断：一是经过住房制度改革之后，公房基本已出售给私人，城乡居民的住房拥（私）有率达到世界较高水平。大部分城市的存量住房总量（表现为人均住房面积和套数）已经基本满足常住人口的小康需求，但占有结构①和质量有待改善。突出的矛盾是中高收入居民热衷于购房、囤房与中低收入者买不起舒适住房的现象并存。二是大城市适合青年人和低收入者的低端住房逐渐减少，可供租赁的合适房源也相对不足。但如何供应这一类住房，以及如何帮助人们获得这类住房有不同的解决思路和管理模式。三是双轨制市场中同房不同权、同房不同价一定程度上造成了市场和政府的双重不灵，这也是住房政策遭到诟病的主要原因之一。四是经适房政策的初衷和政策执行效果存在较大差异，公租房的呼声虽高但实施中存在诸多困惑。从上述判断出发，我国当前的住房政策需要反思、面临改革甚至重构，这需要从理论和政策两个层面进行分析论证。

中低收入者与高收入者共享一个城市，要达到“住有所居”的目标，首要是合理解决占总人口约70%的中低收入群体的住房问题，这是一个真问题②。与极低收入者依靠兜底的廉租房制度不

---

① 占有结构指住房公有私有的保有比例、家庭自有住房的比例。

② 据世联地产总裁陈劲松的回忆，2007年国务院24号文件出台后，广东房协蔡穗声先生提议研究中等收入者的住房问题，他认为这是一个真问题。参见陈劲松：《世联观察：景气循环中的市场2007—2009》，机械工业出版社2009年版，第197页。

同，中低收入群体租购住房需要多大程度的住房援助，需要得到什么方式的援助都存在争议①。在一定资源约束下——有限的公共预算支出和建设用地严格管制下，对到2020年达成“住有所居”社会总目标的路径尚不清晰。在城市层面，保障房的租售比例如何设定比较合理？在特定时间段内，已下达的保障性住房供给规模（一般用套数表示）中，公租房和经适房应占多大比例？商品房配建保障房、公租房转售、经适房转商品房的合理比例是多少？这些现实问题有待我们一步步进行解决。

城市居住问题是极其复杂的，是一个跨学科的研究领域。住房政策的设计必须考虑到政策组合互相影响产生的叠加效应，也要考虑政策的历史定位和公众响应。本书试图通过公共管理学、计算经济学、政策科学、社会学的不同视角探讨城市住房援助政策，寻求阻碍中低收入阶层获得适宜住房的政策原因，评估现行经适房和公租房的政策绩效和制度设计。基于商品房、经适房、公租房的互动关系和既定的政策目标，通过仿真模型模拟住房产权结构和援助工具组合对政策绩效的影响。

1.1.2 研究目的

本研究目的如下：

（1）结合国际经验，探讨住房市场互动和分配伦理，在此基础上构建解决问题的逻辑。论证住房援助政策应保持中立性和适度性。基于理论和实证研究结论，从战略规划层面提出政策建议，为尽早实现“住有所居”目标提供备选政策组合和决策依据。

（2）引入术语“住房援助”，并将住房政策按常用的援助方式进行分类和检验，使用编程语言描述家庭租售住房的行为规则，提出并构建具有应用价值的商品房和经适房、公租房市场互动的多主体微观仿真模型。使用微观仿真模型对典型援助政策进行实验，从而为政策制定者提供决策参考。

① 在笔者进行的预调查中，有70%以上的受访者认为中等收入群体不需要住房援助，详见附录Ⅰ。

（3）基于文献综述和调查，提出一个衡量住房政策绩效的公允评价标准。利用这一标准评判经适房制度改革的方向，对公租房取代经适房的政策改革进行预评估，比较在相同的住房公共支出的情况下，经适房完全被公租房所取代的政策后果。

（4）以公有产权为特点的政策性住房和“补砖头”为主的补贴方式都存在较大的寻租空间和搭便车行为，本研究试图论证市场化带来的产权明晰和自由交易有助于克服这种制度缺陷，尤其是通过变暗补为明补，通过许可（配额）交易的方式可以促进权力透明运行，也满足援助对象的多元化需求。

1.1.3 选题意义

在城市住房领域出现的可支付性不足、福利错配、供给失衡、公共住房管理效率低下问题，以及衍生出来的城市无序蔓延、违法建筑、社区卫生及安全隐患、贫民集中、阶层对立等问题一直困扰着各国政府。通过制定和实施住房援助政策来妥善解决中低收入者的住房问题是各国政府与社会机构的重要工作之一。在未来一段时期内，我国城市住房领域存在着几组日益尖锐的矛盾：保持经济增速与对房地产业风险的预防；房地产业平稳发展与开发企业依赖于规模开发与房屋快速销售的经营模式；快速城市化与对城市增长和住宅用地的规划控制；全面建设小康社会与高企的房价对中低收入人群的社会排斥；不断增长的住房援助支出与土地财政面临的转型；人口和资本聚集形成的高房价与低收入者融入城市的矛盾等，由此引发的住房问题亟待在理论和政策两个层面上进行探讨。

本研究将探索解决中长期保障性住房产权结构的动态优化问题，探讨住房政策中以帮助居民获得适宜住房的援助政策如何影响各个社会阶层的资产状况和生活状态，从政策取舍上找出当前我国中低收入者的住房问题的解决之道。研究基于以人为本、保持社会公平正义的价值观，本书的实证研究成果有助于政策制定者重新审视现行的住房政策和援助项目。关于公租房和经适房的比较和评估结果对住房管理实践具有指导意义。

在论证方法上，本书采用理论与政策结合、定性与定量结合、模糊评价与 ABM（基于主体建模）方法结合，人员访谈与问卷统计互为补充的方式，对住房领域类似研究有借鉴意义。已开发的仿真模型可应用于不同城市，使用当地数据标定后通过政策实验，可为制定住房建设规划和房产政策提供参考。

1.2 研究内容

在中国特殊的情境下，本研究通过理论分析与案例分析、定量分析、市场模拟相结合的研究方式，围绕住房援助这一管理活动，对以下研究内容进行了分析：

绪论部分交代了研究的背景、目的和技术路线，确定了研究内容和主要问题。由于住房的基本属性和衍生效应，住房市场的形成和作用效果受到很大抑制，需要和实际得到住房援助的对象比基本住房保障对象要广泛得多。本研究第二章提出了住房援助的概念，并进行了定义和术语对比。援助政策的工具多种多样，本研究对此进行了梳理和归类，对住房援助的实践进行了国际比较，对住房援助的研究现状进行了综述。

本书第三章分析了造成囤房的原因和影响效应，指出过度的购房援助会导致社会排斥等负面影响，住房政策失去中立性。研究提出了强化租房援助、抑制投资性购房的若干对策建议。

本书第四章从效益、效率、充足性、公平性、回应性、适宜性六个方面提出了住房援助政策的评估框架。以租房和购房援助为例，该部分内容通过探讨保障性住房的产权归属、出让形式是倾向于鼓励租还是售，对现行的经适房和公租房政策的政策绩效进行了比较，就如何激励更多的资源投入到住房援助中提出了制度优化建议。

本书第五章的目的在于如何提高住房援助政策的公平性与透明性。由于权力寻租和居民搭便车行为，导致经济适用房存在严重的“信誉危机”。在保持援助工作力度的同时，如何遏制住房领域的腐败和特权，如何才能低成本地识别出援助对象，如何低成本过滤那些投机者或不符合保障标准的人，减少福利错配呢？这里可能涉及保障性住房公有产权的显化、交易和定价，涉及对保障性住房产权登记、使用、准入、流转、退出的管理制度设计。通过借鉴其他相似市场的政府管理模式和市场经济国家住房援助经验，该部分内容分析了房券模式的优缺点，通过对武汉市和黄石市的案例分析，论证了市场化改革的必要性和改革难点，提供了将援助转化为住房补贴，以可交易房券进行住房补贴管理的政策建议。

本书第六章建立了基于多主体的住房市场微观仿真模型。因城市住房体系属于复杂性系统，政策工具（变量）相当多，为了避免出现“头痛医头”式的管理模式导致的低效和不协调。该模型以家庭居住为行为规则，整合了商品房、公租房和经适房三个市场，引入了区位和交通成本，属于空间一体化模型。该模型系统检验了住房援助政策工具的长期效应，为制定科学的城市规划和住房政策提供了技术支撑。

住房援助需要建立管理部门或组织，增加公共支出，筹措大量资金或减少政府税费收入。这是一项系统工程，由于涉及资源再分配，存在利益博弈，往往阻力很大，需要顶层设计和较大的改革力量来推进。本书第七章从利益博弈的角度，探讨不同主体的诉求和矛盾。本研究依据住房援助政策的哲学基础和伦理观，按照我国社会结构变迁趋势，将“住有所居”分解为若干较具体的阶段性目标，从住房产权结构和制度供给方面探讨了住房模式的历史变迁和改革路径。

住房援助政策或项目上的管理创新是什么方向？本研究最后依据本书理论和实证研究结论，提出了推进住房援助政策改革的方向，对原有经适房和公租房管理制度如何改进提出了建议。

1.3 研究的理论基础及研究方法

本研究的理论基础主要是新古典经济学供需理论、制度变迁理论、公平理论、博弈论中的经济制度分析、社会与住房市场分层理论、住房特征属性（耐用性、异质性、公共品）、住房过滤理论、垃圾箱决策理论、单中心城市理论、地价梯度递减理论、住房—交通一体化选择模型等。

在研究方法上第一章通过文献回顾和经验分析引出研究问题；第二章使用比较法和文献综述定义住房援助术语，用问卷调查和归纳法对住房援助方式进行分类；第三章通过经验归纳法说明鼓励购房和持有的援助政策会造成囤房现象，使得住房政策失去中立性，引发住房不公；第四章对比了经适房和公租房两类援助项目的绩效；第五章通过案例研究和归纳法探索住房援助的市场化问题，以房券为例进行了理论和政策研究；第六章通过 ABM 方法建立微观仿真模型进行援助政策实验；第七章根据前文理论模型和实证结果，使用战略管理方法提出实现“住有所居”目标的实现路径和政策重点，提出了若干政策建议；第八章为全文归纳。

本研究整体采用了将历史回顾、国际比较与面向未来、面向不确定的预测研究相结合的研究方法，将住房援助政策工具分类细化、指标量化后进行了实证。研究中采用了国内较为前沿的基于主体仿真模型进行政策实验，使用了政策模糊评价、多案例聚类分析法①、特尔菲法、民意测评方法、比较研究方法，在研究方法上较为丰富。

1.4　研究范围和研究概念的界定

本书研究范围上的侧重点，相对于城市住房的增量，重点是存量；相对于建设，偏重于管理；相对于最低收入者和高收入者，研究对象是中低收入群体；相对于“保基本”的廉租房和高端的商品房，着重考虑的是经济适用住房、公共租赁房和普通商品房。

基于研究背景，笔者认为“住房保障”适于表达保障获得基本住房，不适宜表达众多针对中等收入者获得适宜住房的政策和项目，也不适宜涵盖由非政府组织、金融机构和雇主提供援助的住房项目②。使用“住房援助”相对直观贴切，符合术语顾名思义原则，也符合以人为本的政策基础。住房援助政策的目的就是支援帮助广大中低收入者获得适宜居所。

① 该方法优于单案例研究。

② 中国社科院学者冯兴元持有类似的观点，他认为“保障房不具天然合法性”，过于宽泛的保障房定义，造成了“概念混淆、规则错失，也为腐败留出了空间”。参见《居住可以救济、住房不需保障》，凤凰财经专栏 http：//finance. ifeng. com/news/special/beiyoucai22/。

为了避免出现理解上的麻烦，在本书表述中需要涵盖经适房、公租房和廉租房项目时，使用公共住房或保障性住房。

1.5　研究的总体结构

如图 1-1 所示。

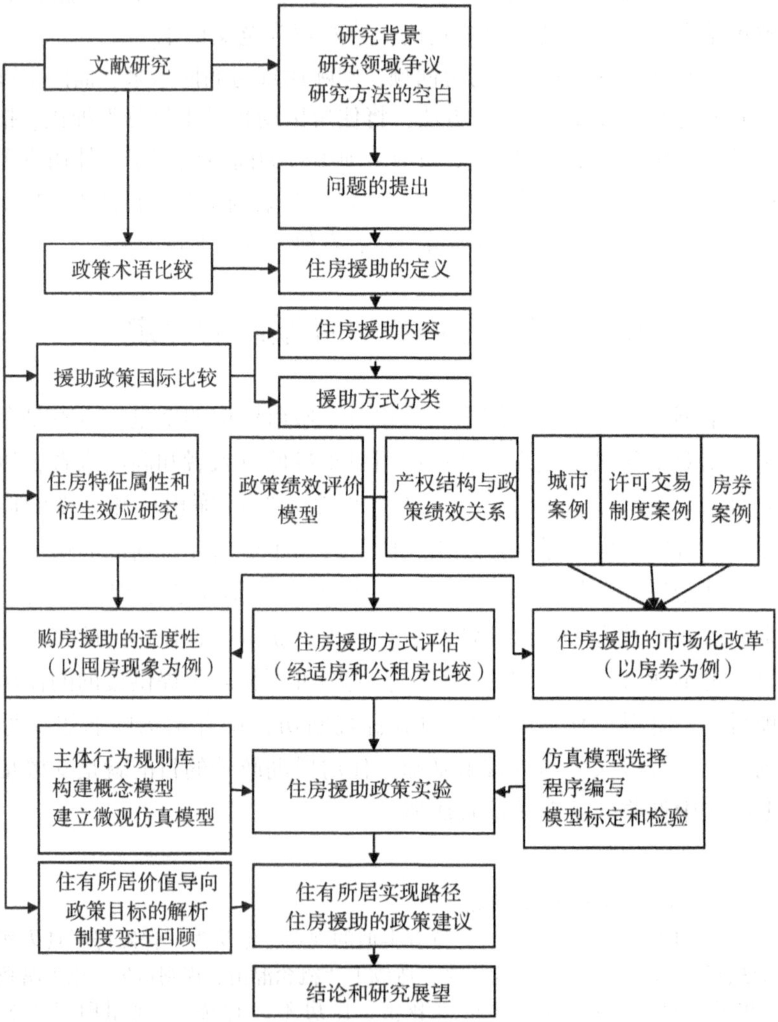

图 1-1　研究的结构图

1.6 研究的创新

研究视角方面：产权理论是分析公共物品的一个极好工具，但国内目前在产权与绩效的关系研究方面主要应用在农业生产、环境资源和企业绩效分析方面，在住房政策领域较少。鉴于住房存在租、售两种不同的产权转移方式，本研究检验了不同产权交易和结构方式下住房政策的绩效，在视角上具有一定新意。由于中国正处于（公共）住房产权结构的改革时期，这为本研究提供了较好的调研时机和应用价值。

理论研究方面：（1）基于单名单义性和顾名思义性原则，本书根据国际惯例，提出了有别于“基本住房保障”的政策术语“住房援助”，并解析了两者的区别与联系。（2）利用问卷调查和文献研究对住房援助进行了定义，将住房援助划分为政策型、项目型、科技型、金融型、非政府型五大类，收集和归纳我国购房和租房援助的工具集合，分析了五类援助方式的特点和异同。（3）探讨了住房援助的必要性、适度性和基本原理，基于我国社会结构变动和政策目标，结合实证研究成果，提出了实现“住有所居”的可行路径和住房政策实施的侧重点。（4）发展了房地产经济学关于住房特征属性的讨论，补充了锚定性、整体性、凝固性、恒产性和关联性，论述了与此相关的衍生效应。（5）通过仿真模型观察了商品房与公共住房（经适房和公租房）的互动，分析了租、售两种援助方式和房产税、所得税对住房政策目标的作用机制，丰富了住房经济学理论。

政策研究方面：（1）构建了经适房与公租房的绩效比较框架。根据规范的公共政策预评估方法提出了一个住房援助政策的绩效评判标准，并对经适房取代公租房的政策改革进行了绩效预评估，证明了在相同住房财政支出情况下，公租房不宜完全替代经适房，购房援助和租房援助应相对均衡，相关政策建议已得到省市地方政府的采纳。（2）通过购房者的行为调查，建立了基于 Netlogo 平台的多主体的房地产市场微观仿真模型。作为模型的应用，以武汉市实际情况进行了标定，并利用这一模型对不同的援助政策（公共住房供给与结构配置、房产税、所得税等）的长期效应进行了实验，发现当新增公共住房的总比例少于 10%时，对商品住房市场的冲击比较小。但公共住房配建比例越大，成交量震动波幅越大，比例越小，震动波幅越小。对仿真城市而言，采用 10%的规划配建比例（经适房和公租房各 5%）并保持低于平均住房面积 60%的公共住房准入标准，公租房项目在 5 年后就会出现明显的空置率上升。如果放宽到低于全市平均水平就可以准入，则空置率始终在 10%以内。如果要维持 10%配建比例时，该市应适当调高准入标准，建议用“9070”标准（即家庭收入标准为 90%，人均住房面积标准为 70%）取代“8060”标准，这样可维持适度的轮候时间又不至于出现申购不足。通过多次运行仿真模型还发现经适房比例增大，高收入人群平均家庭总资产降低，最低收入家庭总资产增加，中等收入人群不明显，这显示经适房对贫富差距的调节比较有效。房产税是一种包容性的购房援助，但对租房者改善作用不大。提高个人售房所得税率可以增加无房户的租房面积，但对有房困难户没有显著影响。（3）对公租房政策提出了移植“许可权交易模式”进行市场化改革的制度设计，通过案例研究和比较研究，探讨了制度实施的关键过程。通过多案例（5 个相似制度案例+3 个房券案例+2 个城市案例）论证了住房补贴采用许可权交易模式可提高公共住房政策的绩效。

方法方面：（1）使用经济计量方法用于仿真模型的标定，使用问卷调查法建立了主体行为库，结合统计检验，使用最新仿真平台和通用编程语言构建了可扩展的多主体微观仿真模型。模型设立了商品房、经适房和公租房三个市场的交互，将政府主体和家庭主体作为住房政策的制定者和响应者参与仿真，这是对已有微观仿真模型的改进。该模型属于较为前沿的一体化模型，同时考虑了房价（租）和交通成本，家庭租、售选择根据面积、区位和价格多种因素进行决策，设置了多个活动中心，更接近于真实世界。使用参与仿真的实验方法测试政策工具组合，探析了不同政策之间的复杂关系。（2）已开发的仿真模型采用结构化编程，具有扩展性，用户只需要简单更改参数，就可以推广应用到其他城市。研究者可以对该模型进行数据挖掘，也可以通过调查更新行为规则库，使之逐渐逼近真实。(3)结合使用历史比较法、特尔菲法和模糊评价法（建立评价矩阵）对公租房替代经适房的政策改革进行预评估。（4）房券方案的论证采用了跨案例聚类分析法，结论比单案例方法有说服力。

第 2 章　住房援助的引入和制度比较

2.1　为何要引入术语“住房援助”

没有术语就没有知识，然而当前种类繁多的保障性住房是否应统一归并为公共住房，住房保障的提法是否贴切，住房保障政策是否涵盖针对中等收入群体或夹心层的住房政策，对此学者们莫衷一是，已影响了住房立法和比较研究（郑尚元，2010；陈杰，2012；冯兴元，2012）。

在查阅制度法规、政府文件、媒体报道和学术刊物时，对有别于商品房并由政府或社会提供援助的住房，在称谓上可谓眼花缭乱。所谓的“保障性安居工程”或“保障性住房”一般指经济适用住房（简称经适房）、公共租赁住房（简称公租房）、廉租房、限价商品房、双限房（限户型、限房价商品房）等①，有时也称为安居房、集资房、政策性住房、福利房、公房（如不出售完全产权的单位宿舍）。中国香港地区的公屋、澳门地区的社会房屋、台湾地区的国民住宅，新加坡的组屋，日本的公营住宅和公团住宅，德国的福利住房，荷兰的社会性租赁房（social rental housing），丹麦的公共住房和合作住房，均类似于我国大陆的“保障性住房”。在国内出版的学术刊物和专著中则大量出现公共住房

---

① 我国保障性安居工程种类多达 7 大类 11 小类，见陈怡芳等：《德国、瑞士低收入家庭住房保障考察报告》，《财政研究》2012 年第 2 期，第 56 页。限价商品房、城市棚户区改造、国有工矿棚户区改造、国有林区棚户区改造、国有垦区危房改造一般均归属于保障性安居工程建设。

(public housing)、社会住房（social rental housing)、可负担型住房或可支付型住房（affordable housing)、低收入者住房（low-income housing)、合作住房（housing co-ops）等术语，这些概念大多是国外名词的直译或意译，经常在论文中混用，有时造成了理解上的麻烦①。本书撰写时曾以“住房保障”作为关键词，然而随着研究的深入，笔者发现随着世界范围内住房实际拥有率和人均住房面积的不断增加，作为社会保障意义上的住房保障已不能贴切地形容主要的住房政策（或项目），在进行制度比较分析时尤其容易引起混淆②。

众所周知，术语的规范化意味着科学的发达，规范术语，是学科建设当中必不可少的重要环节。术语首先应具备单名单义性和顾名思义性。为此本章上半部分拟通过辨析住房援助与住房保障、住房补贴、住房政策这几个常用术语的区别和联系，建构术语“住房援助”的定义，归纳住房援助的方式和分类，并建议在不同场合分别使用“住房援助”和“住房保障”。

为了进一步弄清“住房保障”的含义，笔者使用Google学术搜索进行检索，发现英语文献中非常少见housing security一词，少量文献关键词用housing security system或housing security measures，使用该词的基本上是中国作者。有趣的是，在英文中security housing指的是装有监控设备的住房，而不是中文对应的保障性住房。中文“保障性住房”对应public（rental）housing，affordable housing，low-income housing，social（rental）housing，supportive housing，subsidized housing等词。“社会住房”在供给对象上和“公共住房”差不多，由于social一词的释义为living together in

① 例如在《英格兰保障性住房的发展及其对中国的启示》（《国际城市规划》2012年第4期）一文中，作者不得不在注释中说明为了研究的方便，将定义比较宽泛的可负担住房与保障性住房视作含义等同的概念。

② 无独有偶，复旦大学住房政策研究中心陈杰副教授也对“保障房”或“住房保障”一词深感困惑，并提出用公共住房取代保障房。参阅《为保障房正名》，英国《金融时报》中文网，http://www.ftchinese.com/story/001042274?page=3，2012-03-28。

communities，本意就是公共的、群居的，所以译为“公共住房”形象一些，准确反映了其产权状况。社会住房在欧洲一般指政府提供的或政府资助的住房。国外本研究领域用得较多的术语是 housing assistance，housing allowances，housing subsidy，housing aid，偶尔使用 housing guarantee。显然在查找英文文献和国外交流时不宜使用 housing security 作为关键词。

各国及地区的政府或社会都积极为居民提供住房援助。香港特区政府为市民提供诸多住房援助计划，如低收入家庭租金援助计划、置业资助贷款计划等。日本在《生活保护法》中称住房援助为住宅扶助。韩国将享受住房政策帮扶的社会阶层分为绝对支援阶层和部分支援阶层。美国的住房援助一般分为基于项目的援助（project-based assistance）和基于住户的援助（tenant-based assistance）。2011 年上述两项援助分别达到了 195.51 亿美元和 93.76 亿美元，是该国住房和城市发展部（HUD）预算中的最大支出项①。历史上美国还多次出台住房援助法案。国外住房援助的针对性强，方式也比较灵活多样，除一般的住房补贴和供应公共住房外，还包括提供住房券（housing vouchers）、购房奖励、住房储蓄奖励、贷款补贴、租金控制与管制、税收抵扣（housing tax credit）、金融危机时期的住房暂缓止赎②等。研究不同援助方式的政策（项目）绩效是国际上住房研究领域的主要方向。

2.2　住房保障的起源与内涵

“保障”即保护防卫。我国社会保障的特点是广覆盖、保基本，重点是保障城乡居民的最低生活、基本医疗、基本养老的权利和需求。社会保障的主要作用在于“保障社会成员的基本生活，

---

① HUD. The Budget For Fiscal Year 2011 [EB/OL]. http://www.whitehouse.gov/sites/default/files/omb/budget/fy2011/assets/housing.pdf，2011-11-17.

② 如美国奥巴马政府推出的住宅稳定计划，要求银行暂缓对不良房贷执行止赎行动。

增强他们的生活安全感”。对于何为住房保障，目前国内并没有权威统一的解释或法律条文相对应，至少在保障对象的覆盖范围上存在争议①。“住房保障”可能是从早期政府文件中“保障性安居工程”里衍生的一个术语，后多和体系、政策、工作、范围、水平等名词联用，一般代指政府为低收入居民和弱势群体提供的住房援助，使其享有基本的住房条件。

住房保障这个概念在改革开放之前的政治与社会发展语境中是不存在的，因为城镇居民住房基本都是由政府或单位解决的。公房是主流，私房只是零星存在。住房价格机制作用甚微，房地产市场尚未形成，实物分配往往根据户籍、家庭结构、年龄、工龄、职位、职级、已占用住房状况等因素进行，尽管需要等待，大部分城镇职工家庭都有获得基本住房的机会。可以说当时采取的是一种全民福利住房制度。

1994年6月，国务院在批转《国家体改委经济体制改革实施要点的通知》时提出：“促进住房社会化、商品化和住房建设的发展。”其中主要的改革措施是公房提租、发展经济适用房和推出住房公积金制度。这个时期，住房制度改革的方向是产权改革，引入市场机制，并建立双轨制的住房供应体系。此时，住房保障尚没有正式文件涉及这一概念，更没有纳入社会保障的范畴。国务院在1998年发布《关于进一步深化城镇住房制度改革加快住房建设的通知》，具体目标是停止住房实物分配，建立和完善以经济适用住房为主的多层次城镇住房供应体系，最低收入家庭由政府或单位提供廉租住房。此文件明确了由建设廉租房、经适房项目、发放住房补贴和推行公积金制度为中低收入家庭或职工购（租）房提供援助。该文件没有出现“住房保障”或“保障性住房”的字眼。

随着住房制度改革的深入，2003年8月官方首次以文件形式提出“加快建立和完善适合我国国情的住房保障制度”（张元端，

① 在中国知网学问书库（http://xuewen.cnki.net）提供的术语查询功能里，可检索到在《房地产经济词典》《现代经济词典》《社会保障词典》里“住房保障”指的是由国家（或政府）和社会对全部（或一定）社会成员提供最起码（或最基本）的居住条件的社会福利项目，三个词典释义共同点在于住房保障是保“最基本”的住房。

2008）。国务院文件《关于促进房地产市场持续健康发展的通知》强调坚持以需求为导向的基本方向。业界一般解读该文件是深化住房领域市场化改革的政策。随后近 10 年的实践也表明，我国自有住房拥有率不断上升，城市目前已达到 85%①。城市各阶层居民的住房状况得到极大改善，人力资源的合理流动也不再受到住房因素的过度制约。

2007 年 10 月，十七大提出要加快推进以改善民生为重点的社会建设，特别是“健全廉租住房制度，加快解决城市低收入家庭住房困难”。当时提出社会保障的重点是基本养老、基本医疗、最低生活保障制度，尚未包含住房保障。指导性的意见是建立适应全体居民需要的多层次住房保障体系，在满足多层次多样性的社会需求方面，充分发挥各类市场主体和社会组织的作用，对能够实行市场运作的公共服务，应该发挥市场机制的作用（魏礼群，2007）。

2008 年在金融危机波及我国的背景下，国务院办公厅 12 月在中国政府网发布《关于促进房地产市场健康发展的若干意见》。意见提出“加大保障性住房建设力度，进一步改善人民群众的居住条件，促进房地产市场健康发展”。此时的政策思路仍旧是把建设保障性住房看成是市场干预的一部分，主要是做加法。随着大中城市房价的进一步上涨，2011 年 1 月 26 日国务院常务会议研究部署进一步做好房地产市场调控工作时确定，要落实住房保障和稳定房价工作的约谈问责机制，并将保障性安居工程建设纳入了地方政府的责任目标。在当年 3 月出台的《国家“十二五”规划纲要》中，提出“加大保障性住房供给”的战略。在立法方面，住房保障法的起草已列入十一届全国人大立法规划和国务院 2010 年立法计划，广东省在 2013 年 2 月已出台了《广东省城镇住房保障办法》。

目前来说，住房保障还没有像医疗和养老一样被列入基本社会保障的范畴，体现在：（1）主管部门还是住房与城乡建设部，而不是社会保障部门；（2）保障范围并没有扩大到中等收入居民，目前的提法还是大约控制在全体城市居民的 20% 以内，中高收入

① 来源：CHFS，2012。

群体主要是购买或租赁商品房，房地产市场仍旧是以商品房为主①。农村居民则已有立法保障其拥有宅基地，尽管住房质量可能比较差，但土地供给方面已较好地实现了“住有所居”。(3) 地方政府是住房保障工作的主要责任人，保障房建设是区域性的，是阶段性的。例如目前提出的“十二五”期间建设3600万套保障性住房，是为了尽快缓解房价上涨过快的问题（这些目标能否实现当然有待事实检验）。(4) 住房保障对象为住房困难群体，保障方式主要是配租公共住房和获得住房补贴②。

综上，住房保障工作是伴随着住房制度改革的进程逐渐凸显并受到重视的，没有住房的市场化、商品化也就没有住房保障。类似基本医疗、基本养老、义务教育，基本住房保障可视为一种兜底的制度，是一种国家构建的生活“安全网”和社会“稳定器”。然而是否将基本保障范围覆盖到更多居民甚至全体居民还存在很大争议，主流的意见是我国基本住房保障覆盖范围达到10%～20%③。有些外来人口较多的城市提出远期目标是力争实现保障性住房套数占全市住房总套数的50%④。按照比较宽泛的定义，为了解决居民基本住房问题而由政府主导的保障居民有房可住的经济、社会、立法、监督活动可以被称为住房保障。住房保障的重点是低收入者和弱势群体，一般将解决最低收入者住房困难的廉租住房制度列入社会保障体系。

2.3 住房援助与住房保障的区别与联系

住房具有耐用性、锚定性、异质性、整体性和关联性（张齐

---

① 中央政府的态度是要合理划分“基本”与“非基本”，政府保障基本公共服务，非基本公共服务主要依靠市场和社会力量提供。参见李克强：《在改革开放进程中深入实施扩大内需战略》，载《求是》2012年第2期。

② 参见《广东省城镇住房保障办法》第四条。

③ 如果将住房保障理解为维护全民的居住权，显然就不是此语境下有限的住房保障范围了。

④ 参见《深圳市住房保障发展规划（2011—2015）》第八条之总体目标。

武，2012a）。这些特有的根本属性决定了不仅仅是低收入居民，大多数居民都需要得到住房援助。除居民收入或财产特别高的情况外（例如住房来源于馈赠或遗产），要在城市购买一套舒适合意的住房将花费家庭多年的积蓄。积蓄不足时就需要借款或得到其他形式的住房援助。例如针对中等收入居民购买商品房，常用的经济援助方式一是向首次置业的居民提供贷款利率优惠；二是通过调整预售政策降低首付比例；三是降低保障性住房的申请“门槛”，扩大政策覆盖范围。对租房家庭而言，房租一般也占日常支出的主要部分，政府通过评估房租占家庭可支配收入的比例来决定是否要给予租金补助，超过三成时一般认为是负担过重的。对于低收入者和弱势群体，负担房租更加困难，住房援助的必要性也就愈加明显。

援助即支援帮助①。在表示为帮助居民获取居住权利与适宜居住空间的行为或行动时，比较适合的术语是住房援助。为了减少夹心层现象，住房援助的对象比基本住房保障对象要更宽泛一些。随着经济社会发展，住房援助政策目标追求的住房状况和人居环境更好一些，在住房硬件标准和宜居程度上从最基本所需（属于最低标准，一般是用面积指标衡量）上升为舒适、适宜的住房②。住房保障是“以房为本”，以提供最基本住房为目标。住房援助是以人为本，以帮助居民获取适宜住房为主要目标。适宜住房的衡量标准比较多元，除了住房面积指标外还包含了经济性、配套设施、社区环境等。两者的差异见图 2-1。

从住房援助方式上看，它相当灵活多样。除了经济援助以外，一些不属于传统社会保障范畴的政策工具和措施，如鼓励产出（建造）、限制投机、贷款优惠、减免税费、制定包容性规划、降低住房日常使用与维护费用等也经常在使用，并发挥着良好的援助效果。广义上，政府在制度层面的改革，如通过提高行政审批效率

---

① 参见《新华词典》，1989 年第 2 版，第 1098 页。

② 联合国对适宜住房的标准进行了定义，适宜住房的具体标准也可以由国家或城市立法进行界定。例如日本在住房规划中提出的政策目标从 1976 年的“全体国民达到最低居住标准”演化到 2015 年“使 2/3 的家庭达到诱导居住水准”。在住房面积上，3 人家庭最低居住标准为 40 平方米，诱导居住水准为 75～100 平方米，体现了住房政策从基本保障向适宜住房的变迁。

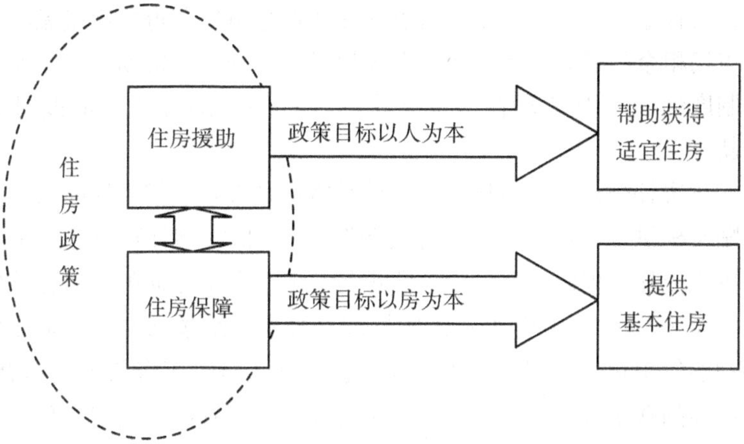

图 2-1 住房援助与住房保障的目标

促进可支付住房的投资建设，通过放松管制使房地产市场更有效率，使应保对象得到了实惠；城市规划部门突破法定限制，提高容积率等土地利用强度，来增加保障性住房的用地指标，制定包容性的规划方案促进不同收入居民的融合，也都属于住房援助。

住房援助的内容涉及住房管理政策、安居工程项目建设、财税政策、金融支持、科技发展与应用、产权保护等诸多方面。实施主体可以是政府，也可以是家庭亲属、雇主、金融机构以及非政府组织。

我国目前的保障性住房体系中，经适房的援助方式主要是采用划拨方式提供建房用地，从而间接降低了房价。公租房主要是租金补贴。廉租房制度最接近一种社会保障，政府或其委托机构承担了全部建设成本，并对后期的住房维护也提供了补贴。限价房主要是通过规划和限制市场准入间接提供地价补贴。可以看出，不同类型的保障性住房项目的区别主要是产权结构和援助方式的不同，公租房和经适房的主要区别在于用货币补贴取代实物补贴，产权交易由租赁方式取代销售方式。我国住房保障的重点仍是“保基本”，是为了解决居民住房困难问题而由国家主导的政法、经济、社会活动，使其获得基本居住所需。主要方式是供应保障性住房项目和提供货币补贴。住房保障是针对那些无法通过市场获得住房或无法负担市场租金的低收入者和弱势群体提供的一种住房援助。住房保障的制度创新主要体现在产权结构的设计和援助方式上的改进和创新。

住房补贴是相对市场化的一种经济援助方式。供给导向的住房补贴又称供方补贴，俗称“补砖头”，一般指实物补贴方式，采用提供或依托于保障性住房的方法进行补贴。需求导向的住房补贴俗称“补人头”，一般按照一定的标准直接发放给援助对象，是住房福利的货币化。我国住房货币补贴包括列入每月工资收入的房补、一次性的购房补助，也有针对特定群体的租房补贴。住房公积金是一种强制住房储蓄制度，通过利率上的低存低贷来为缴存对象提供援助，目前公积金贷款既可以购买保障性住房也可以购买商品房，实际是一种互助型的购（租）房补贴①。住房补贴政策的比较一直是住房政策研究领域的热点。

住房政策包含构建房地产市场架构、维护市场正常运行等内容。市场从无到有后，政府会通过各种政策工具对住房市场进行管理和规制，目的是达到短期内使住房市场回到稳定运行轨道内（刘洪玉，郑思齐，2007）。住房市场干预与自由市场交易相对，是政府通过政策供给与调整、变更执法力度和工具来对市场主体及市场体系的调控来达到的，其主要手段如货币政策、税收政策、土地政策相对于住房援助偏于宏观层面，但作用时效较短。住房援助相对来说作用于城市居民个体行为。

根据李宇明（2007）的研究，我国术语应采取“以事前推荐为主，事后规范为辅”的方针，故建议在不同场合分别使用“住

① 根据住建部《全国城镇住房发展规划（2011—2015 年）》统计，截止到 2010 年，住房公积金缴存职工人数达 8606 万，缴存总额 3.25 万亿元，提取总额 1.48 万亿元，累计为 1338 万户职工家庭发放了个人住房贷款。据此计算只有不到 30%的缴存者获得了资金援助和利息补贴，公积金的互助性还不明显，使用效率仍有待提高。

房援助”和“住房保障”，使本学科的术语具有单名单义性和顾名思义性，也便于学术交流①。

2.4 我国住房援助的工具集合

住房援助包括紧急情况下的援助和常规援助，前者主要是对因地震、水灾、海啸等突发自然灾害导致的无家可归和住房受损居民提供的帮助，比如搭建临时建筑、制定灾后应急规划等，本书主要研究面向中低收入者的常规援助。为了具体了解我国针对城市居民的住房援助有哪些类型，根据国际通行的住房援助的定义，笔者于2011年11月至2012年3月对武汉市住房行政管理部门的部分干部、湖北省一些房地产开发企业的经营者和普通居民进行了人员访谈（访谈提纲见附录Ⅱ）。经过统计汇总和归纳，发现我国住房援助的方式可以分为五种类型：政策型、项目型、金融型、科技型和非政府型。其中政策型和项目型是主要的两类援助方式，两者的区别在于政策型主要是提供制度激励与保护，而项目型则着重提供经济援助。政策援助可分为激励型和包容型。激励型政策的着眼点在于增加住房供应，从而降低房价收入比，提高居民的住房可支付性。这种援助具有引导性、主动性、支持性的特点，中高档的住房增加以后也会通过住房过滤间接增加低收入住房的供给（阿瑟·奥沙利文，2008）。包容型政策援助的着眼点在于构建公平获得住房机会的制度环境，其主要目标是纠正住房市场失灵、消除住房歧视和代际不公平。金融型是激励居民住房消费或提高住房支付性的一种援助工具。各种住房援助的类型、方式与主要措施详见表2-1。

---

① 2012年《中国科技术语》杂志发表了上述观点。该杂志主办单位全国科学技术名词审定委员会是代表国家进行科技名词术语审定、公布的权威性机构。

表 2-1　　**住房援助的方式与措施**

类型	方式	具体援助措施
激励型政策援助	产权激励	经适房允许 5 年后依法转让；公租房项目允许租转售
	放松规划管制	容积率奖励或较宽松的强度管制；允许适度放松建筑高度和密度、绿地率管制；采用较低的建筑质量和安全标准；保障性住宅项目中提高商业部分比例；批准 SOHO 型商住混合住宅；放松住宅预售条件
	开发奖励	土地出让净收益用于保障性住房建设、各类棚户区改造的比例不低于 10%；保障性住房土地无偿划拨或补偿土地取得成本；保障性住房小区内的商业部分可对外租售以平衡资金；保障性住房配建商品房①；产业化住宅面积奖励
	减免基础设施费用	政府投资完成社区外七通一平（有时采取土地出让金返还）；减免水电气初装费、增容费；少交或缓交基础设施配套费、垃圾清运费、教育配套费；减免产权测量、登记费用
	减免税收	符合条件的房地产项目或购房个案减免征收营业税、所得税、土地增值税、房地产税；企业住房福利支出可减免税（如职工住房补贴和公积金支出可抵扣成本）
	放松开发资质要求	允许企事业单位依法集资建房；允许自建房、依法改扩建；试点合作建房；不对外销售时允许简化报批手续
	放松土地管制	严格落实保障性住房、棚户区改造住房和中小套型普通商品住房用地不低于住房建设用地供应总量 70%的要求；允许依法用自有土地建设宿舍区和生活区；允许依法用自有土地合资合作建房；允许保障性住房用地依法办理土地划拨或协议出让；列入保障性住房计划的项目不受新增建设用地指标限制，单独审批、应保尽保；部分大城市试点农村集体用地流转进入到面向社会公共租赁房的建设层面
	提高行政审批效率	为保障性住房建立项目审批绿色通道；一把手负责制度；特殊情况下以政府会议纪要等文件形式，建设手续先办后审或限时办理

① 如为平衡资金，北京市公租房项目配建商品房比例允许达到 45%。见北京市住建委委员邹劲松在“中国保障性住房政策国际研讨会”的讲话。http：//sx. house. sina. com. cn/news/2012-08-08/090750203. shtml.

续表

类型	方式	具体援助措施
包容型政策援助	商品房限购限制投机性购房贷款	限制同一家庭购买套数；对投机性购买多套住宅执行惩罚性利率或停止放贷
	促进社会融合	城市购房可入户或享受市民同等待遇；儿童就近入托入学；建立规范的物业管理制度，提倡社区管理公众参与、业主自治
	获得住房信息获得援助信息	设立房地产信息官方网站；搭建房地产交易网络平台，增加住房信息供给；住房中介信息的真实性检查；预售房源和价格公开；土地出让信息和在建项目公示；告知援助对象可以享有的权利，帮助其申请援助和获得保障性住房的房源信息，做到“应保尽保”
	限价及预售监管措施	一次性公开房源；限制囤房捂盘；价格备案及公示
	土地调控政策	优先增加普通商品房和保障性住房的用地指标；对违法土地出让合同的闲置土地、破坏土地的行为给予处罚，减少囤地行为
	房地产税改革	对面积较大、占地较多、单价较高的住宅提高交易契税和登记费用；试点对非自住住房和豪宅征收房地产税；推进房地产税改革试点和扩大试点区域；研究开征遗产税
	包容性规划①	增加交通干线或工业园区附近的住宅用地比例及供应；强制规定商品房开发的套型建筑面积90平方米以下普通住宅最低占比；停止实物福利分房，减少特权，促进不同收入人群和社会阶层混居；商品房小区配建保障性住房（如廉租房、公租房）；公共交通规划对偏远社区的倾斜；对历史形成的小产权房、违建房的适度容忍和克制

① 包容性规划可以通过两种方式实现，一种是分散，如商品房配建政策性住房使之在区域分布上达到“遍地开花”；一种是集中，如规定一个新建楼盘里应具有面积差异较大的户型和不同的产权类型，让不同收入阶层的人有可能住在一起。可以形象地称包容性的住房规划为“大分散小集中”。详细的讨论可以参考施瓦兹：《美国住房政策》，中信出版社2008年版，第269~275页。

续表

类型	方式	具体援助措施
包容型政策援助	推进保障性住房制度改革	通过产权改革和完善制度控制福利错配和流失，保障质量、遏制腐败、减少寻租；降低空置率、提高周转率；限制保障对象的高消费和非法获利行为
	规范房地产中介	限制非法囤积、炒作房源；管制保障性住房的出售、转租；加强中介行业的自律和诚信道德建设
	约束政府行为	住房援助列入政府目标和财政预算，推行政府问责（对官员是行为激励）
	法律保护	住宅不受侵犯；征收征用住房必须给予补偿；自住唯一住宅不可强制没收
	房产登记制度改革	产权登记上严格区分商品房与保障性住房，便于分类管理，减少侵占和寻租
项目型援助	经适房	划拨提供土地、减免税费、销售价格管制等
	限价房	提供地价优惠、价格管制
	拆迁还建房	立法并监督保护拆迁户的物权，可自由选择实物或货币补偿；购买套数不受限购政策制约
	国有工矿棚户区改造	下拨专项资金补助，并协助落实用地和基础设施
	城区危房改造项目	居民可获得住房实物安置或购房优惠（补贴）；可获得购买保障性住房的资格
	公租房	提供项目补贴与面向住户的租金补贴
	廉租房	免租金或提供租房补贴，提供住房维护补贴
	专项计划Ⅰ	为学生宿舍、干休所、福利院、收容所等非营利机构提供土地和建设资金或补贴
	专项计划Ⅱ	为养老公寓、老年（退休）社区提供土地和建设补贴
	专项计划Ⅲ	为紧缺人才和关键岗位提供人才房、周转房 为特定对象提供购房补贴、租房补贴、安家费
	专项计划Ⅳ	灾后紧急住房援助；灾后重建补贴

续表

类型	方式	具体援助措施
金融型援助	降低首付	允许较低的首付款，从而加快实现住有所居
	提供优惠贷款利率	建立公积金制度，使用或提取公积金用于住房消费；为首次置业者提供商业性贷款利率优惠，允许使用混合型贷款
	延长贷款年限	最长可达到30年，通过降低月供增加可支付性
	融资援助	针对保障性住房成立国有融资平台，用于发放较低利率的开发贷款；放松融资面监管，保障性住房开发商可发行公司债、中期票据，可通过信托产品募集资金；试点社保基金进入保障房项目，保险资金投资政府土地储备项目；放松二手房抵押、按揭贷款再融资的管制
	住房贷款保险	包括个人抵押住房保险和抵押贷款履约保险，使被保险人因故丧失还款能力时也可以享有住房
科技型援助	提高建设效率	资助新型建筑结构和材料的研发和应用，如钢结构住宅、发展预制件产业项目；快速施工技术研发与应用
	降低建设和物业管理成本	资助标准化的住宅设计①；推广使用商品混凝土；资助简易住宅、抗震住宅的研发和推广
	提高使用性能	政府或社团资助小户型和超小户型的设计研发；人体工学设计；推广一体化厨卫、可折叠可拆卸可再生的家具；奖励应用高层住宅、可移动住宅②；资助住宅无障碍化设计与改造
	节约土地与能源	推广绿色建筑、生态建筑；节地规划与建筑科技；提高保温性和集中供暖；资助地热及太阳能项目；减少住房环境负荷

① 如北京为推进公租房的工业化生产和产业化建设，使公租房能大量快速复制，组织12家设计研究院参与，设计推出了《北京市公租房住房标准设计图集》，参见中新网 http：//finance. chinanews. com/house/2012/08-16/4112766. shtml。

② 如美国华盛顿地区建在轮胎上的蜗居房热销。参见《长江商报》，http：//www. changjiangtimes. com/2012/12/423377. html. [2012-12-02]。

续表

类型	方式	具体援助措施
非政府援助	非营利性自建房	自建房、改扩建、装修 用人单位集资建房、合作建房
	父母亲友支持	提供首付或资助；借宿
	团购	合租、看房团、购房团打折购买
	购房或租房补贴	职工福利，部分可以免税
	公积金	纳入社会保障，个人和用人单位都可免税
	住宅维修基金	相当于强制缴纳住房维修保险，用于后期住房管理

来源：根据对相关政策的搜集和项目调研资料整理

从援助者的角度看，住房援助可以分为购房援助和租房援助两大类。观察表 2-1，我国主要的激励型政策援助和金融援助方式都是以购房援助为主，如降低首付比例、购房贷款优惠（含公积金）和经适房、限价房项目。租房援助主要是公租房和廉租房项目，覆盖面较小，与此同时中低端租赁房源不稳定，因城市更新改造还面临供给流失。允许提取公积金支付房租①和实施住房租金控制也比较少。世界银行曾经提醒发展中国家，“补贴应当既针对自有房，又针对租房（例如提供租房券），这两种情况都包括新房和二手房。对于抵押贷款出借人和借款人，以及出租房屋房主和房客，法律上应当有平等保护。在税务待遇方面，不应当不适当地偏向自有房或租房”②，这也是对我国住房援助工作中肯的建议。

① 根据 CHFS2012，公积金用于支付房租的比例仅为 2.56%，远远低于买房和偿还贷款（比例约为 74%）。

② 参见 http：//www.un.org/zh/development/housing/crisis3.shtml。

2.5 住房援助的比较制度分析

从世界范围和历史轨迹来看，尽管受各国和地区政体类型、发展轨迹和经济基础不同的影响，住房政策对房地产市场干预的力度有大有小，方式多种多样，但其中援助措施是广泛覆盖和长期存在的。不管是在奉行自由放任主义的美国还是在相对保守的东亚和中东欧转型国家；不管是在人口密集的中国香港地区、日本还是地广人稀的加拿大，开展住房援助都已是政府的一个主要职能。为此本节主要通过比较不同地区的援助政策，提出对我国开展住房援助工作的意见。

2.5.1 美国的住房援助

美国是世界最发达国家，其居民住房状况也比较好，国内住房自有率达到 69.1%，已婚家庭的自有率更是高达 84%（2004年）①，全国人均住房面积达到 59 平方米（2005 年）②。然而该国仍有 9400 万人（占全国人口的 35%）面临严重的住房问题。主要问题是中低收入者为住房面临巨大的经济压力，次要问题包括有些人居住在简陋住宅里，甚至无家可归（施瓦兹，2008）。美国的住房政策和援助项目的目标就是帮助中低收入者和其他弱势群体获得适宜和价廉的住房。美国政府针对中等收入和有房者提供抵押贷款利息减免和税收优惠，总支出额度在 2000 年之后就一直超过 1000 亿美元，用于直接资助低收入者的住房支出从 1977 年的 28.95 亿美元增加到了 2004 年的 329 亿美元。在 2007 年金融危机之前，美国向低收入居民发放大量的购房信贷优惠，并通过金融手段将风险进行了转嫁，维持了各方的现金流，从而维系了住房体系的稳定。

① 本小节数据来源，除特别标注外均来自施瓦兹著：《美国住房政策》，中信出版社 2008 年版。

② 参见住建部住房改革与发展司等单位编：《国外住房数据报告 NO. 1》，中国建筑工业出版社 2010 年版，第 2 页。

金融危机发生后，又通过国家干预，使“房利美”“房地美”“吉利美”为代表的住房福利基金、组团基金得以继续发挥作用。严重金融危机实际已暴露出该国过于偏向购房援助的问题。

在这些住房援助中，第一种是基于工程的援助，也就是针对住房供应方的援助，俗称“补砖头”。和我国主要是资助新房建设不同，美国这项资助主要是维修和改建那些建于 20 世纪 80 年代中期之前的公共住房和私人所有的出租房。美国对住房投资商开发低收入住房提供的税收补贴曾达到了 66 亿美元。第二种是为低收入住户提供租房券，这是美国住房与城市发展部（HUD）提供的最大的住房补贴形式，以这种形式提供了约 180 万套租金低于市价的住房。第三种是地方政府获得联邦政府资助后开展的援助项目，如社区发展组团基金和 HOME 项目。从地域上划分，56%的住房援助项目在中心城市。根据 2005 年的统计，约有 110 万户家庭居住在由公立机构管理的公共住房内，140 万户住在 HUD 资助的私有项目内，大约 190 万户家庭享受房券项目提供的补贴。房券、住房补助、税收抵免三管齐下的策略，已经取得了相当不错的成绩，形成了高度的政治共识。它们被认为是最可行的实现美国住房政策目标的路径（Orlebekea，2000）。

美国的住房援助具有五个特点：一是援助的覆盖面是比较宽泛的，并非中文意义上的“残余模式”。既有帮助租房者的项目也着重考虑了居民置业的需求。如为了激励房地产业的发展（即住房的生产和销售），有房者和高收入者也获得了较大的税收减免，如房贷利息减免，首套住房出售资本收益免税，自有房产减免物业税等。二是住房援助项目的类型是非常丰富的。既有联邦项目也有地方项目；既有常规项目如公共住房、低收入住房税收抵扣项目（LITHC），也有针对特定人群如少数族群、老年人、残障人士、退伍军人、受灾居民的特别援助。据 2004 年的统计，接受住房援助家庭中的 31%为 62 岁以上的老龄人口，20%为非老龄的残障人士，39%为有小孩的家庭。只有约 10%不属于上述情况。接受住房援助家庭中平均 22%为贫困家庭。2007 年的金融危机发生后，美国政府还向银行体系施压，使其承诺对无法还贷的低收入购房者给予延缓还款（避免止赎）和保留住房的措施①。三是愿景清晰、以人为本。类似我国的“住有所居”，政策愿景是为全体居民提供一个舒适且可以负担的家。在住房政策中与住房援助直接相关的5个目标里②，在住房层次上既讲数量（如住房面积、家庭财产）又讲质量（如室内设施是否齐备、公共基础设施是否具备），凸显了以人为本，以家庭为核心。在社区层次上以多元、和谐、平衡为目标，强调健康、包容和可持续性。四是援助政策的实施具有弹性，在合法的情况下，一般通过市场手段借助金融工具、税率机制、土地规划，通过政府和社会组织的共同参与来实施。援助项目采用联邦政府、州政府和地方政府三级管理，特别强调根据地方实际状况来灵活地设计援助项目。根据Hall（2004）的研究，美国政府从过去25年公共住房政策失误中得到的最大变化就是从公共住房转为发放房券。五是福利管理制度比较规范，已形成了比较完整的保障性住房法律体系③。众所周知，福利制度容易造成寻租和逆向选择，尤其是通过瞒报谎报收入和资产状况来骗取补贴，美国通过个人信誉担保、政府监管以及第三方监督相结合的方式来保障援助能准确定位，并通过轮候使公众有知情权和积极参与的动力④。

2.5.2 日本的住房援助

日本（东亚地区中也包括韩国）与中国大陆具有一个共同的

① 美国银行已经启动了一个实验性计划，允许面临止赎的房主有机会保留房屋，而把自己的身份转化为承租人。见华尔街见闻：http://wallstreetcn.com/taxonomy/term/502，2012-12-20。

② 5个目标分别是保护和扩大优质住房的供给；使现有住房更容易负担和便于使用；帮助家庭积累财富；使家庭更加巩固；为住房提供必要的基础设施。

③ 王亚男、张长青：《借鉴国际经验 完善住房保障》，载《人民日报》2012年12月7日（第7版）。

④ 国家行政学院马秀莲博士采访美国伯克利住房管理局局长Tia Igram时，该局长表示如SECTION 8计划的援助对象谎报或瞒报工作和收入状况，就不会再有第二次机会获得援助了。参见《美国城市如何解决保障房问题》，载《中国经济时报》2012年6月7日。

特征：在经济快速上升阶段农村人口占比很重，随着经济的发展，农村人口逐渐向大城市流动。根据平山洋介对日本住宅体系的研究，二战后日本的住宅体系有利于促进民众取得自有房产，倾向于援助民众取得自有房屋，最终使得自有房产家庭成为社会的主流。1941 年该国自有房率仅为 22.3%（24 个主要城市的统计数据），1958 年快速达到最高的 71.2%，此后因人口大量流入城市而有所下降，1960 年后一直维持在 60%左右。据统计，户主年龄越高，自有房产的比例也越高，40 岁以上人群自有房屋比例超过了 60%，60 岁以上人群都在 79%以上。住在公营或公团住宅等保障性住房的比例为 9.9%（2003 年）①，且有逐渐边缘化的倾向。

日本鼓励和引领家庭与自有房产者“合流”。年轻人被催促着结婚组建家庭，攀登居住的“阶梯”，直至取得自有房产。不仅如此，日本住宅政策的显著特征是将住宅建设视为经济增长的引擎（Oizumi，2007），政府使得住宅政策从属于经济政策，这与我国房地产业成为支柱产业和居民具有较高住房自有率的状况是非常接近的②。然而由于不稳定的经济、高龄少子、女性单身居民的增多，日本流行的自有房产模式开始动摇了，平山洋介希望社会思考的一个问题是如何构建中立的住房体系（即不偏向对购房的援助、不歧视租房者），支撑多元的住宅类型和多样化的人生发展形态，使各阶层和谐共存。

日本住房援助的特点是：（1）通过立法设立金融公库、住宅公团、公营住宅三大支柱，建立了一个完整的帮助各收入阶层获得住房的政策体系。集中支援社会的中间阶层取得自有房产，住房保

---

① 日本住房自有率数据来自平山洋介：《日本住房政策的问题》，中国建筑工业出版社 2012 年版，第 2~7 页。

② 关于我国住房自有率是否接近于住房拥有率还存在较大争议，一种观点认为住建部根据住房产权状况的调查计算出的住房自有（私有）率可能远高于居民的住房拥有率，大城市里实际有很多租赁私人房屋的居民。当然这些居民是否在其他城市或农村拥有住房并没有更多的调查。按照日本住宅统计的标准，自有房屋和租赁房屋也是分开计算的。目前中日两国公共住房的比例比较接近，远低于私人住房（商品房）。

障有时受到轻视，被称为“摇晃之柱”，公营住房占比较少。类似美国，日本住房政策也是从属于经济政策。（2）提高自有房产率有助于以房养老，因而可以部分替代社会保障，这有利于老龄社会的稳定，也可以减少政府支出。（3）企业（或雇主）作为联系职工和社会的“中间组织”，在住房援助上发挥了较大作用。企业出于人事管理和增加资产的目的，愿意为受其雇佣的员工提供低租金的公司住宅、单身宿舍、房租补助和购房融资上的利息补助。据2007年的统计数据，1000人以上的大企业有66%为员工提供了住宅补贴和租金补助，有高达82%的企业提供公司住宅和单身宿舍，有56%提供住宅资金融资。30~99人以下的小企业也有44.6%提供了租金或购房补贴。类似的，政府为公务员也提供了很多住房援助①。为了帮助雇员较多的企业建设职工福利住宅，政府通过厚生年金向企业提供建房低息贷款②。

2.5.3 欧洲国家的住房援助

根据凯梅尼的研究，每种住房体制都是和特定的福利国家类型相关联的，在信奉新自由主义的英语国家，如英国、澳大利亚和美国，非营利性的公共租赁住房被压制，成为了残余化的国（公）有项目。在所谓的“自由的”住房市场，采用利润驱动来达到供需平衡。一般来说，欧盟的27个国家中存在三种主要的社会住房政策，代表了不同的住房援助模式，如表2-2所示。

属于一般模式的英国和德国，仍旧存在一些区别。英国被认为是介于一般和剩余模式之间的国家。在住房所有权分布上，1999年英国的私人自住住房占总存量的比例为69%，明显高于德国的43%。这在一定程度上是由于政府对个人置业的大力扶持。而德国

① 参见平山洋介：《日本住房政策的问题》表1-3，中国建筑工业出版社2012年版，第17页。

② 参见凌维慈：《公法视野下的住房保障——以日本为研究对象》，上海三联书店2010年版，第70页。

占总存量达到 57%的租赁型住房则是政府补贴社会出租住房形成的①。德国新建住房平均价格是家庭平均年收入的 3. 48 倍（2006 年），明显低于同期英国的 4. 18。

表 2-2　　　　欧盟国家的社会住房模式

代表模式	主要特征	援助方式	代表国家
剩余（residual）模式	社会住房供给最贫穷阶层	少量（约占住房总量的 1% ~ 5%）的社会住房。容忍非法居住形式和临建、危建	立陶宛、拉脱维亚和爱沙尼亚、匈牙利、西班牙、意大利
一般（generalist）模式	社会住房提供给更广大的社会群体	私人或社会机构建房补助、社会住房出售	德国、英国、法国和比利时、瑞士
普惠（universal）模式	为所有人提供充足的可支付租赁住房，扩大非营利租赁住房。	大力兴建公共住房、租金补贴、房租管制	瑞典、丹麦、荷兰

来源：根据让·克劳德·德里昂：《欧洲与法国社会住房政策的主要问题》和吉姆·凯梅尼：《从公共住房到社会市场》研究结论的整理。

位于北欧荷兰的社会住房占所有住房比例曾达到 41%（1990 年），但在住房市场化的影响下已经降低到了 35%（2008 年）②，自有住房率上升到了约 55%（2007 年）。荷兰租房家庭中 25%享有租房补助，总额达到了 6. 75 亿美元（Koning，1997）。荷兰的社会住房不仅仅针对低收入家庭，也覆盖了中等及以上的家庭。该国之所以能形成普惠模式，一定程度上是非营利住房组织获得了政治

① 参见戴维·莫林斯、艾伦·穆里著，陈立中译：《英国住房政策》，中国建筑工业出版社 2012 年版，第 4~5 页。

② 数据转引自胡金星和陈杰：《荷兰社会住房的发展经验及其启示》，载《华东师范大学学报·哲学社会科学版》2011 年第 2 期，第 147 页。

支持，显然这是高福利国家在民生环节的一贯做法。

欧洲除了上述模式以外，在苏联解体之前，还存在一个东欧住房模式，这一模式的特点是住房市场处于国家的绝对控制之下，所有居民家庭可以排队等候分配极低租金的公共住房，并享受终生。在此体制下，靠国家（政府）来解决住房需求成为一种社会规范和普遍的期望（Martin Lux and PetrSunega，2010）。但东欧模式并没有带来太好的绩效，例如在1990年，波兰仍面临严重的住房短缺，波兰人需要等待15年左右才能分配一套公共租赁住房，通常面积只有54平方米。但一旦获得了这种住房，住房支出只占家庭收入的5%，国家为此提供了大量补贴（Maureen Markham，2003）。东欧国家在经济体制改革之后，原有模式被打破了，通过出售公共租赁住房，快速形成了商品房占主流的市场结构和住房产权结构。住房领域的产权改革带来私人拥有住房的热情。中东欧转轨国家大多拥有高住房拥有率，除了捷克约为60%稍低，2007年后自有住房率超过80%的国家有阿尔巴尼亚、保加利亚、爱沙尼亚、亚美尼亚、立陶宛、斯洛伐克、匈牙利、波兰等。然而不可避免的是，城市快速增长的房价对中低收入者产生了排斥。例如捷克共和国在房市转轨之后，房价快速回升，出现了上涨速度大大超过货币和家庭收入增长的情况。

我国和中东欧转轨国家都曾经是高度计划经济的国家。在转轨过程中经历了类似的公有住房出售—建立住房市场—房价上涨—重新思考和构建住房制度这样的改革路径，关于这一问题的更多讨论，见本研究第7章。

住房为重要民生问题，法制国家都对住房及其相关权利进行了详尽的规定，这些法规也是政府出台或改革住房政策的法律依据。例如属于大陆法系的德国就制定了较为完善的住房援助法律体系，见表2-3。

我国《宪法》、《物权法》、《城市房地产管理法》、《土地管理法》都涉及对房产和相关权益的保护。国务院文件如《关于保障性安居工程建设和管理的指导意见》、《住房公积金管理条例》，住建部文件如《公共租赁住房管理办法》、《商品房屋租赁管理办

表 2-3　　　　德国的住房援助相关法律及作用

法律名称	内　容
《民法》	约定了居住权是公民权利的重要组成部分，应保障公民的基本居住条件
《第一套住宅建设法》和《第二套住宅建设法》	明确规定了联邦、州、市县政府在住房建设方面的公共资金支持、税费减免、融资支持、住房保障等方面的职责和具体措施
《住房补贴法》（1965 年颁布）	规定凡家庭收入不足以租赁适当住房的公民都可以向政府提出申请，经审查合格后获得住房补贴。补贴按照家庭人口、税后收入及租金水平计算发放
《民法》、《租金法》、《驱逐保护法》	规定了房屋销售、房屋租赁当事人的基本权利和义务，保障房东与房客的权益，既保护房东合理收益权，也保护房客不被房东驱逐、房租不盲目上涨的权利
《住宅现代化法》	规定了旧房改造的有关政策措施
《租金补助法》（2008 年 9 月颁布）	明确了租金补助目标，确认每个租赁居住的自然人均拥有租金补助权。该法规相当精确，附有租金补助额的计算公式和关键参数表。每户按人口分六级租金梯次，规定了具体的最高补助额

来源：前 5 项转引自陈怡芳、骆晓强、高峰：《德国、瑞士住房制度管理及对我国的启示》，载《中国财政》2012 年第 9 期。第 6 项整理自［德］约翰·艾克豪夫著，毕宇珠、丁宇译：《德国住房政策》，中国建筑工业出版社 2012 年 3 月版，第 47~80 页。

法》，对项目运营均有一些具体规定。国内专门针对住房援助的顶层设计比较少，目前仅广东、河北颁布了《城镇住房保障办法》。相比较而言，我国目前虽有多部法律涉及住房援助（保障），但比较分散，应向法治国家学习，尽快推进住房立法工作。

2.5.4　新加坡的住房援助

新加坡一直被认为是解决国民住房问题的标杆国家。虽然该国仅有 518 万人口，不过是我国一个省会城市的规模，但从人口密度看，每平方公里达7257人，属于非常拥挤的地区①。主导该国住房建设的是隶属中央政府的建屋发展局（HDB），自1964年政府开展“居者有其屋计划”（the Home Ownership for the People Scheme）以来，该局建设的公共住房（public housing，大部分称为组屋）中居住人口比例从1960年的9%上升到了1985年的81%，并在之后30年里一直保持在80%以上（见图2-2）。约15%的高收入家庭可购买商品房。由于人均居住面积达到了30平方米（2001年）且普通家庭的住房负担较轻，这一超高公共住房比例经常被解读为公房模式的成功实践。

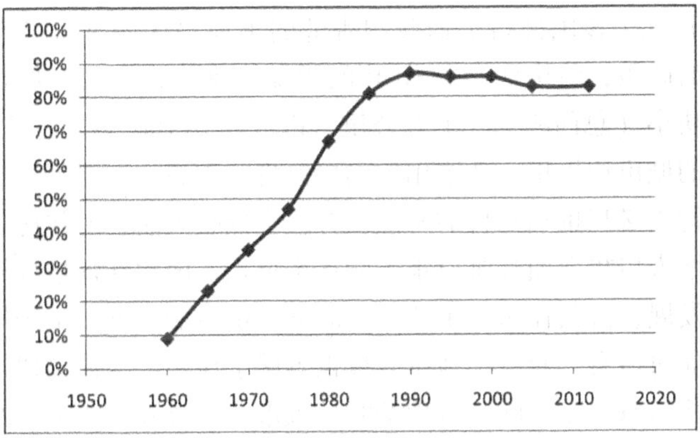

图2-2　新加坡组屋人口比例变化

观察新加坡公共住房的产权构成，其组屋以出售为主，居住组屋中高达94.8%的人口拥有组屋产权，只有5.2%是租赁住房（李俊夫，2012）。已售组屋在入住5年内可以部分用于出租，入住5年后全部出租，入住10年后可以经建屋发展局批准后出售，但出售对象只限于政府规定准入条件的非富裕居民。组屋一般是高

① 人口密度数据，根据国内资料，每平方公里深圳市4564人（2009年），上海市2638人（2009年），北京市1033人（2008年），而根据福布斯杂志，考虑流动人口，2010年深沪京分别为17150人、12400人、11500人。参见凤凰资讯 http://news.ifeng.com/mainland/201003/0318_17_1579788.shtml。

层建筑，户型多为二居室（三房）和三居室（四房）住宅，面积69~110平方米，二居室售价15万~30万新元（2009年），对人均月收入约为3070新元（2010年）① 的新加坡人来说，房价家庭收入比为3~5②，购房负担相对较轻。组屋的准入门槛并不高，家庭月收入小于8000新元③的也可以购买组屋，在居民退休之后，还可以通过以大换小或反抵押，将组屋变现再购买养老保险实现以房养老。因此，从组屋的产权状况（有限产权）、交易方式（出售为主）、分配管理（面向大部分中低收入居民）上看，绝大多数公共住房类似我国的经适房，公租房、廉租房非常少。

通过比较我国与新加坡的公共住房政策，有如下启示：

（1）如果该国推行类似我国香港的土地出让制度和鼓励竞争性开发的政策，将房地产对GDP的贡献值维持在高位，那么在地域相对狭小（总面积683平方公里，市区约为100平方公里）、难以扩展的城市边界里，住宅用地的价值将非常高。人口聚集和资本的投机行为必将推动房价的剧烈上升，中低收入居民的住房状况尤其是新增人口将会面临难以承受的住房负担。因此新加坡选择控制地产业发展，公共住房的土地由政府低价供应的制度，由于组屋每户只能同时占有一套，土地所有权也不属于住户，因此构建了一个稳定的住房双轨制。政府机构垄断一级市场、放开二级市场的住房策略显然是一种理性选择。可以说这种独特的住房政策和所谓的“国家资本主义”政体是一脉相承的，也契合了该国以贸易、制造业为主的经济结构，其他城市和地区难以进行全面复制。例如我国在引入强制缴纳公积金制度后在归集、使用、增值收益分配环节就出现了不少问题（李扬，2008）。

---

① 月收入数据参见陶杰：《新加坡人均月收入每年增长6%》，中国经济网 http：//www. zgjrw. com/News/201223/home。

② 此处假设家庭人口为3.5人。早期（2002年以前）公共住房房价与家庭收入比更低，四房式（三居）为1.3~2.4，详见新加坡南洋理工大学刘云华：《新加坡的公共住房管理》表八，载《经济发展与文化变迁》2008年第2期，第16页。

③ 多代同堂家庭为12000新元。

(2) 在新加坡每个永久居民家庭只能拥有一套组屋①，初次购买组屋的套型面积由家庭人口和收入水平决定。二手组屋可以租赁也可以在援助对象内部交易流转。居民购买二手组屋可以享受高额补贴，等同于申购一手组屋②。这些举措既保障了组屋的建设管理相对封闭，又促进了家庭投资持有的热情，证明政府住房援助项目的市场化具有可行之处，内部自由交易可盘活存量住房、促进住房过滤，有利于家庭结构或收入变化后根据自身需求合理退出房产。

(3) 立法保障每个中低收入家庭尤其是新建家庭的基本住房，这本身也是一种相当公平的做法。超过 80% 人口可以获得住房援助，赢得了民众广泛支持，构建了这一政策顺利执行的政治基础。

(4) 尽管新加坡目前也面临着组屋越建越高、面积缩水、二手组屋价格上涨过快等问题，但建屋发展局在长达 50 年里，以规范、廉洁、高效的建设和管理赢得了居民的长期信任。目前建屋发展局的工作不仅仅是提供和维修基本的社会住房，还包括进行大规模的一级开发，拓展和建设规划精良、具有可持续性的新市镇。建屋发展局值得国内同行认真地研讨和学习，尤其从事一级开发的国有城投公司和二级开发的国有开发企业，业务应主要供给中低端住房市场和开发偏远市镇，并通过彰显企业和项目的良好声誉来扩大市场份额，而不是争抢“地王”。

(5) 集中兴建的组屋具有良好的社区环境，户型分布比较均匀，退休老年人还可以换购售价仅为 6 万~7.5 万新元的小户型公共住房（如乐龄公寓），这就吸引了不同收入阶层居民的购买热情，抑制了商品房开发商只愿开发高端商品住房的倾向。HDB 注重对老旧组屋的及时更新和维修，并非一售了之，使得存量公共住房得以继续发挥效用，也值得国内借鉴。

---

① 显然对没有获得永久居留身份的外来人口来说，只能租赁组屋和购买商品房，其住房负担相对较重。

② 参见《新加坡住房保障制度和政策》http://blog.jxcn.cn/u/yuer/206131.html [2011-09-20]。

(6) 随着新加坡连续 30 多年的持续经济增长，在后福特主义的消费行为影响下，居住在组屋的中产阶层倾向拥有更好居住环境和私密性的住房，解决办法之一是缩小组屋和商品房的产权差距。该国政府在保持住房可支付性的同时也正在研究使组屋居民充分利用自住住房措施，如组屋可以享有住房抵押权，更多的居民参与公共设施的使用决策权（Wong，2003）。

新加坡的组屋与我国经适房项目非常相像，我国改革经适房政策可从上述制度中吸取经验。例如经适房可考虑面向中低收入者出租，并考虑和公租房能互相转化。在经适房居民的收入状况改善之后，可考虑激励其退出经适房项目。

2.5.5　中国香港和台湾地区的住房援助

中国香港住房援助起源于二战后的外来人口涌入导致的住房紧张，香港人口 1945—1950 年增长幅度约为 400%（Hopkins，1969），1950 年以后才转为人口自然增长为主（Chan，1989）。1953 年石硖尾木屋区大火引发的紧急援助标志着整个住房安置政策的正式开始。在该地区的主要援助方式中，以租赁为对象的项目包括分配租住公屋、租金补贴。以资助购置为目的的项目包括 1972—1981 年的“十年建屋计划”，1976 年启动的“居者有其屋计划”（HOS），1988 年推行的“自置居所贷款计划”，1993 年推行的“夹心阶层住屋贷款计划”，1998 年推出的“首次置业贷款计划”等（容乐，2012）。以片区为对象的大型援助项目主要是出台政策，鼓励旧城区的重建和衰败旧工业区的改造利用。

香港住房援助的特点：一是香港人口密集，合法且可资利用的土地非常有限，经济腾飞以后地价房价很高。为保障民生，公屋（类似内地的公租房、廉租房）和居屋（类似内地的经适房）的供给比较大，2012 年总计达到了 115.2 万个单位，入住人口约占总人口的 46.2%，其中 37% 是有长期业权的居民。但大量供给的同时援助力度又是非常克制的，入住公屋的人口 2011 年比 2010 年同比下降了约 7.8 个百分点。香港常住人口 2012 年比 2002 年增加了 39.2 万，但公屋只增加了 7.7 万个单位。人均公屋的居住面积也只有12.9平方米，这只比2002年增加了1.8平方米①。二是以资助购买为主要的援助方式。除资助购买私人楼宇外，也资助购买居屋（包括租置计划），甚至1973年推出的公屋政策，允许终身租用且可以世袭（容乐，2012）。商品房小户型和中低价位占比比较大，中产阶层和夹心层有较多选择机会。② 三是政府机构对房地产市场干预经历多次波动。实行租金管制和大规模直接兴建公屋的政策因对市场和地产行业冲击较大，多次被提前终止。金融机构和非政府、准政府组织积极参与住房援助。公屋体系的支撑是房委会利用名下商铺、车位、工厂大厦等商业楼宇出租收益来平衡资金短缺。四是管理相当精细。为了照顾不同的利益群体，对大家庭、年长者、灾民、残障人士和其他有紧急需求的人士提供特别计划。如天伦乐优先配屋计划、清拆户优先获得公屋等。对有些地段不好存在空置和质量较差（如洗手间较小）的公屋通过特快公屋计划以租金减免来吸引援助对象入住。五是具有严格的援助对象准入程序和社会监督机制。香港公屋政策享有较高声誉，在住房政策方面大多数香港市民不认为受到了政府的不公平对待③。对申报住房援助的审查监督和对欺诈行为的处罚都非常严格④，特区政府的高官就曾经因为骗取房租补贴而引咎辞职，被绳之以法⑤。

台湾地区住宅自有率达到85.4%（2001年），但空置率一度也高达17.62%（2000年）⑥。2003年台湾平均每户居住面积为

---

① 参见香港房屋委员会：《房屋统计数字2012》。

② 据2007年6月对全港商品房成交的统计，300万港币以内总价的房子占到40%。参见陈劲松等著：《世联观察：景气循环中的市场2007—2009》，机械工业出版社2009年版，第193页。

③ 容乐：《香港住房政策：基于社会公平视角的案例研究》，中国建筑工业出版社2012年版，第128页。

④ 根据香港《房屋条例》第26条的规定，如有不实申报公屋，一经定罪将处以最高5万港元及6个月监禁的处罚。

⑤ 香港发展局长因20余年前骗取房租津贴，上任12天后被捕。参见凤凰网报道http://news.ifeng.com/hongkong/detail_2012_07/13/15991627_0.shtml,2012-07-13。

⑥ 参见台“行政院”主计处统计资料。

138.27 平方米，平均人均居住面积为 39.27 平方米①。住房援助采用的是类似美国的一种房地产市场外的补充模式②。台湾提供的平价住宅和出租“国宅”（即大陆的保障性住房）的数目非常少。如台北市是拥有 262 万人口（2008 年数字）的大都市，房价较高，但公营住宅只有 2000 多户，远期的政策目标也不过是达到 5000 户③。

台北市住房援助方式仍以兴建“国宅”与购房贷款两类为主，基本仍局限在协助购屋的框架之内（张金鹗等，2002）。台湾一般通过鼓励居民贷款自建、贷款自购、鼓励住户自组更新委员会、奖励投资兴建等方式改善自有住房状况，少量项目采用资助租赁和配建宿舍。台湾鸿海集团 2013 年推出“工者有其屋”计划，在新北市厂区附近修建住宅，然后廉价租售给企业职工。这既是企业吸引人才的举措，也被认为是通过公私合作建设社会住宅的一个尝试④。

2.5.6　制度比较小结

历史总是惊人的相似，因为不少国家或地区经历过房荒和城市化进程，所以通过国际比较可以对事物发展规律有更清晰的认识。如果说科学性体现在规律性和因果关系，那么基于住房制度变迁的比较研究则对实践具有重要意义。

从住房援助模式上看，尽管经历了复杂演变过程，发达国家或地区仍然存在不同模式。Doling J 称之为西欧范式、美国范式和日本范式（甄峰，2011）。Kemeny J 进一步简化为二元化和一元化模

---

① 参见叶永烈:《台北的房价》,http://blog.163.com/ye_yonglie/blog/static/11430913720099194204479 3/,2009-10-09。

② 补充模式也称剩余模式，该政策具有延续性，以城市房屋总数的 2% 为准备住宅，作住房救济之用。

③ 参见凤凰周刊专访台北市长郝龙斌，http://www.ifengcity.net/shownews.aspid=829,2011-10-14。

④ 参见华夏网 http://www.huaxia.com/xw/twxw/2013/02/3212803.html 和中国新闻网 http://www.chinanews.com/tw/2013/02-19/4575061.shtml。

式（Kemeny，1995）。二元模式的政府集中援助居民取得自有房产，一元模式的政府对自有和租赁给予中立的定位。代表自由经济主义的美、英、加、澳和代表高福利国家的北欧诸国（有时也包括法国、德国），目前采用的住房政策和援助项目就有很大的区别。美国房地产业比较兴旺，解决弱势群体和中低收入居民的住房问题以公共补贴和现金资助为主（Leung，2012），很少考虑用非市场的手段实施。住房补贴一般采用“房券”和“减税”的方式，通过市场对住房补贴的消化和反馈来改善援助对象的住房状况。根据美国公共住房政策演变的历史研究，公共住房计划、补贴住房建设计划和房租补贴计划并无优劣之分，应根据供求方面的短缺和缓和灵活运用（李莉，2008）。瑞典、荷兰等北欧国家实行的是带有计划性质的社会（租赁）住房，该种产权住房的市场占比比较大（公屋占比较大的还有新加坡和香港地区等），采用实物援助方式。这些地区住房政策的社会目标虽然与美国趋同，但摒弃了“美式”住房供给体系，建立的是接近全民共享的住房福利，政府并不依靠住房来发展经济和带动就业。从整个世界范围来说，通过援助政策使中低收入居民享有适宜住房成为普世愿景。极端化的住房政策正在慢慢消亡，联合国曾经严厉谴责了美国推销其住房拥有模式作为解决世界住房危机的万灵药的错误做法①。发达市场经济国家和福利国家都在寻求第三条道路，以求得在市场和干预间的某种均衡，适度公屋出售就是典型例证（Ho，2009）。

以公房出售和停止实物分房为标志，我国城市住房制度已从计划经济下的全民普惠模式迅速转化为剩余模式，房地产业得到了空前发展，住房拥有率达到了较高水平，但经适房被边缘化，公租房供给还比较少。2009年以来，在加强保障性住房建设的政策背景下，我国的住房模式正在逐步脱离剩余模式走向混合模式，未来还可能走向高级普惠模式。但我国住房援助政策仍然呈现碎片化和不协调的状态。在社会主义市场经济的政体基础上，我国住房政策如果能既发挥市场经济灵活、高效、自由的特点，又能因政策干预使

① 参见http：//www.un.org/zh/development/housing/afford.shtml。

各社会阶层获得住房的机会相对公平，在住房状况上都实现“小康”，那就是未来一段时期比较理想的模式。因而如果住房政策的理念从“保障”转为“援助”，政策和实施方案的目标就会更多关心如何支持和帮助全体居民获得适宜住房。因为目标清晰，探讨政策优劣的前提和标准就比较清晰，避免出现政策的碎片化、补丁化，也可以加强不同援助方式和项目的协同效应。关于这一问题的深入讨论见本书第七章。

2.6　住房援助政策研究综述

2.6.1　住房政策研究的发展阶段

改革开放以来国内对住房政策的研究可划分为三个阶段。第一阶段是 1998 年之前相对比较零星的研究，如对中国城市住宅体制改革的研究（蔡德容，1987）、对住房政策国际经验的介绍（田东海，1998；孟晓苏，1998；林坚，冯长春，1998），对国外住房福利制度的介绍（黄范章，1987；吴人则，1987）等。第二阶段是 1998 年到 2008 年期间，伴随着我国取消福利分房制度，大城市房地产市场逐渐红火，即便经历了 2004—2008 年多次宏观调控，商品房逐渐成为市场供应主流，从全国范围来看，公共住房占总建设量比例低于 10%。伴随社会阶层的收入分化，一部分低收入居民家庭收入增长速度很慢，相对于不断上涨的（平均）房价，住房可支付水平明显下降。第三阶段是 2009 年以来随着美国次贷危机的爆发和蔓延，国内开始注意到无节制的住房援助和金融衍生体系也会带来风险，不少学者试图提出建立中国特色的住房政策体系（巴曙松，2009；郑功成，2009；马光红，2009；易宪容，2009；姚玲珍，2010），尤其是在借鉴国际经验的基础上，提出大力推进公共租赁住房建设、减少经适房供给，试图改变廉租房保障面偏窄，经济适用住房声誉欠佳的现状（陈杰，2010）。然而，从住房产权与绩效的角度看，公租房和经适房所采用的租、售两种方式各有优劣，不可偏废，可互相替代的证据并不充分（张齐武，

2010）。

自2008年以来，国内研究者按照建立分层次住房供应体系的思路，提出了构建多层次住房保障体系的建议。李扬等（2008）认为各国的住房政策模式可分为普遍（全民）保障和特殊保障，其中普遍保障是指美国模式。郭士征和张腾（2010）提出建立一个“四维”的住房保障体系，对应于不同的收入阶层，分别命名为救助性、援助性、互助性和市场性保障。邓宏乾等（2012）提出应逐步将现有保障住房供给体系中廉租住房、公共租赁住房、经济适用住房及部分限价商品住房统一归并至公共住房体系中，根据援助对象的支付能力分别命名为求助型、援助型和互助型公共住房。中国社科院财经战略院在2012年11月发布的《新型城市化背景下的住房保障》报告中提出，“应简化当前种类繁多的保障性住房的复杂管理格局，将其统一”。

2.6.2 对住房保障和援助的研究

住房保障是近年来的住房政策研究领域的热点词语。2003年11月由建设部等部门发布的《城镇最低收入家庭廉租住房管理办法》自2004年3月1日起开始施行，廉租房、经适房和一些特殊的安居工程项目（如限价房、定向安置房、还建房、单位集资房），再加上为购房者提供低息贷款的住房公积金制度，中国基本的城市住房保障体系开始形成。相应的住房政策研究也成为应用经济学、管理学、社会学领域的学术热点。

从文献上看比较研究较多，市场经济国家的政策经验被大量介绍到国内。如介绍发达国家（英美日瑞典）建立分层次的住房保障体系的实践（柯年满，2000；张庭伟，2001；芦金锋，王要武，2002；杜文，2005；张元端，2008；陈成文，2008；陈杰，2009；李欣欣，2009；张琪，2009）；对美国面向中低收入者住宅金融体制研究（汪利娜，1999；潘文辉，2005；李文斌，2007）；新加坡的公共住房制度（董立，2000；曹国安，2003）；德国低收入家庭及公务员住房保障政策情况和启示（黄清，2009）。

从具体研究内容上看，住房保障（援助）研究可以分为七个方面：一是对具体援助方式（“补人头”还是“补砖头”）、具体援助政策（租售比和保障对象不同的公租房与经适房等）的比较和评价（孙懿，2010；高峰，2010）；龙奋杰、董黎明（2005）认为经济适用房空置率明显低于住宅空置率是衡量经济适用房政策绩效的关键指标，并定量检测了 31 个城市的绩效。二是以提高使用效率为研究目的，对金融支持体系（主要是公积金制度）的研究（张恩逸，2008；李燕，周勇，2010）。三是对相关财税政策如不动产保有和流通方面的税收研究。四是对住房援助对象划分和特殊群体的关注，如郭玉坤、杨坤采用依据合理支付比求得的家庭收入线对住房援助对象进行划分。研究对象根据援助群体的不同，分为针对农民工（张国胜，2007；马万里，陈玮，2008）；大学生和蚁族（李艳华，2010）；农村教师（陈泳杏，2010）；老年人群体（张永岳，倪成才，2009）；城市低收入群体（张可成，2009；陈灿煌，2009）；流动人口（吴海瑾，2009）等，提出了有针对性的解决方案。五是对保障住房项目运作模式的研究，尤其是对政府包揽保障房建设的反思，引入 PPP 模式的研究（曾晓安，2009；田一淋，马光红，2008），探讨合作建房的可能性（谭禹，2010）。六是对住房保障立法的倡导和难点研究（陈杰，2009；孙凌，2009；郑尚元，2010）和国外住房保障立法的借鉴与比较（符启林，2010）。七是对政府保障领域各级政府责任担当与治理结构的研究。一般认为在市场经济中，政府应该承担有限的住房社会保障责任，适宜的模式是政府补位模式（曾国安，李少伟，2008）。住房保障的责任应从地方政府转移到中央政府（郑思齐等，2009）。

从研究方法上看，根据对 2005—2010 年发表相关博士论文的回顾（见表 2-4），国内前沿研究以文献研究、国际比较研究、政策演进轨迹法，以“问题—对策”为论述范式的规范研究为主，实证研究较少。对较新的经济学研究成果，如行为经济学和心理学的研究较少，很少使用公共政策评估方法和政策仿真方法进行实证研究。由于住房问题相对复杂，采用跨学科交叉研究符合系统解决城市居住问题的要求。

表 2-4 2005—2010 年住房援助相关博士论文理论工具与方法综述

作者（完成时间）	学科交叉情况	主要理论依据	主要研究方法
褚超孚 2005	管理学、微观经济学	公共政策理论和社会保障理论	问卷调查（6个城市、2250个样本）、国际比较
杜文 2006	政治经济学、社会保障	需求层次理论、社会再生产理论、社会产品分配理论	文献研究和国际比较
马光红 2006	城市经济学、经济地理学、信息经济学	E. W. Burges、John F. MeDonald住房“入侵、过滤”理论；W. 伊文思住房“互换”理论、住房“梯级消费”规律，阿朗索的住户均衡理论、委托—代理理论	模糊评价、层次分析法、博弈论、广义 GRNN 模型。实证为北京经适房的最佳供应量预测
王世联 2006	经济思想史、制度经济学、公共政策、社会学	马克思主义社会保障理论、邓小平住房保障思想、产权理论、社会排斥理论	历史分析与逻辑分析、静态分析与动态分析、经济史与经济思想史相结合的方法
刘颖 2006	政治经济学、金融、建筑	消费经济学、和谐社会和科学发展观理论、新制度经济学和公平与效率理论	文献研究为主
郭玉坤 2006	产业经济学	共同富裕理论、社会保障理论、公平分配理论、垂直公平和水平公平理论、住房过滤、梯度消费理论	文献研究、国际比较、案例（事实个案）分析
李明 2006	福利经济学、马克思主义经济学	价值理论、地租（价）理论、收入分配理论、供求决定理论、市场失灵与政府管制理论	外部冲击—内部传导模型

续表

作者（完成时间）	学科交叉情况	主要理论依据	主要研究方法
彭晓华 2007	企业管理、新制度经济学、信息经济学、福利经济学	交易费用框架、效率与公平兼顾的价值观	采用比较（静态）分析、博弈分析、产权和交易费用分析等方法
黄辉玲 2007	房地产经济、公共管理	城市土地区位理论、公共管理理论、可持续发展理论	文献研究、比较分析、历史回顾、投入—产出分析
杨绍媛 2007	财政学、公共管理	社会保障理论、梯度消费理论、住房过滤模型	文献研究、国际比较
余凌志 2007	管理学	社会保障水平理论	利用自建的廉租住房保障水平模型和全国各省级数据进行了计算
焦怡雪 2007	城市规划、社会学、城市地理、城市经济学	社会分层理论（定义了住房保障语境下的居住弱势群体）、居住空间分异学说	文献研究、案例研究（北京、辽宁、深圳）
刘晓君 2008	系统动力学及软件工具、金融学、计量经济学	马柯维茨（Markowitz）的资产组合理论、夏普（Sharpe）的资产定价模型、委托代理理论	规范与实证结合、基于西安数据的软件应用
崔竹 2008	政治经济学	住房的双重特性理论、住房保障理论、福利国家理论、住房公平分配理论和住房市场“过滤”理论	文献研究、国际比较、历史回顾
李莉 2008	世界史、政治学	历史学	历史演进、案例研究、历史借鉴、标杆方法

续表

作者（完成时间）	学科交叉情况	主要理论依据	主要研究方法
田一淋 2008	工程管理、公共管理	公共管理理论	文献研究、国际比较
刘佳卉 2008	社会学、管理学	资产建设理论	文献研究、案例研究（哈尔滨某社区）
杜芳 2009	法学	积极住房权、消极住房权的分析框架	文献研究、比较与案例（事实）分析
周卫嘉 2010	经济社会学、法学	网络关系、嵌入性	面向售楼人员和顾客的问卷调查

文献来源：知网。

研究视角方面常用的是基于政府管理规制的，而基于项目实施主体（如开发企业）和保障对象行为选择的研究很少。由于公租房、限价房是最近几年宏观调控的产物，因此以住房产权为视角的住房制度研究几乎没有。国内研究视角相对多元，如基于社会政策视角（朱亚鹏，2008），基于财政收支平衡视角（赵红艳，2008），基于低碳城市发展理念(钱瑛瑛，2010)和可持续发展理念(王新，2010)的制度研究。基于1919—1949住房保障历史(吴珂，2010)和1949—2005住房保障制度(王世联，2006)演化轨迹的研究。基于2007—2009年保障性住房实施效果的评价(谷俊青，2009)，基于中国传统伦理观念(朱婷，2009)和住房保障政策人性化实施(陈杰，2008)的探索等。

尽管国内定性研究居多，但一些实证研究也比较有特色。如基于房地产过滤理论，利用过滤模型(filtering model)对政府补贴方式的比较(宋博通，2001；董藩，2010；杨之光，2010)；对信贷支持政策的区别运用(张翼，2009)；对产权流动的利用(杨之光，2010)；以及对住房保障制度效果的分析(陈灿煌，2009)。过滤模型在房地产经济学中被广泛运用，这得益于住宅本身的异质性和马斯洛的需求层次理论，但是对中国房地产市场以及其中独特的保障性住房市场(二级市场并不是很活跃)，基于过滤模型的实证检验还是很少的，对应用研究的基础问题即我国市场是否存在明显过滤现象还没有充分论证。采用博弈论方法分析各住房保障利益集团的行为，如保障诚信申请的博弈分析(徐一萍，2010)，甚至论证了应取消经济适用房政策(尚宇梅，2007)。基于中央政府和地方政府在市场中的双重委托代理模型来评估住房保障协调发展问题(洪开荣，2010)等。

产权理论是分析公共物品的一个好工具，国外学者通过对住房产权的选择行为进行系统研究(Amott，1987；Rosentha，1989；Huang，2002)，发现居民对产权结构的响应性可以解释大部分政策绩效。但国内在产权与绩效的关系研究方面，主要集中在环境资源方面(马中，蓝虹，2004)，企业产权与企业绩效方面(刘芍佳，孙霈，刘乃全，2003)，以及产权结构和市场结构对工业企业绩效的影响等(刘小玄，2003)，在住房相关领域文献比较少，如对城镇住房产权的区域差异(刘米娜，2009)，计算经济适用房产权结构导致的福利损失(林荣茂，2006)等。

从案例研究地域来说，主要表现在学术机构集中的直辖市和发达地区，如北京(全德，2008；陈立中，2010；吕萍，2010b)；上海(赵恩博，2009)；南京(李娟，2008)、浙江(褚超孚，2005；马万里，2008)；也有基于城乡统筹试点地区如成都(洪运，2009)和重庆(王川，任宏，2009)的研究。对二线城市的研究还比较少。

通过国内文献回顾，可以发现：（1）学术界对住房保障问题的关注度逐步提高，建立住房保障体系被认为是政府干预房地产市场，实现“住有所居”的最重要途径。(2) 住房保障问题和政治、社会、公民密切相关，并不是一个简单的经济管理问题，研究的学科交叉情况很明显，利用历史学、法学、城市规划专业的研究框架带来了新的视角。伴随着研究的深入，研究范围正在快速扩大，例如针对改善中低收入居民社会排斥和提高福利状况的财税措施、金融政策研究，针对特殊群体的如老年人的养老地产、反按揭等，针对农民工等流动人口和城市弱势群体的住房问题研究，这使得该领域的研究十分丰富，有百花齐放之感。(3) 结论普遍赞成应建立一个无缝的分层次的住房供应体系，不同对象依据其收入、住房现状、家庭情况和个人特质，对应着不同的住房产品。但如何形成这种完美体系仍存在争议。(4) 香港公屋模式、新加坡和北欧福利国家的政策体系被视为学习标杆，因而推崇加快建设公共租赁住房(Public Rental House)，并试图纠正目前以偏向出售为主的保障房供应方式。但这种援助方式上的改革仍缺乏实际证据。(5) 不少研究注意到市场机制的激励性，倡导应从现行的补贴供应方的"补砖头"方式逐步过渡到面向需求的"补人头"的货币补贴方式，通过赋予保障对象更多的选择自由，并依靠市场的自发调节来实现保障对象的住房改善。但关于两种补贴方式的争论并未停息，政府机构对货币补贴方式也存有疑虑。

从研究内容上看，一些相当值得研究的课题鲜有涉及。如公租房、经适房政策的中长期评价体系；保障房领域的寻租与道德风险问题；城市规划和土地出让政策如何影响贫困居民获取住房；保障住房项目的风险管理；环境、生态压力下的住房问题等。

研究方法上，利用 ABM 方法进行住房政策研究的文献非常少。

通过文献研究，使得本研究进一步明确了问题，它们是：(1) 公共住房和商品房是如何互动的？在人均面积已基本达标和家庭较高住房私有率的情况下，公共住房供给和准入标准如何确定？(2) 经适房和公租房是我国当前最主要的住房援助项目，两者的比较和替代问题；不同的公共住房规划如何对中低收入者产生影响？(3) 如何通过市场化改革来使得住房补贴和政策执行符合政策目标。(4) 中高收入者囤房行为比较普遍，产生原因是什么？会对囤房者自身和低收入者带来什么影响。

2.6.3 国外住房援助政策研究综述

住房援助政策研究一直是市场经济国家的研究热点。国际核心

刊物如 *Housing Studies*, *Urban studies*, *Real Estate Economics*, *Journal of Political Economy*, *Journal of Urban Economics*, *Habitat International* 等经常刊载研究住房援助和住房补贴方面的论文。美国住房和城市发展部发行的政策研发刊物 *Cityscape* 对住房援助进行过专题讨论。Tatian 研究了住房援助对家庭追求经济自主性的长期影响，发现住房援助并不会对贫困家庭努力就业产生阻碍。Olsen 也使用 1995—2002 年的数据对住房援助对家庭收入的影响进行了研究，发现“补人头”的房券模式比其他援助模式产生的负面效应更小。Freema L 检视了获得美国住房援助家庭的构成，发现在美国已婚和未婚同居家庭并不乐于接受住房援助。Ambrose 使用抽样调查法研究了不同家庭的获得和退出三类住房援助计划（房券、公共住房和项目援助）的差异程度，发现家庭基本经济条件是决定一个家庭是否参与或退出援助计划的重要因素。住房选择券计划（HCV）是美国针对租房者的最大项目，190 万家庭获得该项租房援助。McClure 研究了 HCV 中家庭住房负担比，发现在计划实施的 2 年里，占总数 38%参与计划家庭的住房支出占收入比值从 47%降到了 31%，但也有些极低和无收入家庭为获得援助而支付了相当高的房租。

Green（2011）研究了美国的租房援助，发现尽管 3500 万家庭租房住（2007 年），但美国的住房政策，如规划政策、税制和金融政策都倾向于支持自有住房，忽视了住房租赁。租房援助包括了发放房券、租金控制、税收抵扣三种形式，然而租金控制往往效率低和不够公平，税收抵扣存在激励低需求地区建设廉租房的漏洞，采用房券进行租房援助对提升公平和效率都有帮助。Quigley（2011）认为，低收入家庭面临的最糟糕的住房困难是由于需要承担的房租太高，而不是住房本身的质量状况。肇始于大萧条时期的租房援助应被视为美国福利计划的一部分，而非一个基础设施投资计划。Honing（1997）以荷兰租房援助为例，发现直接的租房援助刺激了住房需求，但在家庭住房消费超过最低标准时会降低住房的边际价格。

住房援助可以针对家庭，也可以针对开发商。Jin（2007）发现在一个信贷约束的经济体内，采用资助开发企业的公共政策比资助家庭更能促进经济发展。

租房援助可以分为支持住房（建造）供给方和支援住房需求方两类，购房援助可分为供方信贷抵扣、需求方减税与援助、鼓励住房建造三类。Katz 等总结了美国不同住房援助政策（项目）对政策目标的潜在影响（表 2-5），研究认为住房援助应考虑地方住房市场的实际供求状况，因地制宜地制定援助政策。

表 2-5　美国不同住房援助项目对政策目标的潜在影响

政策目标	租房援助		购房援助		
	增加住房供应	需求方房券	供方信贷抵扣	购方税收政策和援助	增加住房供应
保护和扩大优质住房的供给	有效。尽管还需要更多套房源，租赁房源已经增多了	有一定效果。可以激励房东维护现有住房	可能有效，但影响不直接	可能有效，但影响不直接	有效。增加了自有住房的比重
使现有住房更容易负担和便于使用	有效，但可支付性依赖于资助的范围和持续时间	有效，因这是增加可支付性的首要目标；成功取决于获得房券家庭找到租赁住房的能力	可能有效，但影响不直接	有效。激励了住房购买力，但受限于住房的价格	有效，因这是增加住房可获得与可支付性的主要目标
促进社区在种族和经济状况上的多样性	较困难，取决于新租赁房源的区位和谁可占有它们	如果获得房券者能在多样化社区内找到房源则可能有效	可能有效，取决于购房者的区位选择	如果获得援助者能在多样化社区内找到房源则可能有效	可能有效，取决于新建住房的坐落区位和当地经济

续表

政策目标	租房援助		购房援助		
	增加住房供应	需求方房券	供方信贷抵扣	购方税收政策和援助	增加住房供应
帮助家庭积累财富	总体无效，尽管因较低租金可以增加家庭资产	同左	有效，但取决于房价是否增值和借贷者的个人经济状况	同左	同左
使家庭更加巩固	可能有效，但较少文献确认这一点	可能有效，但如果住房坐落于衰败社区或制度设计阻碍了家庭团聚则影响减弱	有效，但如果住房坐落于衰败社区则影响减弱	同左	同左
为住房提供必要的基础设施	当住房被规划设计得与配套基础设施有效联接时就会有效	总体无效	无效	可能无效，除非配套设施与住房援助共同提供	同左
促进和谐都市的发展	较困难，取决于新房源在哪里兴建	可能有效，取决于获房券者在城郊和接近工作机会地区找到房源的能力	不清楚，取决于全体居民的区位选择	不太可能有效，除非当接受援助者在城郊和接近工作机会地区找到房源时才可能有效	很困难，尽管社区受益于住房拥有率，但住房的区位分布到目前为止还无法促进均衡增长

来源：Katz et al.，2003

国外住房政策研究具有下述特点：

住房问题作为城市问题的一部分和整个城市的发展息息相关，可以发现国外较好的住房研究都秉持着一个关注民生、关注弱势群体的基本社会态度。

研究具有地理空间上的层次。研究范围既包括国家—州（State）—城市或郡（City/County）层次的宏观研究，也进行片区（Area）—社区（Community）—邻里（Neighborhood）—个体或单元（Individual/Unit）层次的微观研究。利益群体的策略选择也是有着清晰的层次，如住房政策分析框架就是按照愿景（Vision）—战略（Strategy）—项目（Project）这一脉络展开的。

因政体的不同，政策（Policy）和规划（Plan）只是一种管理的辅助手段，相应的官方和官员（Authority/Officials）和政策制定者（Policy Maker）仅仅是利益博弈的一方，不一定是决定力量，这与国内研究视角存在明显不同。

研究方法上定量研究样本数都比较大（一般 10 个以上的城市或 3 个以上的国家），数据连续跟踪的时间较长（一般在 10 年以上），如 Eriksen（2009）对住房税收抵扣价值的研究，Pinto（2004）对贫困家庭住房援助的研究等。微观上很注重案例研究（Case Study），通过参与式观察（Participant Observation）来发现问题。例如随着城市精明增长（Smart Growth）模式的提出，Renne（2005）对采用 TOD（Transit-Oriented Development）方式发展的美国五个州进行了长达 30 年的回顾，发现实施 TOD 方式的地区住房租赁者比例上升，而政府忽视了地铁站边的紧凑性住房和经济适用房的建设力度，可能会对劳工阶层和低收入居民产生排斥。

对一个专题会进行针锋相对的讨论。例如 Yates J.（1998）、Angel D.（1992）与 Galster 等学者（1996，1997）与 Freeman A.（1997）、Kleinman M.（1995）就供给方补贴与需求方补贴的优劣问题进行了长期的辩论。对特殊的住房开发商如非营利性开发商（Nonprofit Developers）也有研究，例如 Keri-Nicole（2007）对纽约非营利性开发商所有权和产出关系的调查等。

国外一般用总房价与居民收入之比得到的住房可支付系数来衡量住房市场，美国还使用机会指数——中产阶层可以购买的住房占总供给量的比例，来评估住房市场。如果市场偏离上述标准，就要采取干预措施。美国在衡量住房政策时使用的社会指标是住房条件低于法定标准的家庭数（威廉·N. 邓恩，2002）。我国目前还没有“法定”住房标准，国家建设部曾制定公布过小康住宅的十大标准，可描述为环境宜居，“户均一套房、人均一间房”，人均面积为 25～30 平方米。大部分城市目前政策目标都是以人均住房面积来描述，并不能全面衡量居住环境。

2.6.4　当前住房援助研究存在的不足

大城市的住房问题并非中国所独有，即便是老牌发达国家，如美、英、日、北欧诸国也面临着各种住房问题，既有经济的可支付性住房供求矛盾问题，也有住房导致的利益群体的矛盾（如政府、房地产行业组织、开发商、非营利机构、社团、立法机构、居民甚至新闻媒体），以及不同族群间的关于住房使用权、控制权的争夺（如房东和租客；不同收入、家庭背景、人种、信仰的个体与群体之间）。我国的住房政策研究尽管是研究热点，但受制于研究历史较短，相比较国际研究而言尚处于启动阶段，主要不足表现在：

（1）相对缺乏实证研究

该领域的国内实证研究较少，笔者 2011 年 3 月以住房保障为关键词在 Google 学术搜索的前 500 篇学术文章中，发现只有 30 篇左右的实证性的文章。这一比例实在是太低了。究其原因，可能有两个：一是我国住房市场化改革的时间还不够长，大约只有 30 年，住房问题作为一个重要社会问题、民生问题得到关注也只有 10 年左右的时间，受制于新型的住房政策施行时间不长，对一个城市进行连续的田野调查几乎不可行。二是统计数据的缺乏和混乱。公开的统计年鉴在纵向上连续性不足，而且横向上类似房价中位数、房屋自有率、空置率、住房申请人数和分类收入状况这些常用数据国内还没有正式的统计数据或及时披露。保障性住房种类繁多但并未进行分类统计。在一个非匀质发展的城市里，使用平均价格（用中位数价格稍好一点）进行比较已过滤了大部分结构信息。数据的不可得增加了研究的难度，基于宏观数据的论证往往难以搞清楚市场变动的真实原因，往往只能进行趋势性分析。大量理论研究只有小样本抽样或使用某些咨询公司提供的城市住房指数和问卷调查资料。

住房问题涉及较多学科，基础理论包括房地产经济学、城市空间规划、土地经济学、公共管理、政策科学等。如果住房政策研究单纯采用应用经济方法或定性方法其说服力是比较有限的。研究内容上缺乏基于微观数据的住房政策评估，仿真类的研究则刚刚开始。

(2) 比较研究容易忽视中国特有的情境

中国大陆与其他国或地区的情境差异是相当明显的，如城市土地国有与一级市场的政府主导，明确的快速的城市化率指标和激励机制，城乡差异与特有的户籍制度导致的劳动力及资本的单向流动，独特的人口结构和社会阶层分布，"居者有其屋"的住房消费偏好，重构中的社会公平、代际公平以及"大跃进"式的城市更新改造计划等。一些媒体化的论断如："公租房应替换经适房"、"补人头优于补砖头"、"房产税出台可以降低房租房价"、"应大量增加低收入居民住房供给"之类的建议仍然缺乏现实证据。在城市土地国有、住宅用地必须招拍挂拿地的制度背景下，相对于农村居民，城市普通居民事实上被限制了自建住房的权利①，自建住房也变得不再经济，这是住房援助必须要考虑的现实国情，但对此关注者比较少。

研究中对房地产市场政策干预的适度性的探讨不足，对经适房、公租房的制度设计是否有效率，对商品房市场与公共住房市场的互动方式，居民对住房政策的响应程度，各种研究各自为战，莫衷一是。受制于政策目标过于抽象，对"住有所居""增加财产性收入""居者有其屋"等政治性战略目标的理解和阐释也比较含糊，因而对政府住房援助绩效的量化考核并无具有公信力的分析框架，造成难以对住房政策进行规范化评估，也难以得出具有解释力的结论。

---

① 例如，笔者统计了2012年下半年湖北省武汉市公开出让的住宅用地119宗，10亩以下的只有16宗，普通市民或小型工商企业参与竞拍都非常困难，更不用说进行建设。同期出让的地块中200亩以上的有17宗，总价10亿以上的就有11宗。

（3）理论研究较为欠缺

受制于我国住房商品化的时间还比较短，以及涉及土地问题的特殊语境，有些理论研究呈现出了两种极端化价值观：一种是表现为对市场化的剩余住房模式的偏好。另一种是将所有住房问题均归咎于市场失灵，渲染开发商追求暴利、房市投机分子和外资逐利行为的推波助澜导致了住房困难。研究要求政府干预范围和力度都扩大，使得相对严谨的学术研究媒体化、情绪化。一些研究将瑞典、美国、新加坡的某些成功实践作为模仿标杆，提出应进行政策替换，并希望通过政策试点来探索，这削弱了理论对实践的指导意义。

住房政策领域的基础理论研究较为薄弱。在对人与住房的根本关系与性质的理解上似乎还不够深入，人对住房以及附着于住房之上对家庭、社会网络的认同和归属感都是相当复杂的，住房的公共关联属性使聚集具有了外部性。仅就住房谈住房，甚至以控制房价作为研究目的，会使研究具有较大的局限性。住房质量显然不能单纯用地段、面积来衡量①，一些研究把改善居住环境等同于增加住房面积，忽视了可支付性和社会融合。

国内主流研究范式是基于凯恩斯主义和新古典供求框架，还没有形成多元化的视角和研究氛围，研究方法相对单一，缺乏跨学科的整合研究。另外一个问题是术语使用比较混乱，使该领域知识积累的速度变慢了，和国际同行的对话也产生了困难。

2.7　本章小结

本章的主要结论是：

（1）住房援助和住房保障都可以表示支持和帮助居民获得住房的行为或体系，但两者各有侧重。住房援助的政策目标偏向于获得更高质量的住房。住房保障是伴随着住房市场化改革而产生发展的，是一种主要面向低收入者和弱势群体的住房援助体系，以提供

① 例如武汉将 12 万平方米的经适房建在了土地污染区域，参见《新京报》2010-11-30。

最基本住房为政策目标。尽管目前在住房政策研究领域“住房保障”用得比“住房援助”广泛，但“住房保障”实际是保障基本住房，它不宜用于表达众多为非保障对象提供的那些援助行为和举措。经适房、公租房、限价商品房、单位集资房等都属于对居民的住房援助项目，可以统一在同一制度框架下。住房援助主体较多元，方式灵活多样，是实现全民“住有所居”乃至安居乐业的重要工作。

（2）实践中的援助活动可分为五种类型，即政策型、项目型、金融型、科技型和非政府型。

（3）针对住房需求方的援助主要是租、售方式上的区别，可以简单划分为租房援助和购房援助。我国目前的住房政策偏向购房援助。

（4）根据国际比较，我国城市住房模式已从初级的普惠模式转化为剩余模式①，正在走向混合模式。我国应加强上位住房法规的制定，住房援助兼顾租、售两个方面，制度应激励雇主进行住房援助。为了增加有效供给同时减少分配上的错配和寻租，应加快公共住房的市场化、社会化改革。

（5）通过文献回顾，发现经适房存废问题和公租房制度优化问题亟待研究。因不同性质住房存在替代和互补，住房体系也相对复杂，可以尝试采用 ABM 方法进行住房政策研究。

---

① 农村住房因宅基地制度的存在还一定程度上保留了普惠模式。

第3章　购房援助的适度性研究

——以囤房为例

3.1　问题的提出

作为面向弱势人群的住房政策，不只是弱势人群自身的问题，与中高收入阶层的住房消费也是密切相关（宋博通，2002）。住房成为居民的一种消费本是较为理性的活动，然而在制度诱因和心理因素下，我国居民普遍热衷于投资投机性购房并长期持有，形成了特有的囤房现象。

存在囤房现象可以从三个方面得到印证：一是囤房条件已基本具备。我国住房拥有率达到了72.8%（2005年），城镇住房自有化率达到86.7%（2008年），处于全世界较高水平①。截至2009年底，中国城市人均住宅建筑面积约30平方米，农村人均住房面积33.6平方米，在面积指标上已接近日本②。尽管住房质量相对较

---

① 我国住房拥有率接近同期美国的65.8%、加拿大的62.4%、日本的59.8%、德国的42%，欧洲平均的45%。数据来源：余南平：《欧洲社会模式——以欧洲住房政策和住房市场为视角》，华东师范大学出版社2009年版，第408页；施瓦兹：《美国住房政策》，中信出版社2008年版，第14页；住建部住房改革与发展司：《国外住房数据报告No.1》，中国建筑工业出版社2010年版，第35页。2008年全国城镇住房私有率来源于REICO报告。另据《2011上海市统计年鉴》表17-6，房价较高的上海2010年住房私有率已达到79.2%。

② 数据来源：住建部部长姜伟新2010年12月29日在北京举行的全国住房城乡建设工作会议上的讲话。另据西南财经大学和中国家庭金融调查与研究中心2012年发布的《中国家庭金融调查报告》显示城市人均住房面积为38.89平方米。日本2008年人均住房建筑面积为37.4平方米，由于我国城市里实际还存在未登记住房和“赠送面积”，所以两国面积指标应该比较接近。

低。中等以上收入居民大部分基本已拥有住房，高收入者拥有两套以上的比例相当高（李强，2010）①。二是根据2002年的调查，房产占城市家庭资产的比重已达到47.9%，远高于金融资产和经营资产②，到2009年这一指标更上升到73.44%③，但居民购房热情并未停滞，拥有越多商品房会为居民家庭带来越多幸福感（李涛等，2011）。2009—2011年商品房销售面积总计达到30.79亿平方米，年均增长率为19%④。经常使用的住房一般会装修，但未装修住房占总住房比例维持在高位，以武汉市为例，2007—2009年占比达到40.3%、36.4%、37.6%⑤。由于外来人口融入城市存在障碍，农村宅基地占而不用，农村住房空心化现象也比较严重（刘彦随，刘玉，2010）。实际上三四线城市人口流动到一二线城市后也存在同样问题，原有住房被长期保留。三是投资投机性购房明显存在，为此地方政府采用了“限购”“限贷”这类极端管制措施来抑制这种行为。

---

① 根据国家统计局2005年进行的城镇居民入户抽样调查，中等收入者约有7%拥有二套以上住房，高收入者约有17%以上拥有二套以上住房。高收入者住房状况调研非常困难，李强2007年进行过一次202份的小样本调查，发现私营企业主约90%以上拥有二套以上住房，高层管理者和中层管理者各有约83.2%和62.5%拥有二套以上住房。2008年国家统计局广州调查队对广州市居民进行抽样调查，发现除了现住房，每百户居民家庭拥有其他住房27套，其中用于出租的占66.7%。2012年发布的《中国家庭金融调查报告》显示，城市户均拥有住房为1.22套。拥有一套住房的城市家庭占69.05%，拥有两套及以上住房的城市家庭占19.07%。

② 数据来源：国家统计局《首次中国城市居民家庭财产调查总报告》。

③ 数据来源：清华—花旗中国消费金融与投资者教育调研 http://www.sem.tsinghua.edu.cn/portalweb/appmanager/portal/sem，2010-09-17。

④ 数据来源：国家统计局2009—2011年《中国统计年鉴》。

⑤ 未装修住房数据来源：2008—2010年《武汉统计年鉴》。目前全国住房空置率数据缺失，特大城市如北京2010年高档住宅空置率达26.2%，重庆市2010年住宅空置明显增长，比2009年底增加51.2%。2011年12月全国住房待售面积约2.72亿平方米，比18个月前增加0.8亿平方米，增加率29.4%。媒体关于大城市存在黑灯小区、零水表户的报道较多。

为什么居民对待住房表现出了超出支付能力的购买偏好，青年群体宁可透支沦为“房奴”也要一步到位？这种非理性行为是如何产生的？具有哪些影响？本章的推论是：给定中国家庭是偏好高储蓄率的，大规模囤房是这一偏好在鼓励购房囤房的制度诱因下的转化。住房由传统上的消费或投资物品转化为了实物储蓄，成为了“房币”。这直接导致了家庭资产中货币储蓄的比重下降①，并挤出非住房消费。本章将论证“囤房”这种集体性的一致行动既带来了住房私有率（自有率）的提升，也是造成大城市中低收入人群住房问题的一个主要根源。支持尽早尽快购房行为和鼓励拥有较多较大住房的激励型住房政策加剧了囤房现象，造成了住房市场的排斥。而且更为严重的是，因为住房政策失去了中立性，使得同一收入阶层的贫富差距因为是否购入房产而拉大了。因此激励型住房援助的覆盖范围和使用强度也需要受到一定的制约。包容性的住房援助——以抑制住房投机、实现获取住房机会公平为目的的政策需要得到加强。

本章后面的结构如下，第二节作为本章的理论基础，发展了房地产经济学中关于住房的基本特征属性和衍生效应的讨论；第三节指出造成囤房的制度诱因；第四节探讨心理原因；第五节论证住房的基本属性决定了住房无法长期承担实物储蓄这一功能，主动囤房及被动闲置造成了极大的租金耗散，会对住房公平和宏观经济发展造成负面影响；第六节是简要结论和启示。

---

① 一个佐证是货币（M2）供应量从 2006 年 1 月的 303571.65 亿元增加到 2010 年 12 月的 725851.79 亿元，年增长率高达 34.78%，同期全国商品住宅竣工面积平均增长速度为 9.08%，显示“房币”比货币稳定。根据王松涛用 1998—2007 年的全国总体数据计算，货币供给量每增长约 1.95%，从长期看将推高住房投资 0.2%。另据《2011 上海市统计年鉴》，在人均可支配收入和住房面积都增长的情况下，上海市人均储蓄存款数 2010 年比 2009 年还下降了 3810 元。

3.2 住房的特殊属性及衍生效应

讨论住房政策离不开房地产经济学的理论支撑。关于住房具有的特殊属性，Sullivan 将其归结为异质品、耐用品和住户迁移成本较高。扩展来看，住房具有必需品性、高价值性、耐久性、位置固定性、不可分割性和多重异质性（刘洪玉等，2007）。一般来说只有自用住房属于必需品。如果和贵金属相比，住房的高价值性并不显著，它是耐用性和整体性的一种派生属性。在此基础上，根据住房的物理、生产和产权特点，笔者将住房的特殊属性归结为七种：耐用性、锚定性（不可移动性）、异质性、整体性（不可分割性）、凝固性、恒产性、关联性。作为一种较特殊商品，居民乃至社会对待住房的态度不同于一般消费品或投资品。住房和利益相关人（群）之间还产生了新的关系，演化出类似人地关系这样比较复杂的效应，本书称之为住房的衍生效应。具体描述详见表 3-1。

表 3-1　　**住房属性、房地产市场特征和衍生效应**

基本属性	属性描述	市场特征	衍生效应
耐用性	尽管存在自然与人为的损耗，需要支付维护费，但现代住宅寿命可以达到 50～100 年以上；土地无法灭失；除非有大地震、海啸这样的突发自然灾害，否则住房不会突然灭失	无房户存在刚性需求；大额交易、交易频次少；市场存量远大于流量，流量增减变化缓慢；住房适合作为金融及衍生金融工具的媒介物，期房政策鼓励了购买	投资具有"杠杆效应"；住房具有长期保值功能，适合囤积和遗赠
锚定性	住房和土地相连，无法携带，难以搬运和移动；入住后搬迁成本大；体积大、目标明显，不会被偷窃，后期安保投入少	市场区域特征明显，市场垄断比较容易；市场监管或干预相对容易；居民住房租、售选择必须考虑区位因素	资产易于固化沉淀，难以流动。锚定性对于居民来说，邻里关系和交通成本也被固化了

续表

基本属性	属性描述	市场特征	衍生效应
异质性	具有土地异质性（形态、地质结构、承载力）、建筑物异质性、公共空间异质性、生命周期异质性，难以量产和标准化生产；住房除了居住以外，还具有多种功能或用途，如投资品、工作室、融资平台、用于财产证明和自我炫耀等	产权界定困难；信息搜寻成本大；价格协商困难；交易成本大，难以完全替代、房屋置换十分困难；闲置几率比较大；消费并不符合严格的边际效应递减规律	多用途多功能产生了“租”，使囤房可以成为私人寻租的手段
整体性	生活功能往往要求住房成套使用，不适宜分割使用；存在最小活动空间的极限，无法分割为一平方单独使用；人对于私密、尊严、领地、财富象征的要求导致居民对长期占有较大住房面积的向往和偏好	耐用性和整体性共同导致房产的高价值，需要大量积蓄或金融援助才能消费和投资。因属于大额交易，交易频次低，不易变现；存在租、购两种截然不同的消费模式	没有金融工具的支持，易使资金固化沉淀，引入金融工具又带来较大的交易成本和风险；是否拥有住房成为阶层划分标志
凝固性	属于劳动和资金密集型产品，生产成本高、土地取得困难、生产速度慢，量大并不能显著降低单方成本；建筑（包括室内装修）是凝固的艺术，住房的生产是单向连续进行的，无法试错，更改需较大成本；住房一旦形成并入住，搬迁成本和拆除损失很大	家庭收入和储蓄状况往往和住房消费量无法匹配；房地产市场运行存在阻滞效应；期房（在建工程）无法使用，一旦形成烂尾楼影响较大，价值迅速降低	房地产行业管制比较严格，市场化不足，行业资金周转速度较低，规模化效应不明显

续表

基本属性	属性描述	市场特征	衍生效应
恒产性	合法住房的产权（包括一个产权束，如所有权、使用权、收益权、抵押权等）周期长，受到法律严格保护，不可侵犯；我国执行严格的土地管理和城市管理制度，对违法占地、违建住房的处理比较严厉	政治经济环境稳定时资产价值稳定上升；住房产权及其交易受到法律和政府的严格保护、交易需要得到第三方（政府）鉴证	住房具有“保险”功能；恒产带来持有的信心，容易产生利润幻觉
关联性	（1）公共关联性：住房属于公共品的衍生品。住区经常被标签化，如贫民区、富人区、商业区、工业区、棚户区、城中村、宿舍区。住房则归为学区房、保障房、景观房等。（2）住房必须符合强制性规范。（3）外部性：私人住房状况影响邻里环境，反之亦然	住房周边环境和公共服务质量严重影响房价；新房与二手房成交价和成交量变化基本一致	存在“地盘”效应，通过囤房可以使私人享受公共支出或转移支付带来的租值；容易形成社区阶层固化

住房特殊属性决定了住房与食品、出行虽然同为民生基础，但解决短缺问题面临的约束不同。例如由于住房锚定性造成搬家困难，公共住房难以像公共交通工具那样得到高效使用。由于异质性，住房也无法像粮食安全和“菜篮子”工程那样通过简单增加种植（供给）来解决。

3.3 囤房的制度原因

3.3.1 房地产财税制度

首先，我国住房遗赠税率极低。养老是居民储蓄的一个重要目的，以房养老的可行之处在于住房产权周期比较长且可以抵押和变现①。在社会养老不发达的情况下，子女养老模式使得我国居民更偏好能够遗赠的物品。我国目前房产赠与税率约 4%，没有遗产税，总体比发达国家低得多。如美国遗产税是 18%~45%，日本为 10%~60%。健康和知识并不能被很好地遗赠，所以对自身医疗、养老、教育方面的投资有时并不能使下一代直接受益，因而将囤房作为家庭资产积累方式和将住房作为家族遗产都是比较理想的。俗话说："一铺养三代"、"有土斯有财"，就是很形象的比喻，甚至有俗语称房子为"哑巴儿子"，意思是房子可以默默地带来收益②。

其次，囤房代价较低。现金和住房都具有储蓄的功能，但受通货膨胀的影响，住房更有心理安全感（尽管实际存在贬值的风险）。目前由于房地产保有税率较低，不出售或出租时就不会被征收交易税和所得税，账面损失很小。我国闲置比例较大的未装修住房自然折旧较慢。

最后，囤房寻租空间较大。房价与公共支出具有联动效应（王松涛，郑思齐，2007），即价格受到公共支出的影响比较大。观察一个城市典型住房项目的实际开发成本就会发现，支付公共品和准公共品的支出超过了 50%。住房作为一种公共品的衍生品，在其他条件不变的情况下，公共服务设施的投入会带来房价或房租的升值，而这种升值在个人所得税相对较低或征缴并不严格的情况下，大部分利益归属于囤积住房的所有者。地方政府为了继续推进城镇化又必须筹集足够的公共建设资金，其主要措施是利用土地一级市场的垄断地位维持地价水平或提高土地出让收入，这构成了一个正反馈。

---

① 我国居住用地使用权出让年限虽然为 70 年，但在延期上业主具有优先权。

② 参见龚平：《环卫工家拥住房 17 套》，载《武汉晚报》2013 年 1 月 3 日（社会版）。

3.3.2 期房预售制度

期房预售制度允许首付房价的二成至三成就可以获得房产使用权和收益权，投资杠杆率可达3~5倍，普通家庭也可以用自有的小资源控制大资源。房价上涨速度即使略低于贷款利率也会激励投机性购房，并引发囤房。期房制度通过开发贷款和个人按揭的“杠杆效应”使得囤房的门槛降低了，中等收入居民也可以在金融工具的支持下进行囤房。另外，现代房地产与金融业的发展，已经使得二手住房可以比较方便地进行抵押和再融资。由于依托个人信用借款在我国还不发达，住房基本上是家庭进行大额融资的唯一的资产形式，这使得家庭囤积的住房具有融资平台的功能。

3.3.3 住房援助制度

囤房不仅可以出租，还可以寻租，当然此“租”非彼“租”。住房公积金为购房者提供了优惠利率，租房者无法享受，导致不少企事业单位职工为了获得更多利率补贴而超量购房。我国长期实行的经济适用住房制度还导致部分中低收入居民也加入到囤房大军中来。由于经适房是一种针对供给方的（即“补砖头”）住房援助方式，一般采用出售的方式，保障对象为了获得蕴藏在经适房中的补贴，只有采用借款或贷款购房的方式来“寻租”。一些经适房项目由于地段选址比较偏，通勤成本较高，配套设施较缺乏，造成售后空置率高。针对供给方的土地和住房建设补贴往往会造成单套住房面积偏大，引发过度消费和占有。

3.3.4 社会福利制度

我国的居民基本福利是和家庭户口所在地点相联系的，有无房产还和信贷额度、劳务签证、个体商誉等经济政治待遇密切相关，承租户是无法享受这些福利的。城区内要变更户口登记地点，一般要求在辖区街道内有住房。购房除了可以获得正式的居民身份、固定地址、宜人的室内环境（租房将无法完全按自己喜好进行装修）以外，还可以优先获得就业机会、高质量受教育机会这样的额外福利（如优先入读小区配套的幼儿园，可按“就近原则”入读重点中小学）。城镇居民小区内的业主大会和业主委员会还具有对社区物业管理工作的管辖和批准权，这成为城市居民参与社会管理的重要渠道。占有多套住房使家庭可根据自身状况自由切换常住地点，为家庭福利最大化带来了便利。

综上，居民囤房具有制度诱因，使囤房优于囤积其他商品。现行房地产财税制度和期房制度诱使高收入居民将储蓄或负债转化为住房，以便低成本地套取租值和降低资金闲置的机会成本。中低收入居民则通过公积金贷款和购买保障性住房来获取住房补贴，社会福利制度和鼓励购买的期房政策更加剧了这一倾向。

3.4　囤房的心理原因

3.4.1　囤房的心理基础

中国是一个长期处于农业社会的国家，农耕文明和两河文明都属于定居文明，这是和游牧文明相对的一种状态。从消费偏好来说，安居是国人头等大事。历史上统治者亦提倡“各安其居而乐其业”（见《汉书·货殖列传》），如此则可“长养子孙，天下晏然”（见《后汉书·仲长统传》）。正如生物需要一块“领地”繁衍生息一样，国人多有地主情节，我的地盘我做主。较大的宅基地和较多的住房为业主带来的安全、稳定、体面、信任、尊严和归属感是不言而喻的。对许多城市居民而言，住房是具有“保险”功能的最后堡垒。无论住房闲置与否，住房的“地盘效应”都明显存在。

基于我国城市化进程和人口结构，一些知名学者坚信长期看住房价格是一定会上涨的（成思危，2011）。实际上在住房开发成本中土地成本占 25%~33%，住房升值的预期主要来源于对土地升值的预期。我国住宅开发用地的供给是模仿香港的土地批租制，管制比较严格。出于保护粮食安全、抑制城市蔓延、发展工业等目的，在严格控制耕地非农化、优先保证产业和交通用地的政策背景下，城市居住用地的配额相对稀缺。我国目前处于城市化较快的时期，一个强势的政府必然推出庞大的公共支出计划，在严格的土地管制下，城市土地承载的公共投入越来越多，再加上主流媒体对城市面貌日新月异的频繁报道，居民对大城市蓬勃发展的预期也是非常强烈的。由于住房的公共关联性，这强化了住房升值的预期。

一般来说，投资住房主要是追求短期的升值，是主动的、积极的。囤积住房的目的可能是预期到长期的升值，是预防性质的，但有时也可能是被动的、无奈的。由于住房市场特性和心理因素，在房价处于下行通道时住房往往难以脱手或不愿出手，景气周期内大量投机性购置的住房会被动地成为实物储蓄。

3.4.2 利润幻觉导致囤房

耶鲁大学 Robert J. Shiller 认为，货币幻觉催生了房地产泡沫，“人们错误地认为房价比其他物价涨幅更大，从而夸大房地产的投资潜力”。1998 年停止实物分房以来，虽然经历若干次调整，我国房价维持上涨趋势将近 15 年，行为经济学的有关研究已证实，“在目睹了房价大幅上升后，人们认定房价必定继续上涨”（加里·斯蒂克斯，2010）。有房一族根据最近的成交价格感觉到的盈利尽管是虚拟的，但它会使居民慢慢陷入一种利润幻觉。居民深信住房可以增值，从而忽视了资产贬值的风险，把囤房视为最优选择。住房具有多种用途，居民购买的非自住用房也可能在将来因为某些自身原因转变为自用。例如学区房受到青年家长们的青睐，许多人认为提前储备有助于满足未来子女就学所需，还有一些白领购买较大的住房作为日后创业的工作场所。这种“提前”和“过量”消费往往是利润幻觉驱使的，目的是降低未来购房的成本。

3.4.3 高储蓄率心智模式的依赖与转化

中国是人均收入较低的发展中国家，然而家庭储蓄率却远高于发达国家。这一现象被称为“中国储蓄之谜”。一般来说，储蓄动机是预防性的，如果高储蓄率有内生原因，再加上前文所述的制度诱因，那么拥有高储蓄率偏好的广大居民则很难摆脱这种心智模式，进而开始寻找货币的替代品。住房具有类似货币的预防风险功能，而且住房具有恒产性和锚定性，法律保护规范，无可替代。住房在储存难度上比粮食和能源小，在管理难度上比复杂的金融产品容易得多，住房成为了一种优于货币的比较大众化的实物储蓄对象。

除了为购房进行储蓄以外，家庭主要为子女教育和个人养老储蓄。房价越高的地方，教育设施更加完备，教学服务质量更高，反之亦然。住房的关联性使得购房也是购买教育环境，获取优质教育机会的行为。如目前城乡教育水平存在差异，农村富裕居民城市购房可以在不必放弃农地的同时使子女享受优质教育；城市居民购多套房则可以获得从幼儿园到中学这样全程接近优质教育的机会。家长也有所受益，到学校接送或探视孩子变得比较方便，节约了交通成本和时间等。住房不但适合遗赠，在房地产税率较低时出租收益比人寿保险高，通过囤房可以实现个人养老和家族财富积累之目的。居民囤房动机的形成机制如图 3-1 所示。

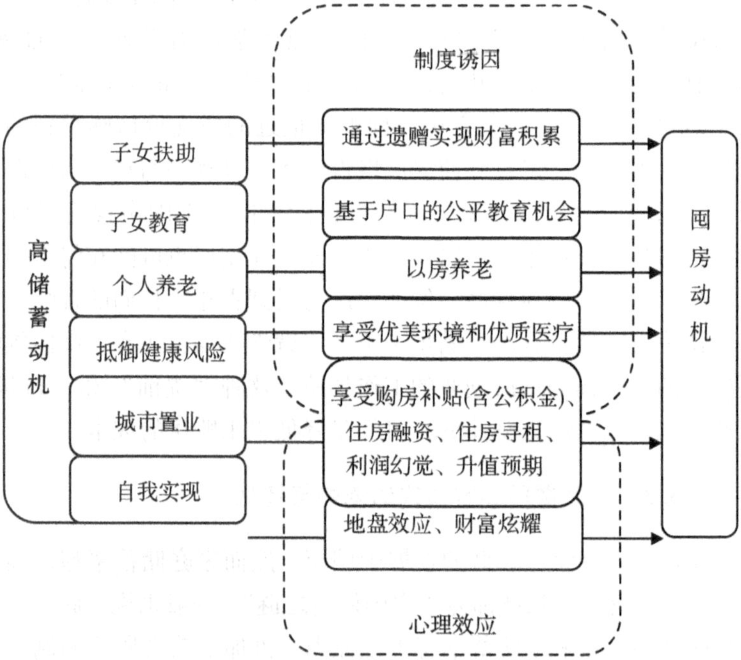

图 3-1　高储蓄动机演化为囤房动机的过程

综上，假设偏好高储蓄的个人心智模式比较稳定且难以改变，住房的耐用性、恒产性、异质性、关联性诱导居民将住房视为实物储蓄，囤房行为符合其心理诉求。因为不是将住房视为消费和投资品，这当然在消费或投资意义上就呈现出非理性，也必然会挤出非住房消费和非住房投资。

3.5　囤房对经济与社会的负面影响

正像一把双刃剑，尽管囤房对居民有现实好处，但住房的另外一些属性，如锚定性、整体性、凝固性、关联性决定了住房不适合长期大规模成为储蓄对象。囤房行为，尤其是超出支付能力进行囤房，产生了诸多负面影响。

3.5.1　囤房造成住房不公

我国提出到2020年实现“住有所居”的社会目标，其中主要的一项工作是解决低收入者和弱势群体的住房困难。然而中高收入者的囤房行为使得十分有限的土地资源未能得到公平利用，挤占了低收入者的城市空间。本节借鉴有关研究建立一个两方指派博弈模型（黄武军等，2011），假设某一城市房地产市场存在两类住房，分别是高档房和低档房，售价分别为100万元和30万元。消费者分为高收入者和低收入者两类，其最高出价如表3-2所示。

表3-2　**房地产市场博弈价格表**　（单位：万元）

商品房	最低售价	高收入者	低收入者
高档房	100	105	50（即无力购买）
低档房	30	33	32

无限购措施时（允许购买多套房）和有限购措施时（每户只能购买一套房），最优配置的交易支付分别如表3-3和表3-4所示。

表 3-3　　**无限购措施时的交易支付**　　（单位：万元）

开发商	高收入者	低收入者
高档房开发商	5	0
低档房开发商	3	0

表 3-4　　**有限购措施时的交易支付**　　（单位：万元）

开发商	高收入者	低收入者
高档房开发商	5	0
低档房开发商	0	2

表 3-3 说明在无限购措施时，高收入者由于较高的购买力，通过囤房在市场上挤出了低收入者。开发商的最优选择是增加高档房的比例，减少低档房的供给。如果此时保障房（低价房）供给不足，市场的平价房价会上升，这个结果比较符合在 2010 年 4 月限购令下达以前我国各大城市的市场状况①。囤房动机引发的一致行动导致了住房不公，此时盲目进行市场干预，追求住房均等化，又会导致系统风险。如美国曾长期执行鼓励置业的住房政策，新建住宅平均面积达到 200.8 平方米，88%装有中央空调（2003 年）②。同时为提高住房可支付性，又出台大量住房援助措施允许那些无足够偿还能力的极低收入居民购房，最终造成 2008 年后经济体难以承担房贷压力，教训是比较深刻的。美国政府要求银行允许一些贫困的房贷客户延期支付，并采用全球兜售垃圾债券的方式来延缓危机，其效果仍有待观察。

表 3-4 说明某种意义上通过限购可以达到最优配置，即高收入居民购买高档房，低收入居民购买低档房，因各取所需整体收益最

① 将模型扩展到高中低档三个住房子市场的情况，无限购措施时结果相同，有限购措施时情况将比较复杂。

② 来源：住房和城乡建设部住房改革与发展司等编：《国外住房数据报告 No. 1》，中国建筑工业出版社 2010 年版。

大，博弈也是稳定的。然而由于囤房的优势继续存在，可观察到中高收入家庭规避住房限购的“对策”纷纷出现，如注册公司购房、转向购地、在郊区或不限购城市囤房、购买商业经营用房，甚至办理假离婚来突破套数限制等。限购是一种极端管制措施，存在“误伤”，从长期看也会对住房供给有影响①。所以有的国家为发挥市场机制的作用，通过发放可交易房券来实行干预，作用类似粮票，我国目前正在开展试点。

3.5.2 囤房导致资源配置效率降低

囤房导致资源配置效率降低的根本原因在于住房的特殊属性和衍生效应。(1) 整体性决定了成套住房很难分拆出售或出租。对囤房居民来说，并不容易将住房像股权一样分割后自由出售，灵活性较低，变现比较困难。住房合租使用效率较高，但牺牲了效用，不是主流的消费模式②。(2) 住房锚定性决定了房产市场要素流动性比较差，住房市场的区域性比较强。不同城市的住房，甚至是一个城市内市区和郊区的住房相互替代性比较弱。(3) 住房具有异质性且总价高造成住房市场交易成本比较大，如果不是借助于网络或中介公司，个人获取住房的详细信息是相当困难的。一般住房总价越高，寻找租客和买家的难度更大，讨价还价的难度也在增加，相应交易的活跃程度会下降，这尤其使解决高档住宅的空置问题比较困难。(4) 住房是占用公共空间的建筑，而住宅用地、公共设施、景观生态环境属于准公共品。因而住房的商品属性不完整，属于公共品的衍生品。住房的规划、建设、维护、使用、交易都受到较多行政管制。因涉及贫富差距、宏观经济走向这样的全局

---

① 原建设部总经济师谢家瑾认为，限购会造成租赁市场房源不足，使得房租上涨。他举例说，2011 年北京的房价下降 6%，但租金上涨了 14%。见网易房产新闻，http://bj.house.163.com/12/0924/05/8C55D05700073SD3.html。

② 商业经营性用房比较容易分割。如大体量的商业中心可以分割出售或出租，并由一个商业经营管理公司来统一经营，通过给予业主稳定的回报来吸引投资。

问题，政府干预变得比较普遍，市场流动性受限。（5）因存在较大的搬迁成本，居民住房消费量和收入往往不匹配，这导致住房市场供求对价格存在滞后，响应比较缓慢，甚至无法自发调节。这种滞后性导致宏观政策干预的时机不容易把握，不易见效，调控易变“空调”。管制政策有时只能搞一刀切，使房地产市场的可持续发展和平稳运行殊为不易。

由上可见，住房进行交易比金融产品和贵金属要困难得多。相对较大的交易成本带来的市场阻滞作用，使房地产行业市场化程度难以提高，资金周转速度比其他消费品行业慢，大量囤积房源使巨额资金沉淀固化。

3.5.3　囤房抑制非住房消费和投资

在目前房产占城市家庭总资产比例较高的情况下，任由囤房现象蔓延将助长砖头经济的畸形发展。在居民强烈的购房动机下，金融系统和资本市场也深陷其中，2010 年房地产开发贷款和个人住房按揭贷款已经占到贷款的增量和整个贷款余额的 20%左右①，通过股权投资和关联企业直接涉足房地产业务的上市公司（含房地产业上市公司）802 家，占全部 1300 家 A 股上市公司的 61.69%②。2010 年我国商品房销售金额达到 52478 亿元，是同期城乡居民储蓄存款余额增加值 42530 亿元的 1.23 倍，相当于同期全社会消费品零售总额 15 万亿元的 35%，可谓一枝独秀。“房地产业绑架中国经济”的说法虽言带调侃但也不无道理。

储蓄一般指居民将暂时不用或结余的货币收入存入银行或其他金融机构的一种存款活动。理论上银行的功能是找到更需要资金的个人或企业，具有货币中介的作用，它一方面为居民闲置资金带来

---

① 数据来源：银监会副主席王兆星在国新办举行的新闻发布会上的讲话［EB/OL］. http://money.163.com/10/0113/10/5STDGQ9E002543I7.html, 2010-01-13。

② 数据来源：中国社会科学院财政与贸易经济研究所编：《住房绿皮书》(2011 年)［EB/OL］. http://news.ifeng.com/mainland/detail_2010_12/08/3400426_0.shtml 2010-12-08。

了利息收入，也为贷方提供了资金支持。贷方往往具有更高的资金使用效率。尽管在实际利率为负的情况下，储蓄将不再具有投资价值，但银行确实可以使货币获得更高的周转率。与此类似，将储蓄转化为股票，尽管这种投资伴随着风险，但货币作为产权投资参与了企业创造利润的过程。我国由于住房质量比较差，二手住房按揭的规模仍比较小。受制于产权结构和相对保守的金融体制，个人住房按揭贷款难以流动。缺乏金融工具的支持，囤积住房占用的资金很难再流通使其他行业受益。

3.5.4　囤房导致资源浪费

住房的锚定性、异质性和关联性产生了“租”，为了通过囤房寻租，相同总价下投资性的购房人最关心的是住房的地段和住房面积（或占地面积），而不是住房的建筑质量和社区环境（质量和社区环境满足基本条件即可）。住房市场重量不重质，导致住房建筑质量长期徘徊在较低水平，城市郊区和农村砖木和砖混结构住房仍然大量存在，未装修住房占比较大。上海、武汉、郑州甚至出现了“楼脆脆”①。

我国是优质土地资源比较稀缺的国家，而囤房占用土地带来的机会成本是惊人的。按 2011 年全国商品房成交均价为 5379 元/平方米计算②，全国待售商品房价值约达到 14627 亿元，比 2009 年国家财政性教育经费投入 12231.1 亿元还要高。囤房导致住房闲置比土地闲置更糟糕，因为住房（含室内装修）如果后期缺乏管护容易加速折旧，拆除住房所需的劳动和能源消耗及造成的环境破坏都是极大的，据统计我国建筑垃圾的数量已占到城市垃圾总量的 30%～40%③。

① 楼脆脆现象的报道见 http：//baike.baidu.com/view/2591730.htm。

② 数据来源：国家统计局《2011 年全国房地产开发和销售情况》，住房均价用 2011 年商品房销售额 59119 亿元除以全国商品房销售面积 10.99 亿平方米求得。

③ 参见住建部副部长仇保兴在第六届国际绿色建筑与建筑节能大会上的讲话。

3.5.5　对青年家庭可行能力的影响

一个家庭在分派其收入时可以归为五类，一是即期消费，包括了日常生活和文娱消费；二是延期型实物类消费或直接投资，如购房、购车、购贵金属、购耐用品等；三是连续型服务类消费，如教育、医疗；四是通过中介机构进行的间接投资，例如证券、商业保险；五是预防性储蓄。给定总的收入不变，显然这些行为互相排斥。如果家庭将大量储蓄和负债转化为低效使用或闲置的住房，将挤出家庭的非住房消费和投资，尤其会使青年一代过早地或长期地承担了社会压力①，不符合以人为本的科学发展观，限制了其可行能力拓展②。给定一个幸福的家庭需要兼顾当前和长远，兼顾所有家庭成员，如老人、孩子的健康和教育需求，兼顾个人职业发展和业余爱好，囤房必然极大压缩这些有利于家庭和谐稳定的应有投入，破坏家庭消费的良性均衡。幸亏目前城乡居民中的“60后”、“70后”、“80后”抚养人口比较少，囤房对教育投入的负面影响尚不明显。但随着人口结构的变化和老龄化社会的到来，这一影响将逐步扩大。

3.6　本章小结和政策建议

给定大部分居民的心智模式仍旧是偏好高储蓄率的，本研究发现城乡居民用实物储蓄取代了货币储蓄，我国的高储蓄率变换了一种表现方式。储蓄的大规模住房化也在一定程度上解释了为什么我国家庭消费增长慢于收入增长，但家庭货币储蓄的增长却并不明显③。囤房

---

① 在笔者进行的有房居民住房投资调查中，占64.76%的受访家庭就算有较好的工作机会也不想到外地去。

② 可行能力（Capabilities）是1998年诺奖得主Amartya Sen提出来的概念，指一个人有可能实现的功能性活动的组合，参见其著作《以自由看待发展》，中国人民大学出版社2002年版。

③ 关于这一现象的实证研究可以参见周绍杰等：《中国城市居民的家庭收入、消费和储蓄行为：一个基于组群的实证研究》，载《经济学（季刊）》，2009年7月。

需要治理吗？如前所述，由于住房的若干基本属性和衍生效应，购房虽然是增加财产性收入的一种重要方式，但大规模长时期囤房行为造成的社会效应是负面的，不但会造成住房不公，还在宏观上造成资金沉淀固化，“砖头”行业畸形增长以及土地闲置浪费，从而威胁到整个经济的健康发展。过早地超出支付能力“积攒”住房还会抑制青年一代的可行能力。世界银行现在也提出在发展中国家，针对低收入和中等收入群体的住房政策不应当过度偏向房主自有的解决办法。

尽管我国已经进行的住房制度改革具有拉动消费和提供就业的历史性作用（尹志超，甘犁，2009），但住房这种“拉动效应”可能是暂时的、不可持续的。例如大部分耐用品消费必然是边际效用递减的，家具和电器人们会在搬家时带走，而不是买新的，住房达到一定保有率后将不再能间接拉动这些消费。试图采用低利率或负利率政策逼出储蓄扩大内需可能是无效的，这只不过挤出了货币储蓄，以住房为主的实物储蓄仍旧在增长。按照可持续发展的要求，为了构建扩大内需的长效机制，家庭消费和投资应当结构均衡，对象相对多元，而不是一味地去囤房。

由于人的心智模式短期内难以改变，囤房行为较难进行政策干预。住房涉及居民切身利益，对囤房的治理也应比较慎重①。治理策略的着力点是消除制度诱因、弱化囤房动机、鼓励住房租赁。建议：（1）大力发展公租房项目，并引入市场机制和金融工具使之可以方便地进行流通和投资。出台政策鼓励老龄人口和青年群体入住。当然公租房的推出，试图马上改变长期以来形成的偏好购房的消费模式（包括房产泡沫带来的利润幻觉），也是不切实际的。（2）改革非户籍常住人口的基本福利问题，使之不必通过购房来融入城市。（3）如发现租房者承担了较大的税负压力，可以尝试向保障对象发放租房券来解决。（4）加快研究并立法开征房产遗产税。（5）发展住房中介，根据已使用年限逐级降低二手房的交

① 住房价格快速下跌会导致财富大幅缩水，其痛苦程度不亚于高房价带来的压力，这是一个政策权衡的过程。

易费用，进一步提高存量房的周转速度和使用效率。

本章没有探讨金融体系和资本市场的效率对住房转化为“房币”的影响。姚洋将国内投资不足的主要原因归咎于扭曲的金融结构①。类似的，囤房的一个原因可能在于居民认为金融体系缺乏效率。假如银行是比家庭或房地产公司更有效率的中介机构，资本市场也可以比单一的房地产市场达到更高的资金使用效率，也许在一定程度上能有效缓解囤房行为。

① 参见姚洋：《内需为什么不足？——中国增长模式与宏观经济系列之一》，http://www.infzm.com/content/30224，[2009-06-17]。

第4章　住房援助方式的比较
——以经适房与公租房为例

4.1　问题的提出

在基本解决温饱问题后，如何诗意地栖居，让人民生活得更加幸福、更有尊严，这既是政府愿景，也是核心民生问题之一。在计划经济时代，住房供给量的增长十分缓慢。1986年商品房开始出现，并在1998年取消福利分房的制度之后成为市场供应的主流。类似粮食供销改革，在市场机制的激励下，我国在住房改革的早期通过“双轨制”不仅增加了人均住房面积，甚至带动了居民耐用品消费（尹志超，甘犁，2009）。但是当市场上商品房竣工量远远多于保障性住房时（2000—2008年保障性住房占新增住房面积的比例从21.8%下降到5.2%。因经适房转为商品房较多，2011年进行的大样本抽样统计显示经适房占全部住房的比例只有2.8%①），大城市普遍出现的高房价、房奴、夹心层现象折射出由住房问题带来的诸多困惑，双困家庭、青年蚁族、农民工这类城市弱势群体的住房保障问题考验着政府施政智慧。在此背景下，当前占保障房主流地位的经济适用房受到了广泛的质疑，而大力发展公共租赁房被认为是非常必要的（陈淮，2006；张国胜，2007；李薇辉，2007；李晶，2008；陈杰，2008；吕萍，2010）。一些学者倡议用租赁方式替换以出售为主的保障方式（马光红，2010），提出“停建经济适用房，兴办公共租赁房，以制度创新来实现住房保障事业的新突

① 经适房存量数据来源：中国家庭金融调查报告·2012，第69页。

破”（陈杰，2010）①。

2009 年下半年以来，国内一些高房价城市也有所动作，纷纷提出保障性住房新政。例如北京探索建造公租房的新土地供应模式，通过“年租制”租赁土地；上海提出部分经济适用房可改为公租房，解决农民工等群体住房困难；杭州为解决“夹心层”家庭的住房问题，拟打造实现廉租房、经济适用房、公共租赁房、限价商品房、人才房的多元供应模式。

依据笔者对湖北省武汉市部分经适房项目的调研以及一些国内学者的研究（刘云，2002；焦建国，郎大鹏，2005；李文斌，2007；邓卫，宋杨，2008；张昕，张宇祥，2008），可以发现要求取消经适房和力挺公租房的证据主要来自两个方面，一是公租房在发达国家和地区，尤其是瑞典、美国和中国香港地区的实践，为进行政策调整和替换提供了标杆。二是自住房制度改革以来，经适房政策在执行中出现了一系列难以解决的缺陷，甚至寻租丑闻，使经适房存在声誉“危机”。由于在住房保障问题上，现有研究对中国大陆与别国或地区的情境差异还没有专门的探讨，判断公租房是否可以替换经适房缺乏理论基础和实证成果②。根据组织研究中的垃圾箱决策理论，在政策调整上要避免“忽略问题的决策”（周雪光，2003）。在对特定情境下的住房保障政策评估时，从经适房政策面临的现实问题出发比较有针对性。当前理论界必须要自问的是：取消经适房政策的理由充分吗？公租房会不会出现类似经适房的缺陷和声誉“危机”呢？改变援助方式，由购房援助转为租房

---

① 兴建“公租房”并非实践意义上的制度创新，根据 2005 年进行的城市人口抽样调查，在被调查 1528460 户家庭中租赁公房家庭为 124285 户，约占 8.13%。参见国家统计局：《2005 年全国 1%人口抽样调查数据》表 11-15a。

② 处于经济转型期的中国大陆住宅市场具有独特的情境，如城市土地国有与一级市场的政府主导、快速城市化、城乡差异与特有的户籍制度导致的人口单向流动、独特的人口结构和“居者应有其屋”的住房消费偏好等。

援助，将公租房设定为主流项目能提升城市居民的整体住房水平吗①？本章对此进行了初步回答。

4.2 产权理论基础

产权是一组权利，包括财产的所有权、使用权、收益权和处置权等。不同的权利结构会导致不同的行为激励和经济绩效（巴泽尔，1997）。针对中低收入者的不同需求，我国通过经适房和公（廉）租房项目分别进行购房援助和租房援助，这两类保障性住房具有不同的初始产权结构。住房的产权结构并非是对房屋本身权利的设定，而是设定了对房屋所有者和使用者的权利，是对房屋所有者和使用者的行为约束。不同的住房产权结构存在差异，详见表4-1。

由于产权结构代表着一定的激励机制，会自行驱动市场主体进行住房生产和交易，因此住房政策通过调整住房产权结构供给就可以影响政策的整体绩效，从而达到一定的政策目标。政府既可以通过建设规划等干预住房产权结构，也可以通过管制房屋产权交易，如鼓励出售、出租或产权共有来达到住房政策的目标②。不同产权结构的住房通过市场交易会表现出更宏大的权利结构——市场结构。当政府的经济与社会目标与实际住房市场结构不符合时，往往会调整住房政策，干预新增住房和存量公共住房的产权结构配置。

① 这里的城市居民应该是包括户籍居民和一部分常住人口。农民工和蚁族这类所谓的外生弱势群体是否属于这里要讨论的“城市居民”需要具体分析。按中国第三次人口普查规定，常住人口包括普查期间无户口或户口在外地而住本地1年以上的人。目前对能提供1年以上当地纳税证明或社会保险缴纳证明的非本地居民贷款人享受住房信贷优惠（见住建部、中国人民银行等2010年5月发布的《关于规范商业个人住房贷款中二套住房认定标准通知》），其分类标准类似于普查规定。

② 我国地方政府制定的《住房建设规划》一般都在建设目标中设定了经适房、公租房、廉租房等各种类型保障性住房的供给总量和比例。

住房政策和产权交易可被视为政府和市场两者之间互动的两个过程。住房的产权结构和市场结构的关系见图 4-1。

表 4-1　　　　　　　不同住房的初始产权结构

项目	房屋所有权	房屋使用权	土地使用权	房产出租权	房产处置权
商品房	私有	私有	私有	有	有
限价商品房	私有	有	长期合同（70 年）	有	内部控制
小产权房	私有	有	集体所有	有	内部流转
经济适用房	私有	长期	公有（购买 5 年后有优先购买权）	有限制	可转让，但政府优先、保障对象优先
公租房	公有（优先购买权）	短期，一般少于 5 年	公有	无	无
廉租房	公有	有，短期合同	公有	无	无

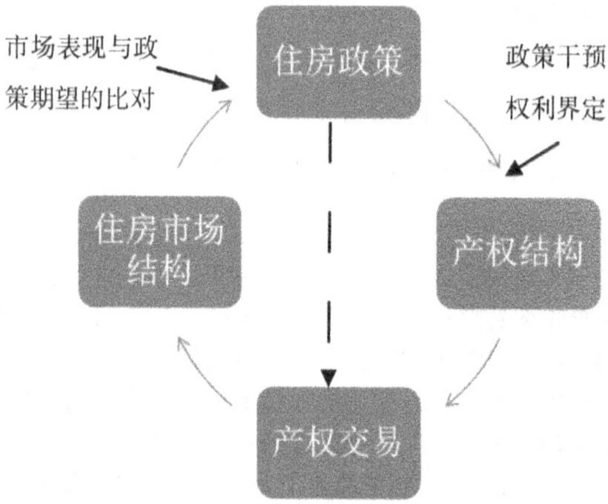

图 4-1　住房产权结构与市场结构的关系

4.3 终止经适房政策的理由充分吗？

4.3.1 经济适用住房的缺陷与成因

1. 经适房和商品房难以统筹兼顾

由于经适房和商品房一样都是以出售为主，一次性让渡了房产产权，没有所谓的“退出机制”和“循环机制”，相当普遍的自由买卖套利和违规出租削弱了保障功用，强化了商品特性，在一定程度上破坏了规范的统一的市场经济秩序。在建设管理方面，由于城市人口、产业、资本等影响因素的变动相当复杂，对保障住房的合理投放量不容易搞清楚，这就造成许多城市出现了经适房销售冷热不均的“怪”现象，有的经适房项目供不应求，申购者的摇号比例甚至达到 20 选 1，有的项目则购买乏力，成为鸡肋。类似的，建造计划的安排也是个难题，由于商品房市场波动较大，经适房的建造时机和周期难以把握，安排不当时，往往不是对商品房市场伤害较大，就是供给不足、民怨沸腾。由此可见，政府如果在建设规模和规划选址上把握不好，很容易出现商品房与保障性住房双轨运转中的交叉和碰撞。两者要协同发展，避免相互掣肘是较难实现的。1997 年前后的香港由于公屋计划的调整产生了房价剧烈波动就是一个例子。不过这类问题实际上反映出计划手段的固有缺陷，因为缺乏市场机制，在无法收集足够的信息，也不可能有充分理性的情况下，任何一个行政管理当局要解决好如此复杂的住房问题都会很棘手。

2. “补砖头”① 的政策往往缺乏灵活性

缺乏灵活性体现在保障房长产权周期和保障对象家庭状况变化之间的矛盾。由于划拨土地并未规定年限，现有经适房其产权存续

① “补砖头”和“补人头”是一种形象的说法，代表不同的住房补贴方式。前者一般指实物补贴方式，用提供或依托于保障性住房的方法进行补贴，后者则将福利货币化，按照一定的标准直接发放给保障对象。

一般是大于 30 年的（约等于建筑寿命）。在这期间，购房人的收入、资产、家庭成员可能发生很大的变化。例如购买经适房后那些收入提高较快、资产积累明显的家庭，虽然早已脱离了应保范围，但依然享受着住房，并且可以通过转手套现。“补人头”政策相对“补砖头”来说更灵活一些，但这和保障房的租售比例无关。

3. 经适房管理困境

各地在经适房管理上出现了申购中签连号、开假证明、“经济适用别墅”等一些丑闻，这种现象是不是巨大的套利空间带来的“理性行为”呢？同一地段的经适房和商品房功用相近，但成本不同。由于经适房的土地获得成本较低（多为行政划拨用地），相关税费享受优惠，因此越是靠近城市中心区位，两类房子的成本差距就越明显。经适房出售时一般有价格管制，这使得其和商品房的价格差进一步拉大。以湖北省武汉市为例，2009 年主城区经适房售价一般在 2800~3000 元/平方米，同区域商品住宅已难以找到低于 5000 元/平方米的项目了。如果政策允许两者之间可自由转换，城市中心区和近郊的经适房，由于巨大的套利空间必然引起投机冲动①。曾经有建议通过降低经适房的建造标准（如控制套型面积和取消独立卫生间）来抑制购买需求，从而弱化非保障对象的投机行为。从投资回报的角度看只要商品存在快速涨价的潜力，就不会缺乏投机者，不管是经适房还是公租房，降低质量也许伴随着一手市场的价格下降，但当转售和转租获利颇丰时，套利冲动依旧存在。

另一个管理困境在于住房质量和售价的矛盾。由于经适房采用土地划拨和政府限价②。经适房的开发商为取得资金平衡，采取的办法一是通过出售配套的商业物业，二是压缩成本，尤其是建造成

---

①　按当前政策，经适房在取得完全产权时补交土地收益的标准一般参照区域基准地价，实际操作中缴付标准 2 年左右调整一次。由于和购买价格无关，在房价涨幅较大的背景下基本上不影响套利。

②　经适房政府定价原则是根据成本加基本利润的方式，但实践中往往存在地段指导价且调整幅度很小。

本来获利。开发商(承建商)一般在留足利润后转包给建筑商,后者往往按最低标准建造,出现质量问题在所难免,也为后期使用带来隐患。香港居屋项目也出现过质量事故①。相对于购买商品房的业主,居民可以根据住房合同采用法律维权,经适房购房者因只享有部分产权,以个人名义对经适房的质量问题难以展开监督。

4. 经适房的覆盖对象比较模糊

一段时期以来,经适房优惠政策的覆盖对象模糊宽泛,部分"自留地"宽裕的事业单位、政府机关、大型企业都可以集资建经适房,且建成后往往不是根据家庭收入和住房条件,而是根据岗位、职称、工龄等职工"身份状况"进行销售。实物分房政策正在以一种隐性的方式得到继承,只不过从"福利分房"变为了"福利购房",个别地方一些高收入群体参与购买经适房的现象,不但饱受舆论诟病,也使未能享受政策的夹心层居民不满。还有一些地方政府,为了安抚拆迁户,出现了超标准"分配"经适房的情况。这种准入门槛和福利补贴标准的不一致甚至混淆,使得经适房政策的目标比较模糊,很容易产生社会矛盾,严重影响了政策的声誉和口碑。

5. 保障范围存在局限性

一方面是人们常说的"能买得起经适房肯定不是最困难的人"。另一方面,一些刚刚毕业留城的大学生、研究生虽然是无房户,住房需求迫切,但其月收入一般在1200~3000元,不符合目前月收入低于400元以下的公租房条件,也不符合人均月收入在824元以下经济适用房摇号的条件,处于尴尬的夹心层(见《长江日报》2010年3月18日6版)。夹心层因为保障对象的政策真空而凸显,这当然可以说是制度缺失或供给不足,但这种现象严格说不是经适房政策本身的问题,当前绝大多数城市对经适房的准入条件是有清楚界定的。夹心层本身是个相对概念,即便是扩大了保障

① 1999—2000年,香港发生多起居屋短桩丑闻,位于东涌、天水围等处房屋署公营房屋接连出现短桩,造成住房结构安全事故,数人因此被判刑。参见http://baike.baidu.com/view/545923.htm。

范围，调整了保障方式，夹心层依旧存在，只不过随着个人和家庭状况的变化处于变动之中，即人员构成有所不同，把夹心层的存在作为否定现行经适房政策的理由并不充分。保障住房政策的目标应当是提高夹心层的满意度，而不是完全“消灭”夹心层。对买不起经适房的部分困难群体，降低首付可能是一条对策，零首付时基本相当于长期租赁，当然实施这种办法需要控制金融风险。

6. 部分经适房小区入住率较低

根据笔者对武汉部分经适房小区的调研，由于不少新建经适房选址偏远，缺乏教育和医疗配套、生活不方便、通勤成本大、社区就业机会少，导致入住率较低①，出现了普遍的售后闲置，也有一些转为出租，这造成了较大的福利损失。有学者提出利用规划手段，在选址上改善住房保障水平（朱晨等，2007；汪东宁等，2010），但市场的力量不容忽视，因为在交通便利、公共配套设施较好的地方，地价也很高，保障性住房选址此处必然大大增加财政负担，在执行中注定困难重重②。如何提高经适房的使用效率是一个富有挑战的课题，除了合理规划和促进公共资源均衡投入外，改善经适房的市场流动性可能是个不错的选择，但这和调整保障房的租售方式基本无关。

综上所述，经适房政策面临的矛盾和问题较多，有一部分是公共政策的缺失引起的（易宪容，2009），另外一个重要原因是管理制度不够完善，表现为政策目标不清晰、保障对象比较含糊、执行过程不严，导致了经适房的信誉危机。属于不同性质本应严格分类的经适房和商品房产生了交叉碰撞，出现了同房不同权、同权不同

① 类似的非正式调查如：2012 年 8 月底，《中国经营报》记者在武汉市洪山区、汉阳区、江岸区调查发现，武汉保障房项目空置现象十分严重，其中洪山区有些项目空置率高达 70%。载《中国经营报》2012 年 9 月 11 日。

② 一个参考案例：青菱乡城市花园是武汉一处大型经济适用房小区，入住居民在电视问政期间向政府领导反映了小区严重缺乏公共设施的问题，第二天武汉市副市长到现场敲定通公交、设超市、建小学（见《长江日报》2012 年 12 月 23 日第 3 版）。该案例值得反思的是个案的突击解决与经适房普遍缺乏配套设施的矛盾。

价的情况，造成管理上的困境。国外对双轨制住房政策的研究也表明这种管理困境是固有的和难以消除的（Heijden，2002）。

4.3.2 经适房管理政策调整过程

2007年12月建设部等七部门联合发布《经济适用住房管理办法》，废止了2004年颁布的老版管理办法（建住房〔2004〕77号）。该办法对经适房的保障范围作了厘清，特别强调是“面向城市低收入住房困难家庭供应”，增加了退出管理和监督管理的条款，削弱了经适房的商品属性。该办法出台后，各地陆续颁布了一些管理详规。以武汉市为例，2008年9月，武汉市人民政府颁布了《武汉市经济适用住房管理办法》，为了防止少数人购买经济适用住房后出售牟利，规定购房人只有有限产权，“不满5年，不得上市交易”，每个符合准入条件的家庭只能申购一次经济适用住房。在房屋权属登记上作了严格区分，在土地证上注明“划拨土地”，在房产证上注明“经济适用住房”，这为后期进行分类管理提供了技术便利。2010年4月，住建部下发了《关于加强经济适用住房管理有关问题的通知》（以下简称59号文），提出购房人应定期申报资产状况和新购商品房必须退出经适房，这两个规定是对原规定的改进，可以限制富裕起来的经适房购房者的住房消费，如果未来能再考虑对转手套利行为征收利得税，则可以大大减少“开奔驰宝马住经适房”的尴尬（叶前，詹奕嘉，2010）。59号文还明确规定：“在取得完全产权前，经济适用住房购房人只能用于自住，不得出售、出租、闲置、出借，也不得擅自改变住房用途。”具体变动情况如表4-2所示。

通过历史回顾，可以发现59号文是对原有管理办法的一个改进。经适房的产权束被进一步压缩和削弱，市场价值有所下降。经适房不但在售前有准入条件、禁入条件和审核程序，在售后管理上也得到了加强，正在形成一种全过程的管理系统。经适房管理政策正在向保障性住房全封闭运行的方向改革，对商品房与保障性住房实行严格的分类管理，影响经适房政策声誉与实际执行效果的制度

表 4-2　59 号文件出台前后经适房产权状况和对购房者行为的规范

项目	描述	政策出台前	政策出台后
购房人权利状况	房产出租权	有限制，但缺乏具体管控措施	通过住房普查、规范中介等方式严格控制
	优先购买权	个人优先、价格优先	政府优先、保障对象优先
	土地收益权	有限制，但存在套利	无
	房产溢价收益权	有	无
购房者行为	高收入群体购经适房	一般控制	严格控制
	房产使用	较自由	不允许闲置、出借、出租
	改变住房用途	无明确规定	不允许
	购买超过一套	一般控制	不允许
	购房人高消费行为	自由	需申报
	购房人骗购或违规行为	无明确规定	5 年内禁入，记录诚信污点

注：59 号文并未明文规定保障对象优先，但政府回购后一般也只能用于保障对象。

缺陷已得到一定程度的修正，经适房政策有望获得更好的绩效。因此用公租房完全取代经适房的必要性不足。

4.4　公租房占主流的住房政策是否有效

4.4.1　对公租房政策的预评估

2004 年我国政府明确提出“努力建设服务型政府”，该理念已深入中国的行政管理体制改革进程。服务型政府部门在废除或修改已有政策或者制定新政策时一般需要进行政策绩效分析（马朝琦等，2006）。政府绩效管理一般以四“E”——经济（Economy）、效率（Efficiency）、效益（Effectiveness）和公平（Equity）为目标，而公共政策绩效评估标准一般包括技术标准（经济、效益、效率、工作过程标准）和社会政治标准（公平、社会、科学、可行性标准）。依据威廉·N. 邓肯（2002）的政策评估标准，可以从效益、效率、充足性、公平性、回应性、适宜性六个标准对公共政策进行比较和评估。前三者是技术标准，后三者属社会政治标准。表4-3列出了对应该标准的住房保障政策目标。本节前半部分进行了定性分析，后半部分通过专业人员的模糊评价来对定性分析结论进行检验。

表4-3　**保障房政策的评估标准与相应的改革目标**

评估标准类型	对应的保障房政策目标
效益	保障住房面积的净增加 无房户数量减少 保障住房的质量改善 保障对象稳定感 保障对象的社会福利改善
效率	建立或维持了激励机制，并通过适度竞争提高了建设和管理效率 交易费用降低
充足性	抑制腐败现象，消除保障房政策的声誉“危机” 增加保障房的市场流动性，克服经适房的缺陷
公平性	减少福利错配 减缓“夹心层”的不满
回应性	安居者有其屋 避免形成过度集中的贫民窟
适宜性	政策的可行性、可持续性、执行力较好

从绩效的评估角度看，公租房政策能否解决当前保障房供应总量不足的问题呢？量的问题依赖于资源投入，尤其是土地和建设资金的筹措。从建设资金的来源上看，一是财政资金的分拨；二是保障对象自身的投入，包括利用积蓄、个人按揭贷款、公积金和压缩其他消费的结余；三是各种资本，一般来源于寻求投资回报的开发企业投资、基金和中长期信贷产品。类似周其仁（2010）对中国医改的研究，保障房由谁负担和如何激励更多的资源进入这个领域，这是两个问题。单纯的保障方式的改变由于没有改变住房保障市场准入的门槛，同样没有改变保障住房的市场化程度。如果住房保障政策改革没有吸引更多的资源，如土地（各种用途和所有权性质的土地、闲置土地等）、组织能力（如专业的开发公司）、人才（技术、管理人才和企业家精神）、建设资金（特别是财政资金以外的投资），就解决不了总量供给不足的问题。将经适房“由售改租”在短期看对供需矛盾有暂时的缓解，中长期看并没有抓住重点，实为头痛医头之举。以湖北省为例，根据2009年对该省149个廉租房建设项目的审计，36个县市的64个项目应于2009年建成并向社会提供廉租房20921套，但实际完成12118套，约占计划的57.9%，实际分配入住2636套，仅占计划数的12.6%。原因就是配套资金不足，工程建设迟缓（见2010年7月28日《长江商报》5版）。不仅如此，保障方式改革改变了原有的产权模式，将长期的合约（经适房的使用期约50年）转化为了短期租赁合约（一般为5年），恰如土地承包年限与农户投入的实证研究所揭示的（姚洋1998；许庆等，2005），长期合约激励了保障对象在住房上的投入愿意，短期合约则抑制了保障对象个人和民间资本的投入，因此至少在中长期内不利于实现增加保障供给的政策目标。

从效率的评估标准观察，单纯的保障方式改革如果没有引入激励机制，也就难以推动更多资源进入住房保障领域。而且基于交易费用视角，当保障性住房改为出租为主时，由于租期缩短，政府部门和管理机构用于监督、审核以及住房质量维护的工作量将大大增加，带来行政成本增大，容易出现收支不平衡的局面。为了吸引对保障性住房的外来投资，需要设计复杂的金融产品进行融资，这无形中也增加了发行、监管、担保和管理费用。而且目前公积金支持的保障房试点刚刚开始，还没有一个住房保障信托基金公开发行，实际上对公租房的信贷支持还很欠缺。所以如果没有很好的市场化的机制设计，简单的由售改租只会增加交易费用，既增加财政负担，也抑制了新增保障面积的增加。2010 年新华时评以《北京看不懂、想不通的公租房价》为题，报道了北京首次公布的 3 个公租房项目成本租金与市场价相当或略高，一套 50 平方米的公租房每月租金达到了 1500 元①。说明新建公租房因地价上涨不但单位开发成本偏大，在使用过程中还需要政府再掏钱进行租金补贴，效率可能不如直接启用存量房高。

从公平性标准出发，现有研究在维护住房保障公平和避免保障对象偏差方面，提出了一系列对策（钱瑛瑛，2003；袁秀明，2009；巴曙松，2010）。如果从市场流转的角度观察保障方式的改变，公租房采用的是一种强制的流转。这种强制流转安排来源于保障对象在规定的租赁期（如 5 年）结束后，需要重新接受审核，如果其资质已经发生变化，尤其是收入和实际住房面积已脱离了保障线的要求，那么只有腾退。还有一种情况是没有脱离保障范围但因为存在轮候，所以也只能是退出或出资购买。按现有方案，大多数公租房仍旧是补砖头方式，保障对象租赁商品房并无补贴，且公租房并不能在保障对象间自由流转。在市场机制并没有发挥多少作用的情况下，这种强制流转不存在效率上的帕累托改进。

作为对上述讨论的总结与补充，对调整保障方式是否能实现改革目标的定性分析如表 4-4 所示。

---

① 位于朝阳区北京市第二批公租房的租金已经低于市场租金，载《新京报》2012 年 8 月 16 日。

表 4-4　**保障方式调整前后对相关问题的改善状况**

改革目标	对改革的预评估	理　由
建立或维持激励机制	无改变	单纯的保障方式改革如果没有引入激励机制，也就难以推动更多资源进入住房保障领域，因而难以保障“供应总量”增加
建立保障房的循环机制	不确定，取决于制度设计	货币化补贴或发放房券由于引入市场机制带来交易灵活性，公租房如沿用实物配租方式则难以增加流动性
减缓“夹心层”不满	不明显	财政支出不变时，难以扩大保障范围
避免形成过度集中的贫民窟	不确定	原因较复杂，需要规划分区、经济激励、公共福利均等化等诸多手段并用，单纯的保障方式的调整难以解决该问题
抑制腐败现象	可能有所减缓	市场的建设和特权的消除本身是反腐败的重要手段（孙刚等，2005）。腐败现象的制度诱因并未因兴办公租房而根本消除。保障周期的缩短虽然使保障对象的违规成本增大，但也带来了较高的监督成本
安居者有其屋	弱化	有恒产者有恒心，买房置地是广大市民“幸福梦”的重要组成部分。保障房采用出售方式鼓励了保障对象自身的住房消费，为保障对象带来较大的住房福利改进。公租房政策中的租者优先购买条款有助于实现该目标
保障对象的稳定感、归属感	弱化	从长期合约变为短期合约，稳定性弱化，在现有体制下，由于租赁合同社会控制较弱（许德凤，2009），势必影响子女教育、健康成长和工作稳定
保障对象的社会福利改善	弱化	由于城市居民身份和劳保、医疗、教育、就业等公共福利挂钩，有无房产和信贷额度、劳务签证、个体商誉等经济政治待遇相关，这是承租保障房的外来居民无法享受的福利

续表

改革目标	对改革的预评估	理　　由
促进保障住房面积的净增加	制约	从资金保障来看，由于国内住房信托尚未广泛开展，除财政支出以外的投资主要包括机构（包括开发商、银行等）和个人出资（包括公积金），产权的弱化，必然造成吸引外来投资不足，制约了保障住房的净增加，也增大了政府预算压力。保障方式由售改租短期内没有增加保障面积，长期也不太可能降低无房户数量
保障住房的质量维护	力度下降	产权弱化带来使用者维护社区环境、住房设施和改善住房质量的意向减弱
政策的可持续性	不确定	假设专项财政支出保持不变，当公租房缺乏金融工具支持时，建设资金因为没有退出机制将使公租房政策举步维艰、难以为继

4.4.2 保障方式改革的模糊评价

为了验证上节定性分析的结论，即用公租房取代经适房将难以提高住房保障水平，本节运用公共政策评估中的模糊评价方法进行了验证。对“全面提高住房保障水平”这一主观性政策目标，比较适合建立模糊综合评价模型对其进行分析。由于如何衡量住房保障水平国内尚无公认的量表，参考 BRATT（2003）对美国 1993—2000 年（克林顿当政时期）保障性住房政策的研究，余凌志（2007）对廉租住房保障水平的研究，并综合一些行政管理人员和学者的意见①，首先在表 4-3 中选取其中 5 个因素构成评价因素的集合，这 5 个因素相对独立，分别是：（1）无房户数量；（2）保

① 评价者中的行政人员来自武汉市国土资源和规划管理局及下属单位，学者来自某重点大学土地管理学院研究生，房地产从业人员来自宝安地产中高级管理人员。

障对象的人均住房面积；（3）保障住房的质量（包括环境质量、建筑与设施的质量、物业维护）；（4）保障住房的可流通性；（5）保障对象的幸福感（稳定、尊严与城市归属感）①。利用特尔菲法，确认了这 5 个因素对提高住房保障水平的权重分别为 0.3 0.2 0.2 0.1 0.2，如果 F 代表评估因素集，则 $F = \{0.3\ 0.2\ 0.2\ 0.1\ 0.2\}$。随后在未出示因素权重的情况下，邀请住房保障相关人员（包括房地产从业人员和房地产方向的研究生）共 36 人进行了调查，针对公租房替换经适房政策（由售改租）进行了民意测评，评判标准分为三个级别（有效、不确定、基本无效），得到评价矩阵 E。根据模糊评价模型，评价结果 $R = F \cdot E$。

$$R = F \cdot E = (0.3\ 0.2\ 0.2\ 0.1\ 0.2)\begin{pmatrix} 0.3 & 0.5 & 0.2 \\ 0.2 & 0.4 & 0.4 \\ 0.2 & 0.5 & 0.3 \\ 0.5 & 0.4 & 0.1 \\ 0.1 & 0.3 & 0.6 \end{pmatrix}$$

$$= (0.24 \quad 0.43 \quad 0.33)$$

4.4.3　评价结果及政策含义

仅有占调查总数 24%的人对用公租房完全替换经适房的有效性持肯定态度，说明这种改革思路需要更多的调查和证据来提高公众的响应性。43%的人不确定这种改革将产生正面绩效，说明公租房政策需要更精确的设计和实施，呼唤更透明化的操作，还要考虑与相关的城市居民福利制度的衔接，以提高其可持续性和执行力。公租房政策要成为令人满意的住房保障政策，其面临的问题和经适房基本相同。总之，根据定性和定量分析可以发现：当政府保障支出基本不变时，单纯调整保障方式，实行以公租房为主流的政策将难以提高城市居民的住房保障水平。

① 住房保障范围的大小和政府住房保障支出水平属于政治决策，本书假定是外生的，在同一行政区内不影响政策评估结果，所以本书没有将其列入评价因素。

4.5 本章结论和启示

通过对经适房政策调整过程的回顾，可以发现政策管理层的适时调整使经适房管理政策正在向商品房与保障性住房严格分类管理的方向改革，影响其政策声誉与实际效果的制度缺陷已得到逐步改善，因而完全终止经适房政策的理由并不十分充分。当然，经适房政策还可以在转让范围、首付比例和转让时是否征收更高的利得税上再行探讨①。针对部分学者提出的放弃以出售导向的经适房政策转而兴办公租房的改革思路，基于公共政策预评估的标准方法和流程，本研究发现对一定的财政预算支持的经适房由出售改为租赁，并不能消除其原有的大部分缺陷，且由于吸引投资不足、交易费用上升、过滤效应弱化、保障对象幸福感降低等原因，不但难以提高城市总体住房保障水平，甚至还有可能恶化。所以对当前各地住房保障改革迫切需要一个反思。

进一步的研究可以在厘清政策目标的基础上，构建中国情境下住房保障水平的标准化评估体系，使城市住房保障政策具有科学评估的可能。对住房保障范围的大小和政府住房保障支出水平，本书假定是外生的，在政策评估期内是基本不变的，这是分析问题的一种简化需要。从长期规划看，住房保障政策当然需要考量和评估保障覆盖范围对政策绩效的影响。对不符合现行城市居民标准的外来弱势群体（如流动就业的农民工和一部分刚毕业落户到城市的青年人），如何解决其居住困难不仅仅是雇主的责任，在规范雇主行为，保障这部分群体的居住权和平等就业权等合法权利方面，管理层显然还可以有更大作为。各级政府（主要是地方政府）是住房保障体系的利益相关者，其在激励各种资源投入住房保障领域的同

---

① 在2012年住建部发布的《全国城镇住房发展规划（2011—2015年）》中，已提出了“完善经济适用住房和限价商品住房上市交易收益分配机制，消除牟利空间”。

时，也面临着自身如何“被激励”的问题①。因而如何通过制度建设（如在住房保障上的政府绩效考核方式）来确保地方政府愿意为低收入居民等弱势群体拿出足够的财政支出、提供必须的土地和住房，都值得进一步探讨。

通过上述讨论有若干启示：一是不管是经适房还是公租房政策，如果在实施时缺乏市场机制时，根据组织有限理性理论，计划与命令式的管理弊端将依旧存在，不利于反腐败，也难以消除部分项目使用低效的矛盾。在城市住房市场中，租赁市场是广泛存在的，在不少地方还相当活跃，因而充分利用这个已建成的市场体系来帮助解决中低收入居民的住房困难应当是可行的。如向保障对象发放可交易的房券，并鼓励其持券到市场上租赁住房或调剂余缺，在这方面可能还需要进行更大更多的尝试。由于保障性住房在保障群体范围内的自由流转将促进保障对象福利的改善，应加快实现不同区位和质量的保障住房之间自由地、低成本地流转。而公租房要提高周转和使用效率，也可以尝试采用更加市场化的举措，例如对公租房的建设与管理实行公司化运作，引入适度的竞争，实行建管分家、监管分离②。

二是如何激励更多的资源进入住房保障领域，这是经适房或其他保障性住房政策改革的方向和重点。理论研究与改革实践的注意力也许不是单纯的保障方式的调整，而是更深层次的土地政策、收入分配政策等。例如“住房保障”的关键可能是“土地保障”③，由于土地位置的固定性和使用的排他性、劳动力和资本的流动性和

---

① 例如：根据 2011 年“两会”报告，2010 年国有土地使用权出让收入 29109.94 亿元，其中用于廉租住房保障支出 463.62 亿元，仅占 1.6%，远未达到政府承诺的 10%的比例安排。地方政府并没有将足够的土地出让净收益用于建设廉租房（陆铭，2011）。

② 关于引入许可（配额）交易机制，设立房券和改革公租房政策的讨论见本书第 5 章。

③ 例如因精明增长和其他限制土地开发的政策使得美国市民至少增加了 2750 亿美元的购房费。参见孙娟：《美国：精明增长的代价》，载《国外城市规划》2006 年第 3 期，第 101 页。

相对易得，一旦筹集到符合区位条件和质量要求的土地，建造出更多的公共住房只是时间问题。

三是当援助范围逐步扩大时，多元化的住房产品和方式会形成一个连续的层次阶梯，可能更易于满足保障对象的多样化的住房需求。观察一个城市的交通保障体系，有公交车、出租车、地铁和汽车租赁等，其舒适度和便捷性是完全不同的，符合不同市民或不同场合的出行需求，其实行的是公司化管理、优质优价。尽管乘客时而也抱怨人拥挤或车难搭，但总体上来说这种多元化的供给模式比只有出租车或公交车的情况应该要好。正是由于住房具有的基本属性，使得“租”“买”两种住房获得方式是长期共存的。对待公租房和经适房政策（项目）不应是简单的“存废”之争，而是考虑如何使之相得益彰、协同作用来实现住房政策的目标。

第5章　公共住房的市场化改革

——以租房券为例①

5.1　问题的提出

政府提供的住房援助或住房支持——住房补贴、划拨土地、税费减免、按揭利率补贴能否准确、安全、及时有效地到达目标对象，并起到政策所期望达到的效果，这是住房援助政策面临的一大挑战。住房管理部门在识别一个申请家庭是否满足政策许可的条件时，必须要调查申请人的家庭属性、资产、收入和住房条件。相对于直观的住房状况，家庭资产和收入的调查是非常困难的，将耗费大量行政资源，而且申请人的弄虚作假和审批人的腐败现象都几乎无可避免②。除此之外，如何合理分配已建成的公共住房也是一大难题。住房具有异质性特征，每个家庭的人口、社会网络、就业状况也不尽相同，依靠行政或计划手段进行“配对”容易造成偏差。“错配”状态下，居民可能对公共住房不感兴趣导致申购不足甚或出现售（租）后的空置，造成资源浪费，也可能出现一房难求，轮候时间过长，引起对政策绩效的质疑。2010年之后，公租房逐渐成为我国公共住房的重要组成部分，但它也会面临上述两类

---

① 本章内容部分发表于《公共管理学报》2015年第2期。

② 我国经适房政策之所以争议多多，一个主要的制度困境在于经适房是一种较大幅度的实物补贴，且属于一次性即时审查，无论家庭是否真的符合准入条件，只要拥有了官方发放的购买资格，就相当于获得了一大笔住房补贴（收益）。

问题。

经适房政策曾经遭遇的困境新的公租房政策该如何避免呢？一般有三种办法：（1）降低公共住房的质量水平，使之同质化。如控制户型面积的上限，不设独立厨卫，仅仅提供简陋的装修和设备，在后期使用中限制使用空调和规定最高电力消耗值等，使得不符合准入条件的富人不愿意居住在公共住房小区里，从而自动退出申请①。但这种办法的隐忧是社会力量不愿意介入这类住房的建设。质量较低的住房一旦形成会长期存在，对周边邻里有影响，也存在形成贫民聚集区的可能，使得居住其中的家庭落入贫困陷阱，带来一系列社会问题。（2）减少公共住房蕴含的福利空间，使得购买人只能自己使用（不可出租和空置）或转卖时难以从中盈利（转卖前必须通过补交市场化地价获得完全产权或征收较高的所得税）。在住房短期内，由于这种办法限制了盈利空间，既难以吸引购买和租赁，也不利于增加供给。计划不周还容易造成公共住房的空置。该办法执行中也面临困难，因为必须在日常管理上投入很多资源用于核算合适的应补交地价、评估税基和税率，具体实施中还要耗费大量人力物力进行监督。（3）市场化可消除特权，通过设计比较灵活的援助方式，将住房补贴变为“补人头”的房券，持券家庭可自由选择房源。这种援助办法既可通过市场化的手段增加供给、吸引投资，保持援助项目的可持续性，房源又相对分散多元，可满足不同对象的住房需求。因房租按质论价，补助则因人而异，两者没有直接联系，使得援助活动既灵活公平又便于互相监督和社会监督，使权力运行在阳光下。住房援助因而变得透明化、效率高、目标准。在高住房自有率社会，住房援助的日常管理比集中新建更重要，应该说第三种机制是未来住房政策改革的主要探索方向。

本章通过多案例聚类分析法，将房券的设立和使用归为可交易（转移）许可权的一种，通过相似案例进行了政策探讨。基于湖北

① 有时称这种提高援助针对性的方法为自动定位机制（Self-targeting mechanism），可参阅 Pinto M S，2004。

省武汉市、黄石市（住建部公租房制度试点城市）的案例研究，比较了全国不同城市的公租房管理模式，分析了当前在大城市推行租房券的可行性和适用条件，并提出政策建议。

5.2　许可交易的聚类分析

房券会使人联想起计划经济时代曾经广为使用的粮票，两者的共同之处都是政府发放给个人的资助证明，用于补贴特定实物消费。这是一种常用的对稀缺资源的管理方式。政府补贴因财政支出的局限性，其根本意义是管理当局发放的一种存在限额的许可权（Permits）①。许可交易（Permits Trading）是个很有趣的研究领域。如果我们用“许可”的视角来观察世界，就会发现大部分许可权都可以在公开或不公开的市场上进行交易，而这种交易使得许可权的价值可以更清楚地得以显示。表5-1中列出了常见许可的例子。

日常生活中类似案例还有一些，例如在春运期间火车票比较紧张，为了防止囤积牟利，采用实名购票也属于许可证管制。实际上一个组织也可以获得许可，如政府拥有征税和使用货币政策将货币贬值的许可，这是公权力赋予的。甚至人权就是对个人自由的保护，是对个人能力发展和自我张扬的许可，而任何形式的宽容实际就是对不好行为的许可。有些许可虽然是免费发放的，但在可转让（Tradable）或转让难以禁止的情况下就会形成市场（包括黑市），从而使价格得以形成，一个许可蕴含的价值因此得以显化②。

---

① 有时称官方许可交易的最大或最小物品数量为配额（quota），相应交易机制称为配额交易。康芒斯（John R. Commons）将经济活动中的限额交易定义为“由法律上的上级指定，分派财富创造的负担和利益”，限额包括了产量限额和价格限额。（参见康芒斯：《制度经济学（上册）》，商务印书馆1962年版，第86页）。本书中的许可权一般指数量限额，价格变动由市场交易决定。

② 例如计划生育政策下，生育指标对某些家庭就具有一定的价值。

表 5-1 不同种类的许可证示例

许可种类	许可事项	获得方式	可否交易
发达国家绿卡或一线城市户口	居留许可	有配额，可以通过投资或雇主的推荐而获得	否
盐钞（引）	贩盐许可	始于宋代的盐业专营方式，由盐商向官府购买	可流通
大学文凭	求职许可、信任许可	有招生限制，需通过招生及毕业考试	否，但存在保送、推荐、赠与荣誉学位等
学券①	受公办教育的许可	向受教育人群发放用于购买学时	否
医疗保险（卡）	用于定点医院和药店就医购药	按规定参加保险	否，但可积累以备急需
驾照计分	交通违章许可	每张驾照交管部门每年免费发放 12 分	否，但存在黑市
货币现金	消费许可	劳动所得或投资收益	可流通
排放权	排放污染物的许可	配额或购买	可交易
捕捞限额	捕鱼许可	发放或购买	可交易（如 ITQs②）
出口配额	最大允许的出口商品数量	协商发放	可交易
宅基地使用权	占用农地盖房	无偿分配或购买	可交易（有限制）
购房权	允许在城市购买 1～2 套商品住房并办理登记	城市居民成人（年满 18 岁），非城市户籍居民具有一年以上社保或纳税证明	否

① 学券的讨论可参阅周其仁：《收入是一连串事件》，北京大学出版社 2006 年版。

② ITQs：Individual Transferable Quotas（个别可转让配额）。

续表

许可种类	许可事项	获得方式	可否交易
经适房购买资格	允许购买 1 套经适房	符合户籍归属、收入、资产、住房面积等准入条件	否
土地发展权	提高土地利用强度的许可	配额或购买	可交易（有限制）（如 TDR①）
物权	使用物品的许可	购买	可交易

来源：个人整理。表中许可获得方式为举例说明或国内现行体制如此。

可交易许可权制度是一种基于市场、利用市场的管理手段，通常按照“cap and trade”的模式运行。和计划经济体制下的命令—控制型管理方式相比，可交易（转移）许可权机制提供了灵活性，平等自由的交换使资源得到有效利用。事实上根据科斯定理，权利的可交易性能增加社会福利（约瑟夫·费尔德，2002）。这一模式已经广泛用于环境和能源政策，并被移植到了农地发展权（Mills，1980）和土地利用规划领域（Henger and Bizer，2010），在市场转型国家也开始有意识地借鉴这一管控模式用于土地管理（谭荣等，2010），将宅基地用地指标从农村转移到城市也可以采用同样的模式，因为“生产要素应该由市场定价，生产要素流动要自由”（陆铭，2013）。实际上在更早的实践中，外汇额度交易、烟草指标交易都属于这一类模式的具体应用，并取得了较好的成效②。因享有住房是居民的基本权利，设立可转移的住房权（Transferable Housing Right，THR）保护城市中低收入新增人口和外来人口的居住权利就具有可行性。为节约制度成本，房券可作为 THR 的初级形式。

房券制度是一种混合模式。房券的发放是将使用额定住房补贴

① Transferable Development Rights（TDR）。

② 参见盛洪、张曙光：《土地流转与农业现代化——天则经济研究所第 406 次学术报告会纪实》，http://www.caein.com/index.asp。

的权利从政府转移到了家庭手中，毋庸置疑这将强化了家庭的选择权利，按照科斯第二定理，这可能带来福利的最大化（约瑟夫·费尔德，2002）。持券家庭的分散化决策在信息不完整的情况下往往优于集中决策①。房券一旦可自由交易或转移，住房补贴就将摆脱了“再分配”模式而走向了市场模式，这将促进生产力的提高和社会进步（张庭伟，1991）。此外，政府采用房券而不是现金住房补贴的一个重要原因在于，这一制度安排使得居民获得住房情况基本按照设定的政策目标进行，而不会因个人选择行为而偏离。如果改善居民住房状况的初衷无法实现，政策就会失去效果，也得不到政治上的支持。由上可见，要建立和推行中国的房券制度既需要发挥许可权交易的优势，又需要适应我国当前国情特点，下面通过相似制度案例进一步说明。

5.3 许可交易的案例研究

5.3.1 粮票制度

粮票存在于中国达 38 年之久（1955—1993），这一时期执行的粮食“统购统销”政策，将城乡居民划分为吃商品粮和农业粮两个阶层。粮食供应实际执行的是定量供给制。在大中城市，如果没有粮票则很难买到食品果腹（据说当时只有在火车上不要粮票）②。粮票的公平性体现为，每个城市居民都有相同的可以满足最基本所需的固定配额（尽管不一定能获得粮食），男性多于女性，成人多于孩童，即同等地对待同等的，差别地对待有差别的人，这是一种相对公平的处理。但粮票以及统购统销政策的负面效应是非常明显的：一是粮食产量徘徊不前；二是把农民束缚在土地

① 分散决策提供了有利的激励，参见钱颖一：《激励与约束》，载《经济社会体制比较》1999 年第 5 期。

② 笔者小时候生活在非户籍所在地，家里缺少粮票，父母不得已只有购买高价粮（当时大米计划价大约是 0.15 元/斤，议价粮大约是 1 元/斤）。

上。由于没有粮票，农民的活动半径非常有限①。为了得到粮票以应急需，原本“无价”的粮票也变得有价了，粮票“黑市”屡经“严打”而不绝，甚至催生出一个生意——在城市街区小巷时常可见小贩用日用品换一些居民多余的粮票。20 世纪 90 年代，当粮食市场放开、价格并轨之后，粮票慢慢也就无用，价格逐渐降低，甚至百斤粮票只能换一个小塑料盆。如今粮票已是一种用于猎奇的收藏品。目前城市里针对特困群体发放的粮油补贴，采用发放大型连锁超市的提货（购物）券来解决②，有点类似当年的粮票。

观察粮票的历史可以发现：（1）同样面额的全国粮票的价值比地方粮票高。说明许可权可流通的范围越小，其价值越低，反之则越大，这是交易自由度决定价值的例子。（2）假定每个人的粮食消费量是不同的且粮票的发放不可能完全因人而异，则粮票可以转让反而为交易双方带来了福利增加。说明许可权通过引入市场机制带来了福利的自由配置。（3）尽管粮食是生活必需品，当粮食供给充足而且无法囤积时，获得粮食不再困难，配额就没有意义，市场也逐渐可以调节粮价。但是遇到粮食供给严重不足并威胁到居民健康和营养水平时，发放粮票仍旧具有促进公平的意义。（4）分析恩格尔系数的定义和经济贫困的解释，粮油及副食价格上升，对低收入家庭影响更大。这时可以用发放“粮票”或“准粮票”来给予低收入者粮食援助和保护。（5）粮票历史经验还有一个重要启示是，在计划配给和凭票供应的时期，国家实行的是粮食国有专营、“统购统销”，这是粮票得以产生强大控制效力的组织基础，随着对粮食市场的放松管制和粮食供给逐渐充足，最终粮票失去了其存在的意义。

---

① 参见雷颐：《“日常生活”与历史研究》，载《史学理论研究》2000 年第 3 期。

② 如上海市推出的帮困粮油卡，见上海市政府官网 http://www.shanghai.gov.cn/shanghai/node2314/node28946/node29127/n29129/u30ai23369.html。

5.3.2 排污权交易

作为解决气候问题、实现减排的机制之一，排放贸易（Emission Trading）吸引了众多关注者的目光。排放贸易是指以排污权或排放权为标的所进行的市场交易①。欧盟碳交易目前约为每年920亿欧元。我国正在大力推行的主要污染物排污权市场化交易，北京、武汉、天津等城市都设置了排放权交易机构。2010年排污权的总价值已经超过建设用地。随着监测技术的提高和民众对环保诉求的加大，排污权交易范围是逐渐放大的。根据世界银行的数据，碳市场有望超过石油市场成为世界第一大市场②。

观察排污权交易可以发现：（1）类似土地使用权和商标，“许可权”是一种无形资产。（2）如果把原始的适合人类居住的生态环境（如大气、土壤和水环境）视为一个存在“总量限制”（CAP）的物品，那么它必然是稀缺的，这和土地资源是同样的，具备生产要素的特点。如果把原始的和谐的生态环境看作一个初始状态IO，其价值对应VO，则排放权价值VE可表示为对VO负的影响，VE=VO-VR，VR是对这种影响的修复成本，或可称为生态修复权价值。现实经济社会存在对偶的权利体系，例如生态修复权与排放权，土地使用权与土地发展权等。对一块土地的利用程度是有极限的（CAP），规划管制界定了使用权与发展权的边界，如果土地发展权可以自由随意地交易，那么规划的刚性将降低，变得富有弹性，这是市场对规划的一种影响③。（3）采用“Cap and Trade”的管控方式，既控制了污染总量，又促进了不同空间和时间上的市场化配置，因而节约了交易成本。美国1990年开始采用污染许可交易进行环境污染管制，根据美国经济学家Tom

① 可交易排放权一般对应英文中Tradable Emission Permits。

② 参见宋清华：《碳交易全球争夺战》，载《英才》2009年第12期。

③ 国内与笔者同一时期应用这一思路的有谭荣和曲福田。两位学者借鉴排污权交易理论，为中国农地非农开发设计了几种配额交易模式。参见《中国农地发展权之路：治理结构改革代替产权结构改革》，载《管理世界》2010年第6期，第56页。

Tietenberg 的研究，传统命令—控制型方法比这一方法的成本高 2~10 倍①（萨缪尔森，2007）。

排污权的设立和交易有一个重要启示：只要交易成本可以承受，就还可以创造出新的许可权，通过确权和市场交易使许可权的价值外化显现，并通过无形之手调节供求来使社会自动稳定均衡。再进一步地，为了纠正偏离某种秩序或均衡的行为活动，又不能或不适宜直接使用强制手段来进行管制和干预，就可以设定许可权的最大值并允许利益相关人进行交易。

当然，"Cap and Trade" 绝不是全能的超级模式，它至少存在两类大的问题：（1）增加了管理机制的复杂性，市场是人工形成的，市场的规则需要不断通过立法修订完善，市场的顺畅运行还有赖于参与各方积极尊重遵守规则（即法治精神）。另外灰色市场和体外循环的问题也会对政策绩效产生伤害。显然，因实施"可交易许可模式"而增加的交易成本必须在体制可承受范围之内。也正因为如此，目前该模式主要在绿色能源、气候治理、土地管理领域运用较多，这些领域的共同特点是利益关联方较多且配额（交易标的）易于计量和标准化。（2）机制设计中两个重要参数——交易范围和初始许可的发放数量（即一级市场的供给）需要相当谨慎地确定，否则价格无法反映真实供求或失去调节效力，容易出现市场失灵或失控。例如前者可能会出现污染聚集（Pollution Hotspots）问题②，后者因许可的超发、滥发、错发会出现造假和寻租问题，易于引发对政策的质疑。

5.3.3　交通违章计分

1999 年 12 月 9 日，中国公安部发布了《机动车驾驶员交通违

---

① 参见萨缪尔森著、萧琛译：微观经济学（第 18 版），人民邮电出版社 2008 年版，第 325 页。

② 例如为防止排污权指标集中流向某个区域，2014 年 9 月国务院印发的《关于进一步推进排污权有偿使用和交易试点工作的指导意见》中明确规定：环境质量未达到要求的地区不得进行增加本地区污染物总量的排污权交易。

章记分办法》(第45号令),这是交管部门模仿发达国家出台的一个新规定,其目的是"减少道路交通违章行为"。一旦在一个记分周期(一年)中被累计扣分达12分,驾驶员将暂时无法驾车,直至重新学习考试合格。一个记分周期期满后,记分分值累加未达到12分的,该周期内的记分分值予以消除,不转入下一个记分周期。

按照规定计分是不能转让的,但实际情况是转让或亲朋赠与是相当普遍的现象。"交通违法代人扣分"甚至成了一门生意,"代人扣分"在杭州、福州等地每分可以卖到100元,一本驾照每年就能卖1200元①。在没有制定计分办法之前,理论上违章的次数可以有无数次,因为只要缴交罚款就可以了。一个不喜欢遵守交规的司机可能是一个马路杀手,但多次的违章却并没有办法取消他的驾驶许可证,这是原有制度的缺陷。计分制度对"杀手"遵守交规是一个约束,如果不是灰色交易提供的"代扣",其所享有的权利和任何一个持证人是一样的。这带来一个关于是否应允许许可权交易的伦理问题。如果允许交易或者默认这种交易,是否许可权的管制效果也失效了?显然要减少违章发生的概率又保障公平,就应对这种交易有所控制,起码交易成本应该比较高。

假想一个企业为了从严治理,规定员工迟到必须重罚,但给每个员工每年发放12次迟到许可,并允许交易,如迟到了但有迟到许可的人可以免于处罚。假设员工肯定会迟到且对迟到的偏好是不一致的(有人习惯准时,有人要懒一点或者因通勤时间长短而迟到的概率各异),这相对于不允许交易的制度是否增进了总体福利?站在员工的角度这几乎是肯定的,因为工作时间因此变得比较有弹性。站在企业(老板)的角度,勤奋守时的员工有收益,懒惰的员工付出更多代价,这项制度的设计初衷就自动达到了。所以总体来看,假如总体迟到次数是一定的(等于员工人数的12倍),

① 该案例参见 http://review.jcrb.com/zyw/n80/ca483720.htm。据笔者的小调查,在武汉市每分的价格2010年为50~80元,随着新版交规对违章惩罚力度的加大,以及获得驾驶证难度的加大(如驾校学费上涨、考试从严等),分数的价值有上涨趋势。

那么允许交易“迟到许可”带来的是员工满意度的提高，如果这个可以弥补迟到带给企业业绩的损失，何乐而不为呢?

5.3.4　农村宅基地

按照 2004 年《土地管理法》第二章的规定，宅基地属于农民集体所有。该法第 62 条则规定“农村村民一户只能拥有一处宅基地，其宅基地的面积不得超过省、自治区、直辖市规定的标准”。“农村村民出卖、出租住房后，再申请宅基地的，不予批准。”2004 年国土资源部出台的《国土资源部印发〈关于加强农村宅基地管理的意见〉的通知》（国土资发〔2004〕234 号）明确提出：农村宅基地占用农用地应纳入年度计划，严禁城镇居民在农村购置宅基地。这就从法律和制度上确认了宅基地具有“一户一宅”、“面积受限”、“无偿分配”、“严格准入”的特征。这一制度的优势在于同一个村集体乃至大部分农村的人均宅基地面积的初始禀赋是基本相同的。由于农民家庭贫富有别，房子的面积、装修和质量可能有差异，但占地面积是比较接近的，这体现了相对公平。限制城镇居民购买则隔离了高收入人群进入这一市场，避免出现供不应求产生的价格剧烈上升，形成对原住民的挤压和驱离，也就保护了地权和农民生活的稳定。上述规定可理解为农民有使用农地（建房）的许可，而城镇居民没有。每个农户拥有天赋的住宅用地许可权，法律对其居住权提供严格的保护。

观察城市的城中村改造项目可以进一步理解这一规定。城中村的村民在宅基地上兴建的大量住房（一般称小产权房），还有超过法定面积加盖的违建房，为村民带来了稳定的租金收益。在城市改造更新的过程中，任何一个开发商，不管是国有的还是民营的，在完成土地获取和用途转换前都必须首先取得村集体的合作，解决好村民的住房安置问题。因此不管是按照面积偿还实物（商品房或动迁房），还是货币补偿①，宅基地为城中村村民带来了可观的利益。

---

①　如武汉市规定每户超过 300 平方米的部分按照成本价进行补偿。

5.3.5 设立许可交易的启示

如果我们定义损害总体福利和发展的许可权是“坏权”“负权”，理想主义者（或者称浪漫主义者）当然是要求完全地禁止设立这一权利，自然也就无交易可以进行。但如果现实一点，只要这种许可权有总体限制，就像用一个笼子控制着一群怪兽的威胁和危害一样，笼内如何折腾对笼外的影响也就不大或可控。正如经济学家喜欢绿税，那是对“害品”而不是“益品”征收（保罗·萨缪尔森等，1999），假设城市的无序扩张占用耕地是存在危害的，那么建设用地总量（或者优质耕地的保有量）当然可以设置一个许可范围。如重庆市 2008 年发展出的地票交易市场和相关制度，就是对相对稀缺的建设用地指标实行交易①。同理，假设所有家庭长时期大规模地囤房，对住宅占而不用是一种浪费土地和内耗资源的行为，为了治理这种行为，对每户家庭设置住房的最高占有标准（标准的单位可以是总价、面积或是套数）也就具有了正面意义②。

观察本节的案例讨论，可以发现许可是一种使用某种稀缺资源的配额或违反市场原则的特权，它往往不是多多益善的，更多的时候存在最大限制或必须设立一个最大限制。设立最大限制的目的是出于道德或社会共识的底线，出于人类或经济可持续发展的必然要求，有时候表现为对团体利益尤其是弱势群体的保护。产权带来激励和效率，许可带来包容和公平。如果只有产权没有许可，会出现极端化，因为失去了许可的保护，市场的马太效应、外部效应会摧毁市场本身。只有许可没有交易则变为专制和计划的社会体系。从这个角度看许可交易是一种混合式的管控模式，既具有计划的严密

---

① 关于重庆地票交易的评论，可以参考重庆大学徐小杰、浙江大学杨莞姣、西南政法大学黄忠的研究。

② 房产税可能是更为弹性的管制措施，但也可能效果甚微。在笔者进行的家庭调查中，设定房产税为非自住住房资产的 0.5%时，有 29.5% 受访者表示没有影响，会继续持有，50.5%的受访家庭选择涨租金和合理避税。

性又具有市场的灵活性。

总结如下：

（1）许可权的设立和发放原则的哲学基础是公平。即任何人，无论初始状态如何，其对稀缺资源的占有机会应该是公平的。如果是新设立的许可，那么许可权可以平均分配，如驾照的计分、学券的面值、按人头分配的宅基地等。许可权可以是离散的或连续的。连续的许可可以有两种，一种是最大许可，一种是最小许可。“坏许可”一般是对坏行为的最大宽容（许可值），如排污权的吨数、违章计 12 分；“好许可”一般介于最小许可和最大许可的区间值，如宅基地面积、租房券。最小许可可以理解为一种权利，是对接受主体的保护，至于受体是否可以兑现这一许可，则取决于其个人和市场的特殊因素。

（2）许可的设立和发放具有严肃性，应立法予以保护。尤其是涉及土地和房产等高价值资产，应保持其稳定性。许可可以被收回，这是许可具有的优势。

（3）许可的交易范围决定了参与主体的数量，而更多的参与主体往往具有更大的差异性，由此可能带来更多的供给和需求，双方匹配的几率或者说市场成交的机会就会增大，因此交易范围是个重要变量。行政区划是最简单最方便的界定交易范围的现实标准，允许跨区交易往往具有更高的配置效率（Henger et al，2010）。

（4）在市场经济体制中，价格机制的建立和维护可以自动调节供求关系，也可以在供求变化比较缓慢的时候通过自愿交换许可权来增加交换双方的满意程度①。因此房券无法转让且只能购买或租赁政府特别指定的物业，这会在一定程度上导致寻租和逆向选择问题，房券的优势就难以发挥。

从理论上观察，可以得出以下结论：

（1）从基本属性上看，许可权交易大多属于无形资产的交易，其市场具有虚拟性、主动性、目的性，是人为营造的、带有规范要

① 当然许可权就算立法规定不能交易，市场也可能转为进行地下交易，这是许可交易无法达到其管制目标的一个弱点。

求和特别设计的市场，有别于自发或实体交易市场，更有别于对市场的模拟（如人工股票市场，Artificial Stock Market）或仿真（Simulation）。人工市场中最成功的莫过于股票市场。在精心设计的市场规则下，以自由、公平、活跃的证券交易提升上市公司所涉资源的配置效率。当前，新设立一个可交易许可的难度越来越小，或者说因新设立一个可交易许可而增加的交易成本也越来越小，这是因为人类在不断积累人工市场方面的智慧成果，如许可的设立、登记、发行、交易、投资、储蓄、拍卖、担保、评估、监管、电子撮合、金融衍生工具的设计等已有很多可参考的案例和成文制度。政治上对市场起决定性作用的肯定也使得政策制定者和参与者获得了信心。因此将可交易许可模式应用和移植到不同行业、部门和资源品类具有可行性。

（2）人工市场的另一个好处是具有较为明确的运行规律，预测和监管相对来说比较容易，因而政府干预的成功率比较高，这正是“更好发挥政府作用”所期望的情形。尤其基于数量的调控，可对产权细分微分，标的直观且易于审计和盘查，市场信息供给相对充分。和价格调控相比，数量调控通常是易于实施的。例如直接管制房价效果往往欠佳，但调控居住用地面积是比较容易的。

（3）公共政策所希冀的总量控制目标是一种价值共识，对许可的发放和交易具有价值导向的作用。许可的设立并非为了增加对市场的干预，依照法治要求和公正平等的价值观，许可的滥发和随意终止也是不允许的，政府应在权力清单和责任清单的范围内使用该项政策工具。在推进现代市场体系的建设进程中还有一些许可正在被逐步取消。例如2014年我国就放松了对银行卡清算牌照的管制。许可的设立、发放和收回具有严肃性，应立法予以保护。尤其是涉及土地和房产等高价值资产，应保持其稳定性。初始许可的发放有先到先得、摇号、拍卖、按共同约定协商分配等多种方法，在公共住房领域多采用无偿分配的先到先得（轮候）和摇号方式确认发放对象。

（4）许可的交易范围决定了参与主体的数量，而更多的参与主体往往具有更大的差异性，由此可能带来更多的供给和需求，双方匹配的几率或者说市场成交的机会就会增大，因此交易范围是个重要变量。行政区划是最简单最方便的界定交易范围的现实标准，允许跨区交易往往具有更高的配置效率。例如房券无法转让且只能用于购买或租赁政府特别指定的物业，这会在一定程度上导致寻租和逆向选择问题，房券的优势就难以发挥。

(5) 许可能够交易且存在供给，则市场才能发挥作用，许可可以“兑现”则成功率就高，反之则低。如果有券而无市，则获得了许可权也无法行权，政策效果就会打折扣。较为充足的供给是交易可能发生的重要基础。例如积极吸纳已建成的商品房成为公租房计划中的房源，就显著增加了政策实施的吸引力和可行性。

(6) 许可具有特权显化的作用，尤其在市场上进行公开交易时，民众或市场主体对许可权所具有的价值也就有了直观的认知。在福利制度或援助制度中，这种机制设计就将福利显化了，是福利补贴的透明化，有助于防止寻租和减少监管费用，也有助于依法行政。例如设为共有产权的保障性住房就是将政府在土地、开发费等方面的住房补贴由暗补变为明补，补贴对象仍然能以相对优惠价格使用住房，同时政府合法享有产权收益（主要是土地增值收益），甚至可以利用金融工具盘活这部分资产。私人通过赎买获得住房的完全产权（即变为私人所有）或退出（即政府回购）也变得很方便，且交易时有了市场价格作为参考。由于应用可交易许可模式能使公共服务的价值显化，政府采购公共服务更加“靠谱”，有利于通过政府职能的“外包”来改善服务效率。

(7) 从适用条件看，可交易许可模式不宜应用于难以监控数量指标、参与主体交易意向偏低、分布偏窄的场合。可交易许可模式在实施中可能出现的问题包括：在启动时会遇到较大的改革阻力；因分发许可的数量、范围不当造成二级市场交易清淡；以及所有市场固有的垄断和道德风险问题等。因此，可交易许可模式应视为政府的一种政策工具选择，该模式应在资源供求比较均衡和政府拟放松管制的领域及时退出。退出机制是许可在设立时就必须预先考虑并纳入交易市场设计之中的。

(8) 政府的作用在公众或媒体眼中往往被极端化——或是市

场的操纵者或是市场失灵的拯救者。可交易许可模式改变了这种传统认识——政府是市场的对立一面，通过人工市场的精确设计使交易和管制从模拟时代进入数字时代，也使得“有效市场”和“有为政府”可以同在，协同共建现代化治理体系。

5.4 房券制度的案例研究

既然中国农村长期实行按户分配宅基地，农民可以自建房也可以由村集体组织统一建设住房。那么城市居民，尤其是已年满 18 岁的城市青年，还有自愿来到城市的农村毕业生和农民工，他们在获得城市居留许可后又该如何保障其居住权呢？很自然的，可以联想到许可权交易模式的一个应用：可交易房券。① 在一定时期内，规定每个城市家庭（或常住人口）的最高房产（或土地）面积拥有值，这就需要对每个城市家庭按照家庭结构、性别、人口、年龄、身体等要素发放一定面积的土地使用许可，并允许进行受控交易，这种机制设计是否促进了总体配置最优并保障了公平呢？下文结合对国外房券制度和我国实际开展的房券制度试点作进一步的探讨。

5.4.1 美国房券制度的绩效

房券（Housing Voucher）有时也称补贴凭证（Certificates），对美国低收入者来说是最大的资助项目。2004 年，房券支出占美国住房与城市发展部预算的 54%。相对于公共住房，房券不仅减少了社会福利的扭曲，而且增进了总体福利（Leung，2012）。从长期效果上看房券还可以改善社区内获得援助者的居住质量（Carlson，2012b）。自 1980 年代开始，美国允许持券人可以租赁私人住房，到 1993 年获得房券人数达 130 万户，这和居住在传统公共住房的家庭数基本相当。

尽管房券受到了居民和政策制定者的青睐，但房券政策也存在

① 山东莱芜曾经试点过房券。参见王东京：《经适房政策怎么改 直接给穷人发购房券》，载《人民日报（海外版）》2007 年 3 月 28 日。

一些问题。根据国外的研究，一是住房补贴会导致房租上升从而影响低收入者。据统计，在美国 90 个最大都市区，房券使房租增加了 16%，导致没有获得资助的低收入家庭承担了 24 亿美元的损失（Susin，2002）。从长期效应看，接受房券对促进就业作用很小，对增加收入还有负面效果（Carlson，2012a）。

5.4.2　经适房购买指标相当于购房券

经适房提供的住房援助方式主要是土地采用行政划拨方式供给，即土地使用权是政府廉价（免费）提供给援助对象的，这样在经适房销售时，相应售价（一般为政府定价）就明显低于商品房价①。经适房的销售对象经历若干次政策调整，目前是有严格准入条件的，同时对转让和收益也做出了规定。购买经适房必须要凭证购买，一般一个持证家庭只能购买一套②。降低经适房的准入门槛，扩大经适房的覆盖范围，这实际就是将“房票”发给更多的家庭。

经适房制度在现实中出现了许多问题，其中经适房超标配置的现象非常令民众不满。显然一套经适房的建筑面积越大，占用土地的地段越好、面积越多，其蕴含的福利价值就越多。按套购买的政策设计虽然简单，但是往往鼓励了超标建造和购买，甚至是囤积和寻租。这说明我国经适房的管理方式还是比较粗放的，对保障对象应占有多少住房还没有比较精确的测算。如果使用房券，补贴标准既相对透明，又具有一定的弹性。

按照规定经适房指标并不能交易（可能存在灰色交易），但是经适房产权却可以交易。理论上如果这种交易没有增值收益或收益很少，这种交易可以促进福利的有效转移。例如扩大经适房资格证

---

① 一般来说，土地取得成本大约占到房屋总成本的 30%，这大大节约了经适房开发成本。例如同在湖北省武汉市洪山区三环线附近区位，2012 年的商品房售价为 5000~7000 元/平方米，容积率和建筑类型接近的经适房售价大约为 3000 元/平方米。

② 有些地方为了缓解拆迁矛盾，保障拆迁户的还建面积，也允许购买多套。一些经适房项目当然还存在不以家庭资产和收入为审核标准的福利错配和不公平，但这些现象不影响本节的讨论。

的购买范围就是一种允许许可权转移的管理措施。一个很好的案例发生在2012年11月1日，武汉4个经适房项目首次尝试跨区登记后，其销售竟然异常火爆。316套房子约有1160户家庭登记购买，需要通过摇号确定购买人。而原先这些项目只针对本区家庭销售，经常是“房多人少”，多次开盘难以吸引足够“买家”①。所以笔者曾多次建议经适房应允许在保障对象内部低成本地流转，不要过于受限于行政区管辖。公租房在进行货币补贴改革时，在配租时如果打通一个城市内的行政界线，就可能使得稀缺的公共住房资源得到充分利用（见5.6节武汉市案例）。

同样的，允许居民租赁公租房的资格证，实际上也相当于获得了住房补贴的许可，这种许可的价值等于租赁期内获得市场租金的总和。以武汉市洪山区南湖片为例，公租房平均户型大约是60平方米，2011—2012年度的市场租金标准约为700元/月，补贴数即为700元×30%=210元/月。如果租赁期为5年，房券的静态价值为12600元。

5.4.3 限购政策相当于发放了购房券

2010年以来，国内大城市陆续开始执行限购政策②，其政策主旨和目标都是限制房地产投机。商品住房不是毒品亦不是因财政补贴而低价出售，为何要限制购买直至禁购呢？前文已经解释了中低档的住房如果不限购，高收入人群就有可能在房地产市场上挤出中低收入者，这是住房基本特征属性所衍生出的市场效应所决定的。高收入者用手中的流动资本购中低档住房不是为了自住，而是投机或囤积（实物储蓄）。

限购不仅仅在大陆地区存在，为回应市民对高房价的诉求，落

① 载《楚天金报》2012年11月7日。

② 各城市出台的限购政策大同小异，一般设定为：以居民家庭为基本单位，区分有本市户籍和能够提供本市1年（或2年）以上纳税或社保缴纳证明的非本市户籍家庭限购2套住宅；无法提供1年以上本市纳税证明或社保缴纳证明的非本市户籍家庭限购1套或暂不允许购买。2012年，在湖北省武汉市，获得一个购房许可资格的外来居民大约需要比本地居民多支付1万元。

实“港人港地”的政策，2012 年 9 月 6 日香港特区政府选出两块土地作为“港人港地”，建成后可提供超过 1100 个住宅单位。该批住宅将优先满足港人的住房需要，建成后首次出售对象，以及其后 30 年的转售对象，均只限于拥有香港永久居民身份的港人。特首还强调“必须以个人名义购买，不得以公司名义购买；假如夫妇联名购买，两人均须为香港永久居民”①。可见即便在奉行自由主义的房地产市场，为了原住居民的基本住房权利，限购也同样存在。类似的还有为贸易保护而设定的进口配额，限制国外资本对国内企业的收购等。

针对一户居民家庭最多两套住房的指标，就是设置一个最多允许购买 2 套住房的许可。这个许可目前是不能转让的。但因为这项政策是按照家庭（户数）来设定标准，且只针对住宅性质的不动产有效，对商用物业如写字楼、商铺、酒店式公寓或产权式酒店无效，对以公司名义购买的厂房、土地也不受限制，对长期租赁（如 20 年）也不作任何限制，这导致开发商选择增加非住宅物业的供应，而投资人则想方设法将商用物业用于居住用途（出租给住户），因此要达到政策预定的目标会受到较大挑战。

针对城镇家庭的住房限购完全可以参考农村宅基地（或排污权和粮票等类似制度）来进行设计，一个比较简单的做法是每户限购一套住宅（可规定首套住宅的建筑面积应低于××平方米或占地面积低于××平方米以下），如购买更多套住宅，则必须先获得“购房许可”，这也就是“指标”或“配额”。如果政府限定每年的“购房许可”发放数量，并拍卖这些购房许可，就可以很好地控制总的住宅新增销售面积，又获得丰厚的土地财政收入。如果政策设计得当，既可以使得囤房的成本变大，但又给住房改善者和投资者一定的弹性空间。当然，这样的制度设计也面临一些问题，可以预见在房地产景气周期里，“一套住房”的面积必然变大，从而购买一套就可以实现自用和投资的双重目的。更复杂的方式是按面积来设定许可，规定户均或人均免征土地占用费的面积标准

① 来源：《港府明年首季推两幅“港人港地”，可供逾千个单位》，观点地产网，2012-09-06。

(比方说略低于城市周边农村宅基地的面积，但至少保证户均可占有一套有厨卫的成套住房)，超出部分征收增量土地使用费（替代许可)。进一步的，考虑到城市里住房区位异质性非常明显（即反映为房价差别较大)，采用评估住房价值并以此为税基征收房地产税的方式最为精确。

5.4.4 配建保障性住房指标的设定与交易

商品房配建保障性住房是一种分散化的规划手段，其目的是社区的多元化和阶层融合，避免出现贫困居民的集中。配建还可使得低端住房可共用相对高档商品房的公共基础设施和配套服务，从而比单独建设保障房小区更为经济和节约。然而这样的制度面临一个问题：如果配建比例固定（如设定为最小 5%)，有的区域（比方说某些中心商贸区）不适合建设保障性住房，住在这里对低收入者的日常生活消费也没有好处，有的地方可以多建设一点，这样的制度就缺乏弹性。但如果设立一个较大的配建比例空间，比方说允许规划配建比例在 5%~45% 浮动，就带来了自由裁量权，会出现寻租问题。为了解决这个问题，一个比较好的办法是设定异地建设费或采用配建指标交易的方式进行。我国在房地产开发项目的人防工程管理和配建教育设施中采用了类似制度，不适合建设人防工程（教育配套设施）的项目可以缴交异地建设费，从而既保证了人防工程（教育配套设施）的刚性需求，又满足了开发企业的诉求。

设立配建指标的交易，还可以达成自愿配建保障性住房的可能性，这对非营利开发企业尤其有效。

5.5 湖北省黄石市的房券试点情况

5.5.1 黄石市房改基本情况

湖北省黄石市位于湖北省东南部，1950 年建市，总面积 4583 平方公里，总人口 257 万，是武汉市城市圈副中心城市和全国资源枯竭转型试点城市。2009 年全市共有各类棚户区 164 片，占地约

200 万平方米。由于棚户区量大、配套设施不足和地质条件复杂，进行综合改造难度大、成本高，多年未见成效。

2009 年黄石市获得住建部公租房建设试点后，累计向 3.6 万户（次）住房困难家庭发放租赁补贴 4966 万元，建设和筹集保障性住房 3.22 万套，改造棚户区 45 个，解决了 1 万户家庭的住房困难。2012 年实现了人均月收入 680 元以下，人均住房建筑面积 14 平方米以下的家庭应保尽保。这一成绩的取得，令黄石住房模式受到多方关注（曾国安，2012）。黄石市从 2011 年 10 月起已经试点将原廉租住房纳入公共租赁住房管理，实行“市场租金、分类补贴、租补分离”的明补政策。对公共租赁住房承租人，根据其住房、收入（资产）等情况进行分类补贴，租赁补贴统一以住房券结算。

5.5.2　黄石市公租房政策创新点

该市公租房政策的特点是市场化程度比较高，具体体现在：一是公共住房的租金实行市场租金，随行就市，租户必须按租约按期交付租金。违约将面临失去配租住房的严重后果。二是租赁和补贴按不同审批流程办。租金补贴的获得与否和补贴多少，与是否具备租赁资格无关。该市公共租赁住房的准入口径比较宽，体现了较为广泛的机会公平，援助力度是通过发放房券的多少来调节。三是房源的选择余地比较大，公租房管理机构（黄石众邦公司）提供类似房产中介商的服务。原则上只要是众邦公司控制的房源都可以自由挑选，而且房源全部上网公示，市民可以很方便地进行挑选。为了避免出现租房面积越大地段越好，则补贴越多的问题，设定了不同家庭的补贴封顶标准，这恰好发挥了房券补贴灵活易用的优点。

黄石市与国内主要城市的公租房政策比较见表 5-2。应该说，“黄石模式”已非常接近美国的房券制度了，相对于国内其他城市，该市的市场化改革相当彻底，尤其是在房源筹集、家庭选择住房和房券使用上都比较灵活，产权界定也相当清晰。考虑到国情因素，在具体实施上又具有自身特点，在房源筹集上将集中兴建公租房和吸纳闲置房源较好地结合起来。在租赁管理上，通过先租后补，签订三方合同明确责任，较好地形成了公租房的退出和循环机制，减少了骗保现象和退出难的问题。

表 5-2 **黄石市与其他城市公租房政策的比较**

	黄石	北京	上海	武汉	重庆	深圳
定义	是指政府提供土地、税费等政策支持，由政府、企业、社会或个人提供，限定保障面积、供应对象，面向城镇住房困难家庭出租或出售的政策性住房	是指政府提供政策支持，限定户型面积、供应对象和租金水平，面向本市中低收入住房困难家庭等群体出租的住房	是指政府提供政策支持，由专业机构采用市场机制运营，按略低于市场水平的租赁价格，向规定对象供应的保障性租赁住房	是指政府提供政策支持，限定套型面积和租赁价格，面向规定对象的保障性租赁住房	是指政府投资并提供政策支持，限定套型面积和按优惠租金标准向符合条件的家庭供应的保障性住房	是指政府提供政策优惠，限定套型面积和出租价格，按照合理标准筹集，主要面向低收入住房困难家庭出租的具有保障性质的住房
公租房分类	统一了全部政策性住房，包含廉租房、公租房、经适房、限价房、棚户区改造房、危改还建房。包含了公益性公租房、社会性公租房、混合型公租房三类	无细分	包含廉租住房、租赁型经济适用住房等保障性租赁住房	包括政府类公租房和非政府类公租房，政府类包括政府及其机构投资新建、收购、配建和租赁等方式筹集的公租房；非政府类主要为用工单位自建自筹的公租房	无细分	无细分

续表

	黄石	北京	上海	武汉	重庆	深圳
主要援助对象	城镇住房困难家庭、新就业职工和有稳定职业并在城市居住一定年限的外来务工人员	中低收入住房困难家庭，包括已通过廉租住房、经适房、限价商品房资格审核尚在轮候的家庭	常住户口（含有居住证）、有劳动合同和连续缴纳社保记录	城市中等偏下收入住房困难家庭、部分新就业职工和外来务工人员	有稳定工作和收入来源，具有租金支付能力，符合政府规定收入限制的本市家庭	本市户籍，低收入，住房困难家庭
最低准入住房条件	人均住房面积<16平方米	人均住房面积<15平方米	人均住房面积<15平方米	低于上年度人均住房建筑面积的60%	家庭人均住房面积<13平方米的住房困难家庭	无房（地）户
准入家庭收入条件	无	3口及以下家庭年收入10万元（含）以下，4口及以上家庭年收入13万元（含）以下	无要求	家庭人均收入为本市最低月工资标准的两倍以下	单身人士月收入不高于2000元；家庭月收入不高于3000元	连续两年低于低收入标准线
销售条件	3~5年后均可售，转为商品房。转售量控制为10%左右	有条件出售	只租不售	可以出售	租赁满5年后可申请购买，但不可以再次转让、出租	

续表

	黄石	北京	上海	武汉	重庆	深圳
户型面积	<60 平方米	30~60 平方米	40~50 平方米	40 平方米为主，不能超过 60 平方米	40 平方米、60 平方米、80 平方米、	<50 平方米，单间、一室、两室
租金标准	以市场租金为参考标准	低于市场价格	低于市场价格	按市价成交	不超过市价的 60%	略低于市场指导租金
补贴方式	货币补贴	货币补贴、明补	货币补贴	货币补贴	货币补贴和租金控制	租金控制
配租方式	摇号确认，最低收入者为排序	公开摇号	轮候	摇号、排队	公开摇号	计分或摇号
补贴标准	30%~90%	10%~95%	尚不明确	30%	10%~93%	约 50%
公积金支付	可以	可以	可以	可以	可以	可以
租赁期限	1 年	最长不超过 5 年	最少 2 年，最长 5 年	3~5 年	1~5 年	首次 2 年
违约防范与责任	网上、社区、保障中心三处公示、可网上举报	5 年内不能再申请	5 年内不能再申请	5 年内不能再申请	记入信用档案，5 年内不得申请公共租赁住房	社区公示

续表

	黄石	北京	上海	武汉	重庆	深圳
权属处理	实行谁投资、谁持有、谁经营、谁受益的原则，投资者权益可依法转让	可办证	谁投资、谁所有	谁投资、谁所有、谁收益	房屋产权由政府指定的机构拥有	不明确
个人房源入伙	可批准	无说明	无说明	可以	无说明	较少
商品房配建比例	普通商品房开发项目中，应按总建筑面积的 5%配建公益性公共租赁住房	最多配建 45% 的商业配套及商品房	无说明	普通商品房开发项目中，应按总建筑面积的 5% ~ 10% 配建公益性公共租赁住房	无说明	无说明
跨区选房	允许	可以	可以	可以	可以	无说明
实施细则	有	有	有	有	有	有《管理暂行办法》

5.5.3　市场化改革的主要举措

为了能顺利实施房券制度，黄石市对整个公共住房体系进行了市场化改革，其主要措施有：

1. 拓宽房源筹集渠道

黄石市除了采用其他城市的集中兴建、配建以外，还采用了双向配建、存量房激活转化和吸纳闲置商品房的新举措（见图5-1）。其中双向配建指商品房配建公租房（配建比例2012年为5%），公租房、棚改小区配建商品房（配建比例2012年为10%）。存量房激活转化就是将全市原国有直管公房（含财政切块投资住房），行政事业单位及国有企业自管住房，公务员公寓，外来务工人员周转住房，已交付廉租房、公租房、新建的经济适用住房等全部转化为公共（租赁）住房进行管理。吸纳闲置商品房指将社会、个人闲置和愿意纳入公共租赁住房管理的出租房统一吸纳为公租房，实行许可经营、统一调剂、统一配租、统一管理。业主收取市场租金、政府分类给承租人补贴。为了吸引房源加入，对纳入管理的私有住房免收租赁鉴证费和税收，将来还考虑免收空置费或房地产税。

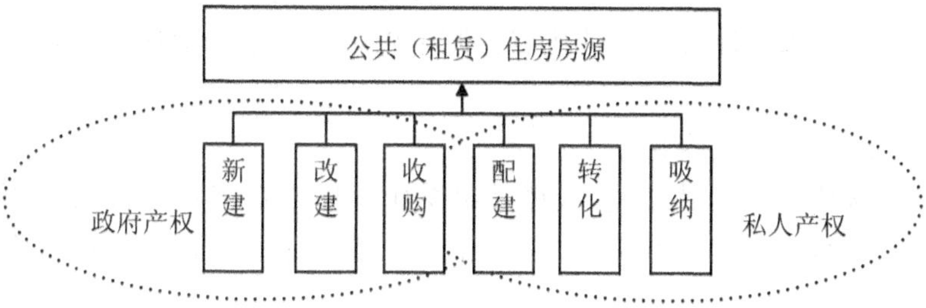

图5-1　黄石市公共住房房源筹集渠道①

2. 公司化运营

为了统筹黄石市的公共（租赁）住房开发、管理、运营工作，

① 来源：根据黄石市房地产管理局所编的《黄石市住房保障制度创新》内部资料整理。

黄石市政府组建了国有独资非盈利开发企业——黄石市众邦城市住房投资有限公司（以下简称众邦公司）。众邦公司 2009 年 6 月成立，注册资本 1.35 亿元人民币，专业从事保障性住房经营和“三改”工作，兼营商业房地产项目开发经营、物业管理、土地储备等。众邦公司的经营理念是“为全市住房困难家庭解决住房问题，帮助低收入住房困难群众和‘新生代’‘夹心层’农民工人群实现从住有所居到居者有其屋”。这一理念与住房援助的概念具有趋同性。在黄石，只要是住房困难家庭，或者说购房租房有困难的家庭，都是该公司的服务对象、援助对象。只要是对解决住房困难有利的企业和个人，都是该公司的合作对象、招商对象。

以众邦公司为融资和管理平台，黄石市构建了“政府主导+市场运作+滚动发展”的运作机制。一是整合了国家和地方对保障性住房的补贴和政策资源，凡是有利于住房困难家庭改善住房状况的政策都积极争取和落实；二是每年根据市场租金动态调整，建立了公租房可租可售的灵活机制，为市场化运作提供了制度空间；三是通过众邦公司参与土地一级开发（土地收储分中心），房地产开发、销售经营公共住房配套商业物业，推动了企业和项目的可持续、滚动发展①；四是公租房采用出让方式供地，使得公租房具有了产权明晰、计价简单的优点，便于再融资、市场运作和公租房转售②。

3. 签署租赁合同

众邦公司（甲方）、众邦公司委托管理人众安物业公司（丙方）与每一位公租房承租人（乙方）都签订了三方的《租赁合

① 将公共住房的配套商业用房进行租赁和销售，这是以往的经适房项目建设开发常用的资金平衡方式。香港地铁公司（MTR）也是采用这种方式解决地铁建设的融资和可持续发展的问题。

② 将公共租赁住房采用土地出让的方式供地，是一种相当有力度的改革举措，公共租赁住房在制度设计之初就为将来的出售“埋下伏笔”，这与新加坡的公共住房（组屋）以产权出让为主的制度具有相似之处。目前黄石市将每年转售比例暂定为总公租房存量的 10%，按照当地管理机构的思路，这一比例会因住房困难家庭的需求变化而有所调整。

同》。根据合同约定，乙方应先缴纳租金后再租住使用，租金为区位市场租金。合同明确了租期为一年，需要继续租赁的应提前三个月向住房保障部门重新申请。这就从契约上明确了公租房与商品房同房同租，随行就市。如果居民家庭因不符合公租房准入标准没有申请到住房补贴，实际上会自动退出租赁，因为租赁商品房可能更符合要求。

在《租赁合同》第四条中，约定了公租房的使用权、处置权归甲方。在租赁期内不得继承、转租、借用。承租方不享有对租住房屋的拆迁受益权、地役权及其他利用外墙、楼顶产生的收益权。乙方不得改变房屋结构和用途，基于房屋合理利用形成的附属物也归甲方所有，拆迁或退出时不作任何补偿。第五条对租户十类违约行为均详细规定了其应承担的责任，包括解除合同、收回住房、交纳罚金罚息直至移交司法处理等。通过《合同法》对租赁合同进行社会控制，这就为公租房的公共性提供了法制保障。

5.5.4 案例小结

综上所述，黄石由于在公租房房源的产权构成和流转方式上实现了商品化、市场化，使得以需定位、以需定产成为了可能。租赁合同采用了类似商品房的合约模式，供需双方进行平等协商，公平交易，按照市场规则办事，反而满足了住房困难家庭多元化的需求。符合条件的市民可以在区位、面积上有较多的选择余地，优质优价、一房一价。因采用房券形式，在公租房分配管理上透明公开，社会矛盾较少，发现问题响应和纠正的速度也比较快。

5.6 武汉市公租房遇冷案例的启示

5.6.1 事件背景

武汉市在1980年人均住房面积只有9平方米，经历住房制度改革后，2009年人均住房面积已达到30.88平方米，全市人居环境总体上大大改善。但该市仍然存在保障没有覆盖外来务工人员和新就业大学生；夹心层现象比较明显；廉租房承租者和经适房购买者在收入条件发生变化的情况下难以退出的问题①。为此，该市在2010年提出“租售并举”的基本住房政策，大力发展公租房项目。

南湖新城项目位于武汉市洪山区，是武汉市第一批公租房试点小区，2012年3月试点上市共推出房源899套，然而该小区在上市之初出现了申购者不足和放弃租赁的现象。根据当地媒体的采访，典型申购者的态度见表5-3。公租房遇冷的两个主要原因是：

表5-3　　　　**武汉市首批公租房申购者的态度**

	家庭月收入（元）	房租+物业+水电费（元）	住房支出占收入比	对公租房的态度
退休女工彭女士	1300	900	69%	入住，但感觉房子太大
在职环卫女工	1000	900	90%	租不起
地税局协税员(新婚夫妇)	3000	1000	33%	入住，基本满意，但担心有孩子后面积不够
单身退休职工徐师傅	2000	900	45%	入住、但感觉房子太大，租金太贵
国企职工方小姐	1600	1000（含交通费200）	62.5%	放弃申请
单亲徐女士和儿子（成人）	2200	1000	45.5%	入住，压力较大

来源：《武汉首批公租房为何“冷场”》，载《武汉晚报》2012年3月21日9版。

表注：目前公租房准入标准为家庭人均月收入不高于1500元，或单身职工不高于2500元。居民反映保障线规定的月收入标准不足以支撑房租。

① 参见《开展住房租赁　完善住房保障——对建立我市公共租赁住房制度的思考和建议》，武汉市住房保障和房屋管理局内部资料，2011。

（1）单身职工住65平方米，感觉房子太大；（2）三成放弃选房资格者感觉租金高，租不起，而周边的城中村租房市场却比较火爆。在成交客户中，可以发现公租房受到退休老人、准婚一族的欢迎①。

5.6.2 直接的原因

（1）户型偏大（两居室），又不允许合租，使得准入门槛较高，远高于廉租房。以武汉市为例，如果一个家庭可以使用公积金贷款，以每月还款900元计算，可以贷款的额度为19.8万元，如果有积蓄10万元或借款10万元，则可以在市区购买一个45平方米左右的小户型商品房。租金补贴的计算标准应该是根据援助对象的收入，按照不超过收入30%左右为宜。如果租金+物业费是1000元，则家庭收入标准应该在3300元以上较为合适，低于2500元的要求过于严格。如果申请的人多，可以采用轮候的方式。根据就业收入、家庭状况、子女和年龄、残障程度等进行打分排序。

（2）武汉集中在一个小区同时推出899套房源，供给远大于需求。项目附近并无大型企业（或就业机会）可以在短期消化这些房源。不允许跨区申请（只能在申请者户籍所在地进行申请），大大限制了申请的范围。

（3）需要租房的流动人口大多不符合条件，一是没有户籍。二是有些雇主（用人单位）担心职工离职后负担连带责任（如拖欠公租房房租），不愿意为申请公租房的职工提供担保。三是租约为3~5年，如果提前退出可能面临一些违约处罚。租金采取先缴后补的方式，缴足一年房租和物业费后再根据是否违约发放补贴，这就限制了一部分劳动人口的自由流动。

5.6.3 现象背后的逻辑

公租房的政策出发点或政策目标是为了解决城市夹心层的住房

① 退休职工不用考虑通勤时间和费用，对公租房配套设施不足的问题考虑比较少，可见公租房项目适合作为养老（退休）社区。

困难，政策设计的初衷是为了使这部分居民得到住房援助。他们无力购买商品房（如没有首付款或无力偿付贷款利息，或者因无稳定收入而无法获得商业贷款、公积金贷款的资助），同时又不符合廉租房的保障标准。首批上市的公租房，作为一个住房援助项目，在 317 个报名成功的人中，竟然有 107 名有申请资格的人放弃了选房入住，这一现象令人深思。然而这个现象并不特殊，其背后的逻辑正是市场机制提供了最高资源配置效率。具体分析如下：

假设获得住房只有租、购两种模式，那么公租房的竞争产品就是私人出租房。私人出租房，其价格随行就市，交易比较灵活和方便（大量中介公司可以代理，从而降低了搜寻合意住房的难度），有的甚至低于政府定价的公租房房租，尤其是城中村私房的租赁价格是比较低廉的。如果没有政府补贴（大约为市场租金的 20%，约 80~200 元/户），公租房当然是没有多少吸引力①。表 5-4 是 2012 年洪山区南湖新城附近三类住房的比较。

表 5-4　**武汉市洪山区公租房、商品房与城中村住房的比较**

	公租房	城中村住房	商品房小区
建筑质量	较高（有厨卫）	较低（一般有卫生间，但厨房比较小或没有）	比较高，选择余地大
月房租（65 平方米）	800 元	800~1000 元（两个单间）	1000~2000 元
合租合法性	不允许	允许	允许
房租补贴	约 80 元/人	无	无
实际援助方式	土地和建设补助	土地集体所有	无
小区物业	有	无	有
物业管理费用	约 0.8 元/平方米	无	1.0 ~ 2.0 元/平方米

① 深圳出现过类似情况，参见《深圳公租房租金上涨，150 户家庭退租》，载《羊城晚报》2010 年 12 月 9 日。

续表

	公租房	城中村住房	商品房小区
是否需要政府审批	有	无	无
有无装修	简单	简单	较好
水电费	正常	加价	正常
交通费用	较高	较低	较低
户口限制	是	无	无
获取难度	较难	较易	较易
居住环境	不确定	住户收入较低、人员流动较大	住户收入较高，治安较好

公租房的性价比并不比商品房和城中村高，因而其福利属性得不到居民的认可。上海和北京在2010年就已经出现了公租房租金等于或高于市场租金的情况，而这个租金水平是根据实际成本计算出来的，并无多少降价的空间。显然，在地价已经上涨多年的情况下，新建公租房成本会比城中村和老旧商品房小区高。在建设管理和售后管理上，政府的效率也可能比私人低一些，或至少不高于私人。正如武汉市住房保障和房屋管理局陈副局长所言："租房者的需求实际上不一样。"最理想的模式是"符合公租房资格的人，可以自己租房，价格自己谈，位置自己选，政府只管补贴，而不负责对房屋进行管理"。当然他也坦承货币配租模式"可能最方便最有效，但有政策障碍"①。现实的政策障碍包括：货币补贴可能因受援居民的个人选择行为而不能切实改进住房状况；具有房券但缺乏可租赁房源的情况下会难以达到政策目标；房券为有价票证，使用需要上级监管机构审批等②。

① 参见《武汉首批公租房为何"冷场"》，载《武汉晚报》2012年3月21日9版。

② 根据对武汉市、黄石市房屋管理机构的访谈结果整理。

5.6.4　配租遇冷后的项目进展

根据笔者2013年1月对当地公租房主管机构和运营方的了解，在项目试点基础上，主管机构采取了放松家庭收入要求，允许居民跨行政区申报，环卫工人集体申报（有些属于外来人口），空房信息在运营中心及时公布等改革举措，该项目最终实现了超过95%的房源租赁完毕的好效果。

5.6.5　案例小结

货币配租可以通过租补分离，向补贴对象发放房券来实现。这种模式发挥了市场灵活性，政府支出也可管控。但实施该模式需要破除行政区划的限制，实现全市联动。采用房券发放住房补贴需要一个崇尚守信的社会网络和对补贴资金高效监管的体系，其实施仍然任重而道远。一个折中方案是组建国有的公共住房管理（运营）公司，由该公司统一筹集公租房房源，援助对象可在（也只能在）这些房源中自由选择。住房补贴可支付给承租户或公共住房管理公司。这种模式类似持医保卡居民在联网医院或药店就医购药，统筹部分由医保中心直接支付给定点经营机构。

如果公租房能引入市场机制，动员若干家管理公司经营公租房事业，通过竞争可以降低公租房的生产（筹集）成本，并使得房租有所下降。公租房的制度设计中带有租赁者优先购买或已支付租金可以抵偿购房价款的条款，可以吸引更多的城市新增居民和外来居民从购房模式转换到租房模式。

5.7　住房援助市场化的政策建议

作为推进住有所居、调节租赁住房市场的一项尝试，公租房项目在越来越多的城市落地开花。在外来人口较多的城市，公租房完成套数已经超过了经适房，正逐步成为公共住房的主流①。然而公

① 例如深圳市，2006—2010年公租房比经适房多完成40577套。参见《深圳市住房保障发展规划（2011—2015）》。

租房并非新鲜事物，在住房制度改革之前，公房也曾经是城市家庭主要的选择！根据笔者在武汉市房管局进行的访谈，政府机构比较担心的是公租房保有量增大以后，审批和合同管理的工作量可能使现有机构不堪重负①。入住家庭因产权原因会对公租房疏于保养，折旧将越来越快，后期维护的成本会大大增加②。根据住房政策仿真结果，公租房超过一定比例之后也可能出现空置。因此，在我国已经形成高住房自有率的社会背景下，我国住房制度改革的螺旋递进就需要演化出新的公房制度。总体上这应该是一种透明、规范、高效的公共租赁住房制度，既具有项目可持续的活力，又消除了实物配租带来的僵化。而且这种改革必须具有可行性，其制度变迁的成本应比较低，在租金成本上也比较低。从试点城市案例中可以发现，以房券为载体进行租房援助的市场化改革就具有上述优势。

具体政策建议如下：

（1）对公共住房的宏观管理模式，应采取建管分离。在分配上可采用总量控制下的自由交易方式（Cap and Trade）。总住房补贴量等于公共住房的预算支出，按照轮候家庭人口状况公平发放房券，家庭根据轮候顺序在可供房源上自由选择，当期未获得配租的家庭可以积累或转让房券。

（2）公租房必须名副其实，能体现“公共”的含义，具有共享、公用、非排他性的特点。如果公租房缺乏流动性，仍旧如计划经济时代那样由单位分配公房，配住家庭实际可长期占有，其他人并无多少机会获得，这就不是公租房，而是政策性住房。采用市场租金、租补分离，每年签订租赁合同可有效防止福利错配和流失，违约处理也比较简单高效。高龄老人和特别困难群体可以签订长期合同。

① 一个参考案例是：在公屋较多的香港，2008年居住人口约700万，房屋署雇员曾达1.1万人。

② 前文已述及，经适房虽然存在公共资源没有有效利用等诸多不足，但分配管理上属于即时性审查，产权转移之后政府不需要更多投入来维护住房。

（3）房券可以采用面积或货币补贴，补贴额度可根据家庭资产及收入状况自由调整，面积补贴一般为城市人均住房面积的40%~60%，货币补贴一般为市场租金的30%~90%。

（4）我国已建成了覆盖较广的公积金制度，可研究能否扩容至全体居民，并允许符合资格条件的家庭支付定点房源的房租。

（5）公租房可以和经适房互相转化，租金上涨快或轮候人数增加时，保持公租房供给；房价上涨快时或轮候人数减少时，放松公租房转售的比例控制。

（6）公租房的产权应进一步明晰，土地实行有偿使用，实际租赁价格由市场调节，优质优价。这是发放房券，进行住房援助市场化改革的前置动作。

（7）管理平台采用公司化运营（公司性质可以设立为盈利或非盈利），应用和发展金融工具使公租房项目可以整体转让，分散投资，使之具有可持续发展的活力。

（8）在城市规划严格控制企业在厂区内配套建设生活区的情况下，应在大中专毕业生和外来务工人员聚集的城市开发区和工业园，集中规划（兴建）公租房项目。政府可根据企业的产值和雇工人数向企业发放房券，由企业对雇工自行分配。

（9）在城中村或旧城改造中，经土地整理后，应规划预留一些用地用于建设公租房（或配建吸纳一些拆迁还建房源），就近解决因城中村改造，出租房源减少，给低收入者带来的房租上涨、租房困难的问题。可以考虑向原承租户发放房券，避免出现短时期的拆迁区域房租暴涨的情况。

第6章　基于多主体微观仿真模型的住房援助政策实验

6.1　研究思路

对复杂系统的分析方法包括20世纪50年代发展出的系统动力学（System Dynamics），60年代发展的基于离散事件的流程分析方法（Process-centric）和90年代发展出的基于主体建模方法（Agent Based Modeling，ABM）。应用主体建模方法进行公共政策分析具有激动人心的应用前景（李大宇，2011）。住房政策的作用机理和效果相当复杂，援助工具种类比较多，采用多主体仿真进行住房援助政策的研究具有较明显的优点。

一是房地产市场是个参与主体众多的复杂巨系统，主体具有自治性、自适应性和频繁的交互（耿继进，2011），采用基于Agent的仿真模型对房地产市场的政策冲击进行分析是比较合适的。新古典和实验经济学由于方法论的缺陷在这方面有所不足（胡挺，2010）。通过在仿真环境中设定微观主体的行为和互动规律，由于个体之间的交互涌现，设定政策变量，就可以观察一定周期内市场中宏观层次的结果，这就为准确预测住房政策绩效和寻找最优的政策组合提供了方便。二是受国情因素影响，我国房地产领域的一些重要宏观数据缺失或可能是脏数据，尤其是存量房总面积、空置房面积、二手房交易面积、租金变化、拆迁面积等数据很难获得。统计资料中房价一般只提供价格平均数而缺少中位数、将商住类住房混合计算、用新房销售价格替代全部交易价格、使用环比取代同比数据等，使得用全国全省这类大区域的面板数据进行统计往往会产生与客观事实严重不符的结果，因此微观模型反而较宏观模型更加直观可信。三是因为设定了多个主体及其子类型，当住房政策发生调整的时候，可以观察政策的传导过程，了解对不同微观主体的影响程度，从而避免了政策研究中眉毛胡子一把抓的问题，使得研究工作比较精细。通过交叉分析也可以发现一些较好的政策组合。四是有助于有些尚未开展或执行的政策工具可以进行探索性的实验。仿真是一个富矿，研究者在每一次运行后，都可以进行数据挖掘，通过输出宏观统计变量进行分析，从中了解经济系统的运行规律。

使用主体建模工具的困难在于要逼近现实世界必须尽量准确地描述主体规则。因此在主体属性的分类、设置和行为规则的描述上需要大量的辅助分析工作。在开展正式的政策评估之前，对模型进行检测、标定和校验花费的研究时间大大超过了程序代码编写和实验过程本身。

国内已开展了一些利用系统动力学进行房地产系统运行的研究，并以特定城市为仿真对象进行标定。如季小娟（2008）以南京为例开展了住宅市场仿真研究。刘妙龙和陈鹏（2006）用 SWARM 进行了城市模拟的尝试。系统动力学方法被认为是更逼近平行世界（真实世界）的一种仿真方法，但因主体交互公式基于宏观数据因而难以观察政策对市场内部结构的影响。耿继进（2011）以深圳为对象设计了微观仿真模型，并结合宏观模型进行了政策实验，该实验可以说是国内开创性的研究之一。但该模型在行为刻画时，并没有充分考虑住房的区位选择问题、成套住房的离散选择和家庭的交通成本负担问题，这和实际租房、购房行为有较大区别①，该模型也没

① 对一个大城市而言，总价相近的住房很多，家庭在进行租、购选择时一般不会全部搜索，筛选时主要关注区位（可达性）、社区内环境和面积等。这一点类似预订酒店，除价位以外，酒店是否接近目的地和交通便捷性是最重要的考虑因素。交通成本（包含货币和时间成本）可能达到家庭住房负担成本的 1/3~2/3（郑思齐，2012），显然不应被忽视。

有考虑公共住房对商品房市场的影响。郑思齐在《城市经济的空间结构》(2012)中介绍了基于仿真模型 Urbansim① 的一个应用，其基本原理是以房价为联系变量，将居住选址、企业选址、住房开发和特征价格四个模块进行了整合。研究者对模型进行标定后（即根据仿真城市的地理和市场历史数据进行初始化和输入）就可以进行住房政策的检验，显然这一系统优于单一的以家庭资产收益为决策变量的微观仿真模型。根据国内使用者的反馈，Urbansim 是以自由市场经济体的城市背景而开发的，对数据质量要求较高，在一定程度上简化了政府规制的影响（杨春志等，2012）。

本章利用国际通用的仿真平台 Netlogo 建立一个三市场模型，模型考虑了住房政策出台时间，住房空间分布，住房的价格、套数、面积，家庭人口、收入、住房状况等 20 多个联系变量，总体上接近实际情况。通过收集模型主体属性值后输出统计数据和图表，该模型可以非常直观方便地对我国援助政策长期效果进行检验，尤其是对那些刚刚开始实施还没有太多历史数据的政策进行预评估。由于采用了面向对象的语言来进行程序设计，因此模型可以移植或进一步拓展，从而使得研究具有延展性和实际应用价值。更为有价值的是，不同研究者通过对家庭购房租房、申请援助、获得援助这些行为的调查，可以丰富经验数据库和行为数据库，从而为建立更加完美的仿真模型提供支撑，这就使本领域知识的积累和创新成为可能。

本章开展的实证研究系以湖北省武汉市为仿真对象，对该市家庭购房、售房、承租、出租、申请和获得不同住房时的行为过程进行模拟，通过模型的自发演进来观察市场主体在未来若干年中的变化情况。通过测试不同政策组合下的各社会阶层住房占有、住房负

① Urbansim 最早是由美国华盛顿大学城市仿真和政策分析中心的 Paul Waddell 教授为美国夏威夷檀香山市的一个土地利用和交通规划整合模型而设计的，后多次更新。详情见官网 http：//www. urbansim. org。

担和资产变化，检测各政策工具是否存在掣肘，探索比较理想的政策组合。

6.2　仿真模型的总体设计

6.2.1　微观仿真模型的技术路线图

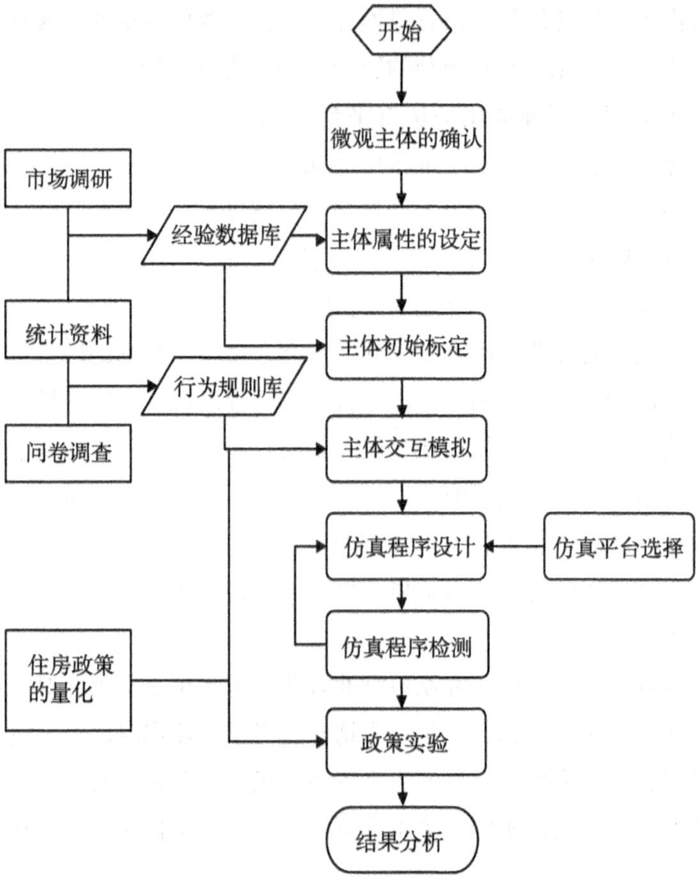

图 6-1　微观仿真模型技术路线图

6.2.2 仿真流程图

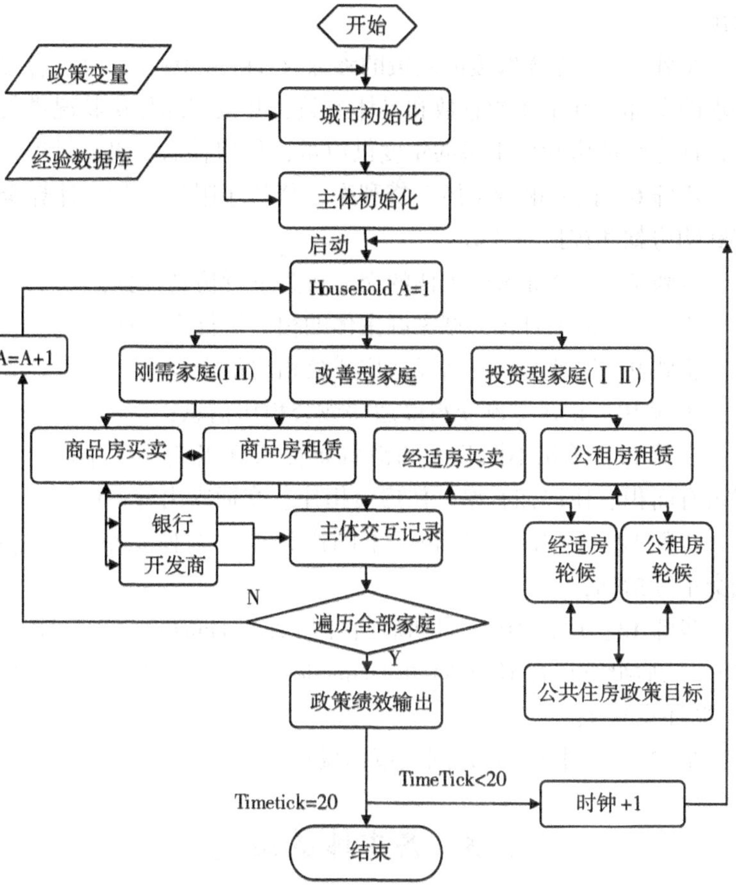

图 6-2 仿真流程图

6.2.3 仿真步骤

步骤 1：城市和住房按初始状态分布，密度、户型、产权、房龄分布符合要求；

步骤 2：家庭按初始状态设定，人口结构、收入结构符合要求；

步骤3：按基期住房拥有率状况进行第一次配置；

步骤4：家庭和住房主体按统计规律和政策设定生成、增加和退出；

步骤5：首先读取援助政策的参数（G1~G20），计算符合援助要求的全部家庭主体的总数和具体参数，并按实际住房状况进行排序，计算经适房和公租房的年度供应量，住房补贴支出总量等；

步骤6：读取银行主体存贷利率、贷款年限的参数，计算全部家庭购房款和按揭还款数；

步骤7：对全部家庭主体的交易行为进行仿真计算；

步骤8：记录对各类型家庭主体的租、售行为信息；

步骤9：记录家庭申请经适房或公租房信息；

步骤10：记录家庭获得经适房或公租房信息；

步骤11：输出不同收入和消费属性家庭当期平均净资产、住房占有面积、住房拥有率、住房负担比、交通支出等指标；

步骤12：输出不同区位、不同产权住房的换手率、空置率、成交量等指标；

步骤13：运行10个周期后暂停检查（Timetick=10，即2010年），然后继续运行10个周期（Timetick=20，即2020年），时钟+1，循环步骤4；

步骤14：判断是否达到政策预设目标。

6.3　各主体的设定

在本仿真中设立了住房、家庭、银行、政府四类主体。有别于一般模型，在主体设定中将住房而不是开发商设为主体基于三方面的考虑：(1) 不同产权结构和档次的住房并不对应于不同的开发商。大开发商可能产品系列比较丰富，既可能出于非营利目的进行政策性住房开发①，也可能开发各种户型和不同区位的商品房。这使得其开发行为比较难以描述，也不易用宏观数据进行标定。根据

① 比如为了获得品牌优势和政治关联而进行非营利开发。

实际情况，本模型通过设定商品房配建比例来模拟其建设公共住房的行为。(2) 住房具有锚定性，一个城市住房的存量远远大于增量。我国进行住房开发受到城市规划、土地利用规划的严格限制，其分布和供应是具有计划性的。大型城市里具有相当多的开发商，个体的营销活动不会改变总体价格趋势。忽略开发商的个性化开发不影响问题的实质，描述也更加直观。本模型可以通过每年按历史规律新增住房，按规划强度随机分布来近似表示开发商选址建设行为。(3) 在本模型中每一个住房类主体可以还原为同一类住房。住房可以（被）新建、拆除、损耗和更新（见表6-1)。

表6-1 **主体的代号和属性**

主体 (Agent)	属性划分	描　述
住房 (house)	产权属性 propertytype (AH \ CH \ PH)	商品房 (commercial house, CH) 可租可售，属性有面积、区位号、房龄、租售状态、单价、总价等。经适房 (affordable housing, AH)，面积低于105平方米，且总价为区域平均值的66%。可以再次出售、闲置但不能出租。公租房 (public rental house, PH)，未转售前只能出租，收益为租金，面积为105平方米以下，租金标准不高于市场租金
	面积 (area)	取值范围为45~210平方米，分12档，取整数值
	强度区号 (intensity zone)	将城市划分为5个同心圆，距离城市中心由远及近取值为1~5。区号可以表征住房的坐落位置
	租售状态 (status house)	已售 (sold)、出租 (rented)、待售 (to sell)、待租 (to rent)
	房龄 (age)	即建成时间，取值范围0~70年
	房价 (house price)	程序设定为一房一价，没有房价完全相同的住房

续表

主体（Agent）	属性划分	描　述
家庭（household）	代际（family size）	分为一代户（单身家庭和新婚家庭）、二代户（有孩家庭）、三代户（户主夫妇和父母、孩子同住），不同代际属性则家庭人口和行为规则不同
	收入（income class）	家庭总收入等于人均可支配收入×家庭人口，人均可支配收入基数按照统计规律生成，增加一个随机量，呈单峰形态（正态）分布。初始化后根据收入高低五等分排序，分别对应高收入、中等收入和低收入家庭
	住房消费属性（family type）	分为五类：投资型 Ⅰ Ⅱ、改善型、刚需型 Ⅰ Ⅱ
	援助项目申请（apply house）	申请购买经适房或租赁公租房，列入轮候队列。符合条件的家庭可同时申请两类。无支付能力时，由政府提供廉租房
	户籍（hukou）	分外地和本地两类，对应有区别的限购限贷政策
政府（government）	政策变量 G1~G20	政府为参与式仿真主体，设定为手动输入（检测期前按实际情况输入，政策实验按照设定值输入）
银行（bank）	存贷款利率和允许贷款年限	允许贷款次数和利率优惠受政策影响，但额度不受影响

来源：作者设定

主体个数和属性质量越接近实际状况，模型越接近真实世界①。

① 根据抽样统计资料和典型调查可以模拟和刻画出微观模型需要的行为主体，更多讨论可以参阅龙瀛等：《城市系统微观模拟中的个体数据获取新方法》，载《地理学报》2011 年第 3 期，第 416~426 页。

当然这样做的代价是系统硬件要求高、运行非常缓慢①。

6.3.1 住房主体

宏观上住房可观察的变量有：新房成交量和成交套数、二手房成交量和成交套数、出租房成交量和套数。

假设条件为：

(1) 所有住房按 70 年直线法折旧，住房实际价值（housing price）= 市场值×（1-房龄×0.45%）②。

(2) 经适房（AH）户型有 45、60、75、90、105（平方米）五种，总价为市场房价的 66%。可以出售、闲置但不能出租。不考虑无法出售的情况，根据申请人排序全部成交。经适房不能出售给非常住人口。新增经适房（AH）全部标注为待售（to sell），已售经适房 5 年内不可再次出售。5 年后可由房主补交地价款（当期房价的 33%）后变为商品房。

(3) 新增公租房（PH）全部标注为待租（to rent）。公租房（PH）建成后 5 年内不出售，供应量每年按配建比例（变量 G5）增加，按公租房总存量转售比例（变量 G15）减少。公租房的租金按年收取，标准为市场租金（market rent）。不考虑无法出租的情况，根据申请人排序全部成交。出售时由当前承租人购买。公租房不能出租给非常住人口。

(4) 按照单中心假设，房价市场值（Housing Market Price）与住房距离城市中心的距离相关。使用 2010 年武汉市、重庆市、杭州市基准地价资料计算比较③，选择指数模型，函数形式为 $HousePrice = P_{index} \times e\hat{}\ (b_1 \times distance + b_2 \times distance\hat{}2)$，拟合比较理

① 运行速度随着主体个数的增加将快速下降，例如本研究开发的模型，在双 CPU 主频为 2.53GHz，4G 内存的环境下运行 20 个时钟周期，2000 个主体约耗时 60~200 分钟，3000 个主体约需 500~700 分钟。

② 住房折旧主要是建筑折旧，土地不存在折旧。假设住房重置成本约为住房总价的 30%，建筑折旧对房价的影响降低了，这里假设为 0.45%，20 年房龄约下降 9%。

③ 数据来源为《2011 年武汉市基准地价（更新）技术报告》表 5-4-9：《住宅用地基准地价比较》。

想。其中 P_{index} 为中心点房价指数，b_1 为估计值，distance 为住房距离中心值。参数估计结果见本书附录Ⅷ。参考上海市回归的结果 $b_1 = -0.0528$①，本书取 $b_1 = -0.1$，$b_2 = 0.001$，则 House Price = P_{index}×e^（-0.1×distance+ 0.001×distance^2）+ε。其中 P_{index} 为历年房价指数，ε 为随机数，服从正态分布，均值为 0，方差为 50。

（5）房价随时间增加函数为：P_{index} = 3.5×e^（7.163 + 0.142×TimeTick），该函数根据武汉市 2000—2010 年平均房价的历史数据拟合，参数估计结果见本书附录Ⅷ。

（6）市场年租金计算公式为：market rent = housing price/30②。

6.3.2　家庭主体

（1）代际属性（变量设为 familysize）：一代户、二代户、三代户，家庭人口分别初始设定为 2 人、3 人、5.8 人，由于家庭人口的变化趋势为逐年减少，设其变化规律为 population = 3.209 − 0.039T③。分布状态始终为：一代户占 26.4%，二代户占 58.1%，三代户占 15.4%，使总户数和总人数符合统计数据④。

（2）收入属性（变量设为 incomeclass）：分为 5 档，从高到低用下标 1~5 表示。按家庭数为正态分布⑤，即低收入者人口<中等

---

① 参见郝前进、陈杰：《到 CBD 距离、交通可达性与上海住宅价格的地理空间差异》，载《世界经济文汇》2007 年 第 1 期，第 14 页。

② 根据 2007—2009 年的武汉市存量住房数据，住房市场平均租金与平均房价比一直处于下降趋势，从 1/23.8 下降到约 1/38.1，本书简化设定为 1/30。

③ 这一函数是根据“五普”武汉市家庭平均人口为 3.17 和“六普”家庭平均人口 2.78 推算的。

④ 根据人口“五普”数据推算：2000 年武汉共有 227 万户家庭，其中一代户家庭有 60 万户，二代户家庭约 132 万户，三代户家庭有 35 万户。初始状态设定服从这一统计数据。

⑤ 关于收入分布函数，陆学艺在《当代中国社会结构》第 180 页认为是金字塔分布，封建强在《我国职工工资收入分布函数的模拟与预测》（载《预测》2000 年第 5 期）中认为工资收入服从伽玛分布，王亚峰在《中国 1985—2009 年城乡居民收入分布的估计》（载《数量经济技术经济研究》2012 年第 6 期）中证明居民收入呈单峰形态，考虑到此处为工薪收入，为便于计算简化为服从正态分布，且均取正值。

收入者人口<高收入者人口。其中均值等于当年人均可支配收入，方差为6倍人均可支配收入。家庭总户数占比为五等分。这样设置的好处是收入阶层的划分正好符合经适房和公租房常用准入标准（一般是收入低于平均水平的80%或60%）。

（3）消费属性（变量设为familytype）：根据CHFS（2011），全国城市居民家庭拥有不同住房比例为，无房户（租房户）为11.88%，有1套住房为69.05%，有2套及以上住房为19.07%。设定如下：

投资Ⅰ型（investⅠ）：有2套及以上住房。初始比例值根据政策实验设定的住房和家庭数比例确定。

投资Ⅱ型（investⅡ）：有一套住房且家庭人均住房面积大于或等于人均住房面积。

改善型（improvement type）：仅有一套住房且家庭人均住房面积介于人均住房面积60%~100%（含60%）。

刚需I型（rigidⅠ）：仅有一套住房且家庭人均住房面积低于人均住房面积的60%。

刚需II型（rigidⅡ）：无房户。允许存在高收入者没有住房的状态。

（4）援助申请属性（变量设为applyhouse）：经适房和公租房，可同时申请，但不允许同时占有。

（5）户籍属性（变量设为hukou）：本地、外地。

假设条件为：

（1）根据属性的分类，住房市场分为购房市场和租房市场，其中购房市场的参与者为除投资Ⅰ型因限购2套外其他均可参与。租房市场的供给者为投资Ⅰ型，需求者为刚需Ⅱ型。

（2）城市家庭数为净增加。城市包括新增常住人口家庭和外来人口家庭。武汉市总家庭数的拟合增长函数为：total household = 270+12.54t，即每年增长约为基期的4.64%。因武汉市人口自然增长约为0.2%，常住人口增加较慢，年均增长为1.97%①，考虑外

① 根据武汉市人口统计“六普”（2010年11月）和“五普”（2000年11月）数据计算。

来迁入人口超过常住人口增加率，设定常住人口家庭增加占总家庭数增加值的 40%，外来人口家庭增加占 60%。因此本仿真中：

常住人口家庭的增长函数为：$\text{resident population household}_{(T+1)} = 0.02 \times \text{total household}_{(T)}$

外来人口家庭的增长函数为：$\text{temporary population household}_{(T+1)} = 0.03 \times \text{total household}_{(T)}$

（3）每期按揭还款水平统一按照等额本息偿付公式的水平进行计算，等额本息计算公式：〔贷款本金×年利率×（1+年利率）^还款年数〕÷〔（1+年利率）^还款年数-1〕。即 $\text{mortgage} = \text{loan} \times \text{loan rate} \times (1+\text{loanrate})^{\text{loan age}} / ((1+\text{loanrate})^{\text{loan age}} - 1)$。其中 loan 为贷款本金，loan rate 为 5 年期贷款利率，loan age 为贷款年限，mortgage 为年还款利息。

（4）租赁市场里，在 T 期购买的二手住房可以在 T+1 期出租并获得收益，购买的新房可以在 T+1 期出租并获得收益，年租金为当期住房价格的 3.3%（1/30）。租金计入存款，不收税。租房支出不免税，但每次变换租房地点时支付中介费（等于 1 个月房租）。经适房不能出租。

（5）卖房时向出售者征收契税（房价的 3%）、营业税（房价的 5.55%）及所得税（购入与卖出差价的 20%），卖出房龄超过 5 年（>T+5 个周期时）的住房免征营业税及所得税。购房者仅支付契税（房价的 2%）和中介费 2000 元。

（6）任意家庭购首套房时，均选择最低首付（参数 G12）和固定的贷款年限（20 年），同时享受贷款利息优惠（参数 G13），因此其购房当期支出 = housing price × G12，每年按揭还款额 $\text{mortgage} = \text{housing price} \times (1-G12) / i \times (1-(1/1+i \times G13)^n)$。其中 i 为 5 年期贷款利率。购二套房时不享受利息优惠。

6.3.3　政府主体

政府主体功能为：从出让土地、收房产税及住房交易税等处获得财政资金，然后转移支付住房补贴（包括对经适房的地价补贴和公租房的房租补贴）。允许单独选址进行公共住房开发。

假设条件：

（1）援助支出等于每年新增商品住房总价值的3.3%+房产税+交易契税+所得税+营业税（即相当于土地出让金的10%+房地产税收），不允许超出，否则终止增加经适房和公租房的供应和补贴。

（2）经适房新增供应只随机投放在强度2、3、4、5区，经适房只能向轮候者出售。公租房投放区域不限。

（3）每年住房新增供应量=商品房新增供应量+经适房新增供应量-经适房出售量+公租房新增供应量+公租房转售供应量。

（4）公租房补贴为每年补贴，补贴比例可调节。

政府公共住房政策采用手动输入下述变量的方式，从而观察模型的运行结果，见图6-3。政府主体可进行调节的变量为：

G1：经适房年度配建比例（初始供应面积为新增商品房的10%）。

G2：经适房收入准入标准（人均收入低于城市可支配收入的比例，初始值为80%）。

G3：经适房住房状况准入标准（人均住房面积低于城市人均住房面积的比例，初始值为60%）。

G4：经适房最大轮候家庭数（预留）。

G5：公租房配建（coordinated construction）比例（=新增公租房面积/新增商品房面积，初始值为5%）。

G6：经适房转售时间（经适房售出后属性可以转为商品房的时间，初始值为5年）。

G7：公租房收入准入标准（即人均收入低于城市可支配收入的比例，初始值为100%）。

G8：公租房住房状况准入标准（人均住房面积低于城市人均住房面积的比例，初始值为60%）。

G9：公租房最大轮候家庭数（初始值和计算值）。

G10：常住人口限购套数（初始值为2）。

G11：外来人口限购套数（初始值为1）。

G12：一套房最低首付比例（初始值为0.3）。

G13：一套房按揭贷款的优惠（初始值为标准利率的0.7）。

G14：二套房最低首付比例（初始值为 0.5）。

G15：公租房转售比例（予以出售的公租房面积占总公租房面积的比例，初始值为新增总存量的 10%）。

G16：房产税率（以家庭全部住房的当期总资产价值的 70% 为税基征收，每年支付 0.5%，初始值为 0.5%）。

G17：公租房住房补贴比例（=政府补贴占房租的比例）。

G18：基本住房最大保障范围（预留，初始值为 20%）。

G19：单独选址的经适房套数（非配建）。

G20：单独选址的公租房套数（非配建）。

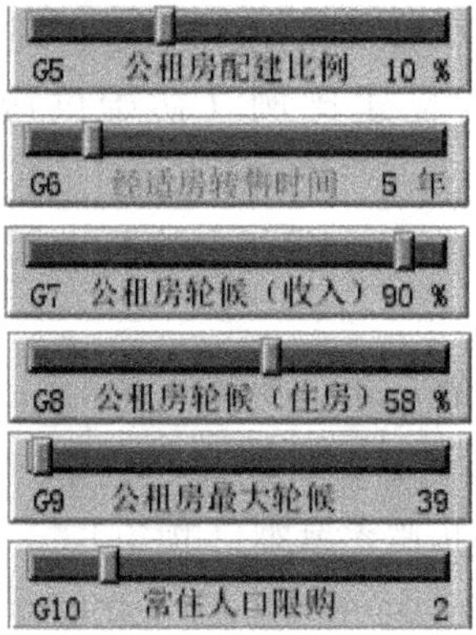

图 6-3　政策参数调节窗口示例

6.3.4　银行主体

银行主体的功能即为购房者提供按揭贷款，可以调节的变量为：

（1）存款利率值；

（2）贷款利率值①；

① 笔者统计了 1999 年到 2012 年央行 23 次调整 5 年期贷款利率的情况，变动幅度为 5.76%~7.83%，中位值为 6.8%。统计了 1999 年 6 月到 2011 年 7 月，19 次调整 1 年期存款利率的情况，变动幅度为 1.96%~4.14%，中位值和均值为 3%。模型中一般情况下存贷款利率设定为 3% 和 6.8%。

（3）最大贷款年限。

假设条件为：银行允许对所有符合首付条件和还款条件的购房者发放贷款。但对二套房和三套房以上的投资型购买者可以采取限制贷款或不予贷款的措施。

6.4 仿真城市的标定与假设

（1）基期为停止实物福利分房后的2000年6月，模型有效性检查期为2010年6月，终止期为2020年6月。

（2）仿真城市为湖北省省会武汉市，该城市常住人口、流动人口、家庭总数和人均住房面积、商品房竣工面积等基础信息见附录。假设该市为单中心城市①，半径为30公里②，分为五个强度区（即五个同心环状带），各强度区土地均匀供应（图6-4），开发企业严格根据规划强度要求进行开发，则存量房及新增住房总面积的分布比例设定为表6-2。

表6-2 **仿真模型住房总面积分布**

用地类型	强度一区	强度二区	强度三区	强度四区	强度五区
基准容积率	2.7	2.5	2.3	2.1	1.5
住房分布比例	24%	23%	21%	19%	13%

注：强度分区及容积率标准来源为《武汉市主城区用地建设强度分区指引》（武汉市国土资源和规划局，2008）。

（3）住房均为成套住房，套建筑面积设定为12档，分别为45、60、75、90、105、120、135、150、165、180、195、210（单位：平方米），初始状态存量住房的面积分布参见表6-3，平均套

① 单中心城市假设可以较为满意地解释北京等大城市的房价变化。具体可参阅于伟等：《地产价格梯度研究进展》，载《资源科学》2012年第12期，第2265~2273页。

② 模型半径设定为30公里的理由及详细说明见附录Ⅷ。

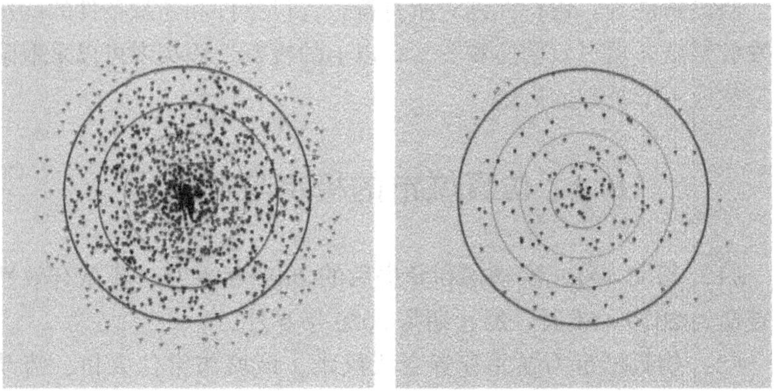

图 6-4　仿真城市的建设强度区分布图（3000 个和 300 个主体）

型面积为 91.95 平方米，在同一强度区内住房区位坐标为随机分布。基期住房总量=基期常住人口总数×基期人均住房面积=15010 万平方米，每年增加 1536 万平方米（拟合度 R^2 为 0.988）。其中经适房和公租房只能选择 105 平方米以下的 5 种户型。计算依据见附录Ⅶ。

表 6-3　　　　仿真模型户型分布

户型面积	小户型（<60 平方米）	中小户型（60～90 平方米）	中大户型（90～120 平方米）	大户型（120～150 平方米）	超大户型（150～200 平方米）	豪宅（>200 平方米）
包含户型	45、60 平方米	75、90 平方米	105、120 平方米	135、150 平方米	165、180、195 平方米	210 平方米
面积分布	16%	28.89%	28.06%	15.84%	6.36%	4.86%

来源：参考 CHFS，2012。

（4）假设城市存在三个活动中心（分别为就业、文教、商贸医疗中心)，均在强度二区①。本模型将地理分布简化为等边三角形，均布在中心点为（0，0)，半径2公里的圆上。这种设定使得中心点房价最贵，原因是该点上的住房距离三个活动中心距离的总和最小，交通费用最少。修改活动中心的个数和地理坐标，就可以模拟不同城市规划政策（如外迁学校、医院、建设新开发区等）对住房市场的影响。

（5）不同收入家庭生活消费的比例不变，具体比例参考恩格尔系数（Wuhan's Engel Coefficient，WHEC)，因2001—2009年的中值为40%②，故按照收入档次从高到低设定为：Ⅰ类为可支配收入的30%；Ⅱ类为可支配收入的35%；Ⅲ类为可支配收入的40%；Ⅳ类为可支配收入的45%；Ⅴ类为可支配收入的50%，家庭不进行其他投资。

（6）根据武汉市统计年鉴，使用SPSS将2000—2010年人均可支配收入依照二次函数曲线进行拟合，拟合质量较高。结果见图6-5。

函数形式为household mean income = $6691+4.859t+117.713t^2$，因此在第一次进行初始配置（按正态分布随机确认后)，保持各收入阶层顺序不变，均符合该增长规律，因此任一家庭的T1时刻的固定收入函数为：household fixed income（T1） = household fixed income（T0） +4.859+2×117.713 t（求导)。③

家庭T+1期家庭收入（savings） = 家庭T期家庭收入+当期可支配收入+当期出租住房收入+当期售房收入+存款利息-当期购房款-当期应付房产交易税费-当期应付房租-购房按揭每期还款额-交通成本-房产税-生活费用（daily consumption)

---

① 根据对美国城市的研究，CBD的平均就业份额不会超过11%（甄峰，2011)。设立不在圆心的活动中心的原因是，房价意义上的城市中心和居民日常工作学习活动的中心并不完全重合。这样设置也方便进行活动中心向外扩张的政策实验。

② 来源于2001—2009年武汉统计年鉴。

③ 可以验证中央政府提出的至2011—2020年的居民收入倍增计划也基本符合这一增长函数。

交通成本（TC）= 每公里平均交通费×家庭人口×住房距离活动中心距离总和（total Distance）

模型汇总和参数值计值

因变量:VAR00003

方程	模型汇总					参数估计值		
	R方	F	df1	df2	Siq.	常数	b1	b2
二次	0.999	4968.838	2	9	0.000	6690.937	4.859	117.713

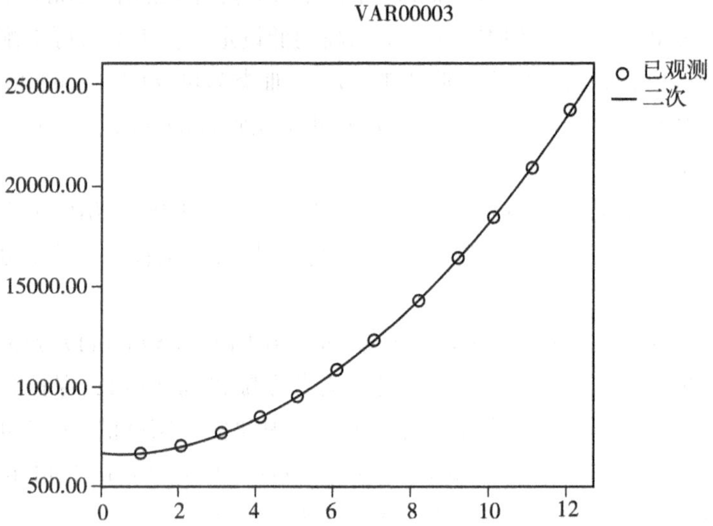

图 6-5　武汉市人均可支配收入拟合曲线及参数估计值

（7）公共住房的供应量。中低端住房的存量每年因损耗自然减少，经适房和公租房的供应量由政府（单独选址）和开发企业（配建）共同决定，即政府可直接投资建设两类政策性住房（包括公租房和经适房，模型可以分别输入新建套数），开发企业则在新建商品房小区里按照规定比例配建政策性住房。

（8）初始的居住人口分布。根据 Clark 模型或 Sherratt 模型，城市人口密度与距离之间是负指数关系①，但人口密度本身存在昼

① 参见冯健：《杭州市人口密度空间分布及其演化的模型研究》，载《地理研究》2002 年第 9 期。

夜间的巨大差别，不容易被准确地定义和计算。对于住宅建筑，居住人口密度与资本密度（或建设强度）呈正相关关系（丁成日，2004）。根据本模型的设定，人口初始化时是随机分布。当人口密度相同时，由于越靠近中心的强度区面积越小，总人口较少，因中心区设定的住房密度较大，内城的初始空置率就会比较高。为了测试空置率和住房拥挤程度的变化，模型对初始化人口随机分布的允许范围进行了处理，使城市中心的居住人口密度高于城市外延。

（9）援助标准。假设武汉市只有两种公共住房，即经适房和公租房。经适房采用政府定价，价格为所在区位平均价格的66%。商品房和公租房的房租随住房市场价格变化，随行就市，租金补贴根据收入状况一般分为30%和90%两档，模型中简化为统一按照市场租金的30%补贴①。

6.5 主体的行为规则调查

基于住房政策改革以来我国住房拥有率保持较高水平的事实，必须了解当前住房市场主体中有房家庭的改善自有住房状况和再次购买住房，进行住房投资的行为特点，判断其需求和消费投资偏好②。但是个人拥有住房和投资情况系敏感信息，官方统计或产权登记机构不对外公开，对高收入者进行入户调查则是非常困难的。受制于获得成本，本调查并非在有房居民中大样本随机抽取，而是采取线下邀请、在线回答的方式，重点在于了解收入相对较高，即以改善型和投资型为主导的中等收入家庭的行为，尽管这可能影响对行为规律的准确判断，从而影响仿真结果，但也几乎是最可行最接近真实情况的方式。

---

① 对特困家庭，廉租房的补贴标准一般在租金的90%左右，廉租房数量比例很少，本模型没有设置。因随机因素影响，仿真模型中有时会出现无法支付房租的家庭，但比例很小不影响分析结论。

② 根据我国房地产市场的特点，本研究假设无房户为刚需Ⅱ型，在具备支付能力后倾向于购房。新房则均处于待售状态。

笔者设计了含有 57 个题目的问卷，主要针对武汉市家庭，利用国内较大的问卷调查平台——问卷星①进行了为期两个月的预调查，共获取有效问卷 105 份，该调查支持的主要选择行为假如如表 6-4 所示，问卷和简要的统计分析见本书附件Ⅳ。

表 6-4　**有房居民的行为规则**

行为规则简称	行为规则的描述	仿真是否使用规则
升值效应、利润幻觉	房价持续上涨时期及实际利率偏低时期，越倾向于多购房	是
过滤效应②的弱化	在房价上涨幅度较大时，过滤效应受到抑制，表现不明显。购二套房时并不卖出房龄较长或质量较差的第一套住房	是
甜头记忆效应、路径依赖	原享受过自购公房、经适房等福利性住房的，更倾向于购二套房	是
家族效应	家庭倾向于将第一套住房保留给孩子或在外地的父母，有男孩家庭比有女孩的家庭更倾向于多购房	否
阶层区位固化	二套房与一套房区位接近，三套房不明显。家庭投资住房一般限于同一城市	是
地盘效应、学区关联效应	因就近入学或方便接送，而购买或租赁小学附近住房，原住房如距离学校较远则闲置。显示交通成本影响租售选择	是
能力关联效应、货币失效	一般来说现金越多，应该更自由。但实际情况是住房越多，可行能力（如商誉、社会地位、抵押贷款额度、自我创业）越大	否
补贴负效应	第一次购买住房的总价越高，按揭利率补贴越多，首次购房倾向于“一步到位”	是

① 问卷星平台网址：www. sojump. com。

② 家庭购买新的或高档住房后会将已有旧房卖掉，旧房被收入等级较低的阶层获得，从而形成住房过滤

续表

行为规则简称	行为规则的描述	仿真是否使用规则
住房衍生效应	家庭收入、储蓄状况和住房消费量不匹配（有滞后），导致青年人超前消费、过量消费，被迫啃老或生活压力更大	否
囤房效应	囤房抑制非住房投资，但基本不影响生活消费	是
快钱效应	高档存量房宁可闲置也不愿出租或无法租出。相同的投资收益下，出租比出售困难。房东担心租客的过度损耗	否
购房偏好	通胀预期或房价上涨预期下，实物储蓄优于货币储蓄，囤积住房又优于囤积其他物品	是
心智模式、传递效应	偏好高储蓄率的心智模式演化为囤房动机，即金融投资并不踊跃，资产中现金被固化转移到不动产上	是
房产税转移效应	投资中低档房在房产税较低时通过提高租金降低持有成本	否
限购失效	住宅限购政策出台后转向购买非住宅类物业	否
体制效应	户主为体制外就业的更喜欢投资住房	否
交通成本对租售住房选择①	对于自有住房及有车家庭，住房成本和交通成本对家庭影响力有限。对租房家庭，交通成本占主导地位	是

来源：作者实验结果。未采用某些行为规则的原因是仿真中进行了简化，或忽略某些规则对结果影响不大。

① 这一规则引自郑思齐等使用2005年北京市交通综合调查数据进行的研究，参见郑思齐：《城市经济的空间结构：居住、就业及其衍生问题》，清华大学出版社2012年版，第213页

根据上述假说可以大致勾勒出武汉城市家庭的主要行为规则。这些规则的具体描述见本章第 6 节主体交互功能设计。

相对于新房的以尽快销售为目标导向，有房家庭的买卖和无房家庭的租、售行为相对复杂。在什么样的情况下，一个有房家庭会考虑卖出自己的住房？是距离工作地点、孩子就学地点太远（交通费支出占家庭总收入比例过大），还是住房已上涨较多，担心涨幅放慢或下跌，而希望在高点卖出（房价的增值幅度达到一定比率或增速开始放缓），再或者是随着收入和存款的增加，自有住房及周边社区环境不再符合家庭对更高质量和舒适性的需求（体现为房价涨幅低于家庭收入或金融资产的增幅，出现家庭财富和居住条件不匹配的情况）。为了明确上述问题，尤其是确认家庭产生住房购买和出售意愿的条件（即主体互动的触发条件），本书对不同收入阶层的购房行为进行了问卷调查，共回收 208 份问卷，并进行了实证检验。该问卷调查及数据分析见本书附件Ⅴ。

调查结论为：

（1）当预期房价上涨时，住房增值率超过 2 倍时，89%的受访家庭对自有住房有出售意向。预期房价不变或下降时，基本不影响期望（仅下降 11%）。证实房价经历长期上涨会导致居民利润幻觉的存在。

（2）通过交叉分析，随着收入的增加，居民倾向于更高的住房增值率才考虑卖掉自住房。

（3）对多套房业主，住房增值率期望有所弱化。

（4）受访 83.2%的居民在交通支出超过家庭总收入 20%及以上时考虑卖出住房（有搬家意向）①。

（5）家庭总收入越高，可承担的交通支出比也越大。

---

① 这一结论大致符合美国 CNT（www.cnt.org）的研究结果，交通可支付性的标准为地区中位数收入的 18%（郑思齐，2010）。

6.6 主体交互功能设计

6.6.1 商品房购买市场

新房全部标注为待售。二手房根据房价增值率决定是否产生出售意向，行为规则见表6-5。

表6-5 **家庭产生商品房待售（供给）信息的条件**

家庭类别	定义	触发条件
投资Ⅰ型（invest Ⅰ）	有2套及以上住房。自住的必须为面积最大的住房（不是该状态的搬一次家来实现）	非自住住房中，当房价增值率≥50%时
投资Ⅱ型（invest Ⅱ）	有一套住房且家庭人均住房面积大于或等于人均住房面积	当住房增值率≥100%时
改善型（improve type）	仅有一套住房且家庭人均住房面积介于人均住房面积的60%~100%（含60%）	当住房增值率≥100%时
刚需Ⅰ型（rigid Ⅰ）	仅有一套住房且家庭人均住房面积低于人均住房面积的60%	当住房增值率≥100%时
刚需Ⅱ型（rigid Ⅱ）	无房户	不产生待售信息

表注：增值率=（住房当期实际价格-住房购入价格）/住房购入价格。

家庭产生商品房（CH）求购（需求）信息的条件：

第一次筛选：先判断所有家庭是否有购房能力，标准为：当期家庭资产总额≥住房最低首付额（=最小套型45平方米×当期平均房价×首付比例G12（首套）或G14（二套及以上））时标为有购房能力（repay ability），否则为无购房能力。

第二次筛选：在有购房能力家庭里。

投资Ⅰ型（investⅠ）：

求购条件为：如果当前的政策变量导致年房租（housing price/20）超过年按揭还款额，就立即产生求购需求①。

交易条件为：

（1）判断是否符合限购条件（初始设置为2套时，则一代户二代户全部不符合，三代户仍可具备购房资格）；

（2）找寻距离最近的待售房源；

（3）判断面积是否接近现自有住房，否则继续寻找；

（4）判断该住房的增值率是否大于5倍的银行存款利率（=5×银行利率×房龄），否则继续寻找②；

（5）判断家庭总存款（此处指现金，不能含住房资产）是否可以支付该房全款，否则继续寻找。

投资Ⅱ型（investⅡ）：

条件1：自有住房增值率低于2倍的银行存款利息（=2×银行利率×住房持有年期）③，并且年房租超过年按揭还款额，就立即产生求购需求。

或条件2：家庭交通成本超过家庭总收入的30%（注释：30%为通勤压力临界值）。

交易条件为：

（1）找寻距离最近的待售房源；

---

① 这一判断条件的经济含义是将房租与贷款买同样住房的按揭支出进行比较，居民家庭判断房地产市场宏观形势时常用此方法决定购房时机。其中：按揭还款额 mortgage = housing price（1-G12 or G14）×loanrate×（1+loanrate）^maxloanlimit/（1/1+loanrate）^maxloanlimit-1）。式中 loanrate 为贷款利率值，maxloanlimit 为最大贷款年限，G12 和 G14 为最低首付比例。这里的 maxloanagelimit 实际为家庭平均最高可贷年限，根据 CHFS（2012）调查，平均还款年限为4~23年，本书初始值取20年。

② 这里假设可接受的最低投资收益率为银行同期一年期存款利率的5倍，2000—2010年该项存款利率在1.98%~4.14%之间，因此该时间段可接受的年投资收益率为10%~15%。

③ 假设投资压力临界值为银行同期一年期存款利率的2倍。

（2）判断房源总价是否大于或等于现有住房，否则继续寻找①；

（3）判断交通成本是否降低，否则继续寻找；

（4）判断家庭总存款（此处指现金，不能含住房资产）是否可以支付首付款（按2套房首付比例参数G14），否则继续寻找。

改善型（improve type）：

购买条件1：存款数（saving）可购买大于目前所拥有住房面积二档的首付款②。

或条件2：家庭交通成本超过家庭总收入的30%。

交易条件为：

（1）找寻距离最近的待售房源；

（2）判断面积是否大于原有住房，否则继续寻找；

（3）判断所在强度区是否小于或等于现有住房所在强度区，否则继续寻找③；

（4）判断交通成本是否降低，否则继续寻找；

（5）判断家庭总存款（此处指现金，不能含住房资产）是否可以支付首付款（按2套房首付比例参数G14），否则继续寻找；

（6）找不到，终止进入下一期。

刚需Ⅰ型（rigid Ⅰ type）

条件1：申请公租房和经适房等待周期超过5年的，全部产生求购需求信息，但仍停留在经适房。

或条件2：家庭交通成本超过家庭总收入的30%。

交易条件为：

（1）找寻所有符合配售条件的经适房；

（2）找寻距离最近的待售房源；

---

① 根据行为调查，80%的受访者购买第二套房总价高于第一套住房，接近的为8.57%，低于的为11.43%，详见附录Ⅳ。

② 比方说现住45平方米的房子，存款数必须大于购买75平方米商品房的首付款。

③ 根据行为调查，52.38%的受访者购买第二套房在区位上优于第一套，下同。详见附录Ⅳ。

（3）判断面积是否大于原有住房，否则继续寻找；

（4）判断交通成本是否降低，否则继续寻找；

（5）判断家庭总存款（此处指现金，不能含住房资产）是否可以支付首付款（按 1 套房首付比例参数 G12），否则继续寻找；

（6）找不到，终止搜寻进入下一期。

刚需Ⅱ型（rigidⅡtype）

条件 1：申请公租房或经适房等待周期超过 5 年的，全部产生求购需求信息。

或条件 2：家庭交通成本超过家庭总收入的 30%。

交易流程为：

（1）找寻所有符合配售条件的经适房；

（2）找寻所有符合配租条件的公租房；

（3）找寻距离最近的待租或待售房源；

（4）判断面积是否大于原有住房，否则继续寻找；

（5）判断交通成本是否降低，否则继续寻找；

（6）判断家庭总存款（此处指现金，不能含住房资产）是否可以支付首付款（按 1 套房首付比例参数 G12），否则继续寻找；

（7）找不到，终止搜寻，进入下一期。

6.6.2　商品房租赁市场

商品房租赁市场供给者为投资Ⅰ型家庭，需求者为刚需Ⅱ型家庭。开发商开发的一手新房不用于出租。规则为：在投资Ⅰ型家庭的非自住住房里，当房价增值率<50%时，住房用于出租。如果此时有人要租，则成交。

当房租负担（房租占家庭总收入值的比例）大于 30%时，租房户寻找房租更便宜的待租商品房，或当交通负担（交通成本占家庭总收入的比例）大于 30%时，寻找距离活动中心更近的待租商品房。计算方法为，找到最近的待租商品房之后，计算房租和交通成本变动情况，当两者综合值有下降时，就租赁，否则继续找寻。遍历全部待租住房后仍未找到则终止。

6.6.3 经适房市场

武汉市经适房的申请轮候准入标准①为：

（1）家庭人均收入标准为上年度人均可支配收入80%以下；

（2）家庭人均住房面积标准为上年度人均住房建筑面积60%以下；

（3）未购买过经适房或参与过集资、合作建房；

（4）家庭为常住人口家庭。

可售经适房房源的产生条件（供给增加）

（1）初始时已设定了占总量G1比例的经适房。注意当一个住房属性被标注为经适房时，其房单价和房总价属性均为该房市场房价的66%。即AH marketprice＝CH marketprice×0.66。

（2）新建商品房时配建产生经适房，总面积为占新增商品房的G1比例。

（3）政府单独选址建设，户型固定为90平方米，套总数手动输入（调节窗口为参数G19）。

（4）每一期全部经适房在区位上均随机分布在2345区②。

经适房房源的退出条件（供给减少）

（1）购入时间≥5年，当该房住户存款超过该房当期市场总价34%时，选择补交地价购买该经适房。

（2）购入时间<5年，不允许任何买卖租赁的操作。

住户租售经适房的行为选择

（1）只有符合准入条件的才能购买经适房。准入条件为同时满足：

家庭人均收入标准为上年度人均可支配收入80%以下；即收

---

① 目前武汉市城区人均年可支配收入9545元以下，人均住房面积小于24平方米的家庭，可申请购买经适房。

② 这样设定是模仿真实城市中新建经适房一般位于城郊结合部，政策实验时可以修改这一设定。

入档次 incomeclass =2345 且家庭人均住房面积标准为上年度人均住房建筑面积 60%以下；即刚需Ⅰ、Ⅱ型且未购买过经适房（即：已有经适房家庭不允许购买）。

（2）经适房采用配售的方式，符合准入条件的就近选择。全部配售完毕，如果出现房多人少，则空置。如果出现房少人多的情况，未找到的列入轮候区继续等下一期配售。购买后属性标识为已售。

（3）已有经适房家庭不能再发出购买商品房的需求信息，该类家庭唯一能购买的是自己正在居住的经适房。购买成功后将该住房的属性由原来的经适房变为商品房①。

（4）当交通成本>家庭总收入的 30%时，选择租赁最近区域的待租商品房，经适房并不退出②。

（5）已购买经适房的家庭不论其住房面积如何都不能再申请公租房。

（6）因最大轮候家庭数变量为 G4。当申请家庭数超过 G4 时，记录警示信息（年期、超过数）。

（7）具备支付能力的判断条件为：只有家庭 savings≥经适房总价×（一套房首付比例 G12）的家庭才能购买，即 family savings ≥housemarket price×66%×G12。家庭按揭支付、收入、资产变化等其他操作均与商品房相同。

6.6.4　公租房市场

房源的产生条件：

（1）初始时（2000 年）假设没有公租房，设定为 0。

（2）新建商品房时配套建设产生，总面积为占新增商品房的 G5 比例，紧邻在商品房处。

（3）政府单独选址建设，户型固定为 60 平方米，每年套总数

---

① 购买是形象的说法，实际是补交地价将名下经适房变为名下商品房。

② 该经适房住户虽然离开，但该房维持为已售状态，除了该住户自己外不响应任何其他求购需求。

手动输入（设置一个调节窗口，参数 G20）

（4）所有公租房每一期区位上均随机分布。

房源的退出条件：

（1）公租房房龄≥5 年时允许转售，公租房最大转售比例为 G15，即每年最大允许公租房现有套数×G15 比例的房源列为待售公租房房源，G15 允许取 0 值。

（2）只有该公租房的住户才能购买该公租房，当存款超过该房总价时，可以选择购买该公租房，购买价格为实际房价（familysavings-actualhouseprice），购买后停止支付房租，同时停止发放政府住房补贴。

（3）房龄<5 年，不允许任何买卖、租赁、变换性质的操作。

公租房家庭的租赁和退租选择：

（1）轮候公租房的准入条件为：家庭人均住房面积标准为上年度人均住房建筑面积 60%以下；即只有刚需Ⅰ、Ⅱ型家庭才具备申请资格。

（2）首先判断家庭是否可以支付得起房租，即家庭存款额大于或等于年房租（family savings≥housemarketprice/20），无法支付则暂无法配租①。年房租=房总价/20，补贴标准为年房租×G17。

（3）公租房采用配租的方式，就近选择。全部配租完毕，如果出现房多人少，则空置。如果出现房少人多的情况，未找到的列入轮候区。

（4）当交通成本>家庭总收入的 30%时，家庭选择租赁交通成本降低的待租商品房，公租房立即退出，公租房标为待租状态。

（5）公租房家庭购买商品房以后应退出公租房，该公租房状态标为待租。

（6）符合经适房条件的公租房居民也可以同时申请经适房，购买活动优先，一旦购买经适房后立即在该期退出公租房，即两者

① “配租”意思为允许入住公租房，家庭开始支付正常的房租，并由政府在当期开始发放住房补贴。“配售”意思为允许购买经适房，家庭找到预售房源并支付房款，成功获得经适房。

不能同时享受。

(7) 公租房最大轮候家庭数为 G9，当申请人数超过 G9 时记录警示信息（发生的年期和超过数）。

(8) 公租房家庭资产的处理方式和其他家庭的区别：family savings 每期增加一个住房补贴（public housing subsidy），住房补贴 = 房租支出×G17。

6.6.5　子市场互动

在商品房、经适房和公租房组成的房地产市场中，三种不同属性的住房可以互相转化，其关系见图 6-6。

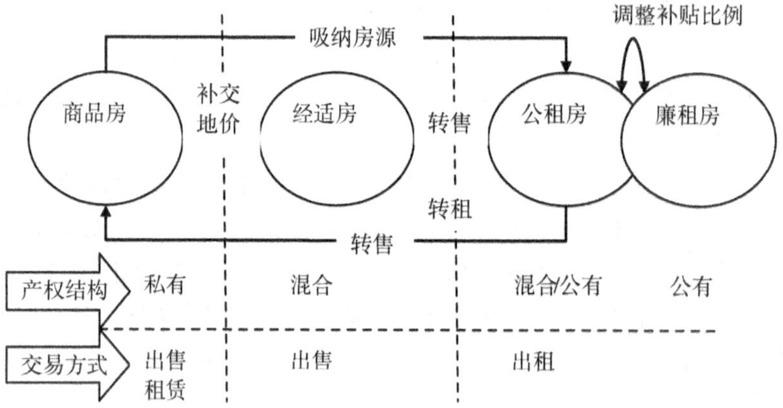

图 6-6　不同属性住房转化与子市场互动

为了完善程序的逻辑性，根据家庭一般行为取向，设立了两个特殊规则：

特殊规则一：初始有商品房但购买了经适房的家庭，比较经适房与原所住商品房的面积和区位值，如果经适房的面积大或者区位好，则搬迁到经适房处，否则停留在原住房处不变。搬迁到经适房后原拥有的商品房标为待租状态。未搬迁的经适房处于空置状态（不允许再次出售和出租），在 5 年之后允许占有者补交地价获得完全产权。

特殊规则二：每年一定比例的公租房被允许销售以后，允许所有家庭购买。如果该公租房被购买以后，该套住房的租售规则按照商品房执行，原住在公租房内的家庭重新进入轮候①。

6.7 仿真程序设计与检验

6.7.1 仿真平台选择

常用的多主体仿真平台有 Anylogic、Swarm、Netlogo 等，均可以用来对复杂经济社会现象进行仿真。其中 Netlogo② 是由美国西北大学链接学习与计算机建模中心在 1999 年发起的一款可编程建模环境，2012 年已发布了 version5. 0. 3，它特别适合对随时间演化的复杂系统进行建模。该软件通过向独立运行的“主体”（agent）发出指令，在设定主体交互规则下，研究人员能够探究微观层面上的个体行为与宏观模式之间的联系。Netlogo 提供了界面友好的主体检查功能，图形显示功能较强，研究者可以随时观察主体的交易情况，这为仿真程序调试提供了方便。本模型主体状态检查窗口示例见图 6-7。

Netlogo 采用 LOGO 语言，是一种接近结构化的自然语言，编程比较灵活易用。例如购房者进行住房搜寻一般是围绕原住所或工作地点就近进行，没有找到再转向更远的区域，该仿真软件提供了直接的命令可以调用。目前研究者可免费使用 Netlogo，系统运行要求比 Anylogic 低一点③，国内越来越多的学者已将之用于管理制度设计研究，因此本研究选择该仿真平台进行编程。程序用户界面

---

① 实际情况一般是由政府机构重新安排配住其他公租房，当没有公租房可用于周转时，政府机构就不会让该套公租房被销售掉。房租补贴一般继续支付。

② NetLogo 版权属于：Wilensky, U. （1999）. http://ccl. northwestern. edu/netlogo/. Center for Connected Learning and Computer-Based Modeling, Northwestern University.

③ Anylogic 界面更为人性化，类库编辑更加容易。

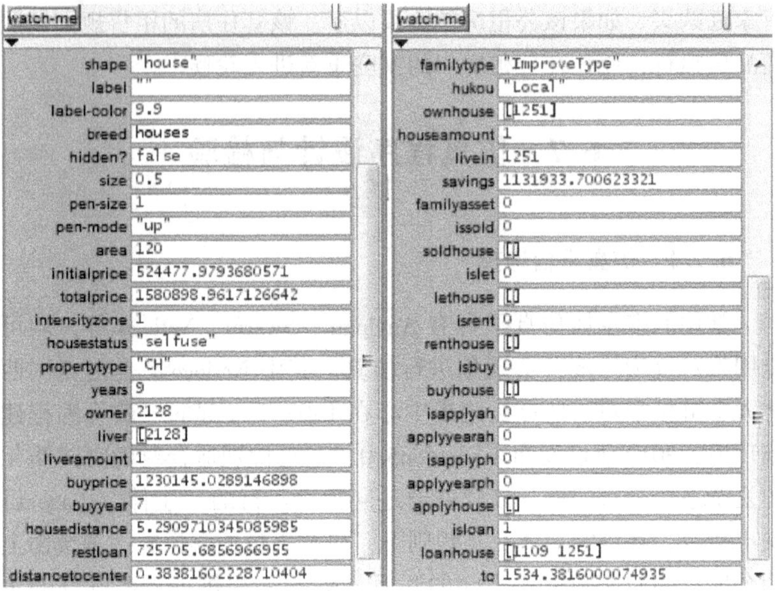

住房主体　　　　　　　　家庭主体

图 6-7　住房主体和家庭主体的检查窗口示例

见图 6-8。设计清单见本书附件Ⅵ。

6.7.2　仿真模型检验

模型的真实性验证方法对宏观和微观模型有所不同。具有应用价值的宏观仿真模型在初始赋值后运行若干个周期之后，应由实验者观察各输出是否与仿真城市的实际情况相符，如不符合则需要调整模型参数。微观仿真模型的真实性检查主要是检查经验数据库和行为规则库的构建是否符合实际状况。经验数据库利用社会统计的真实数据构建，行为规则库则根据住房政策和主体社会调查的结果构建。如果模型运行结果与政策实施后的实际效果不符，则主要是行为规则库有问题，一般应检查主体和属性设置是否合理，是否忽略了重要的主体，是否因政策调整导致主体决策

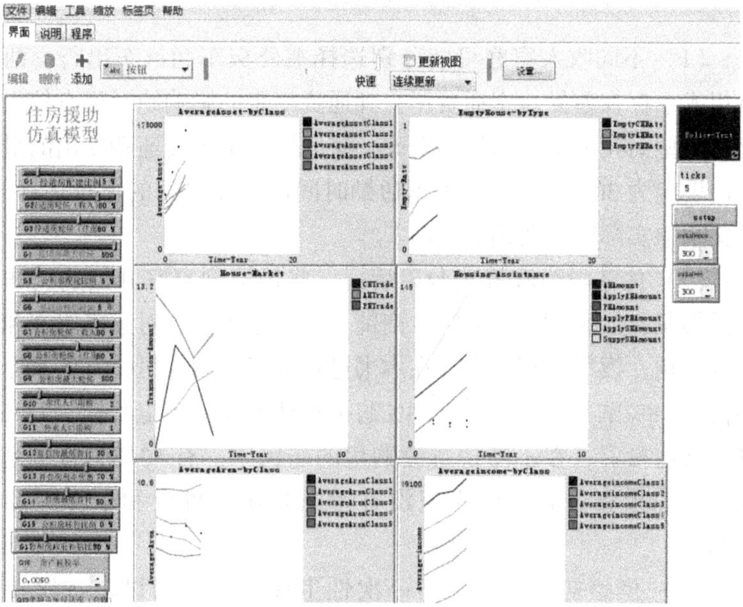

图 6-8 住房援助仿真模型界面

行为发生变化①。如果主体交互规则无法准确描述主体的自适应决策行为或判断逻辑上存在误差，会导致输出结果无法进行理论解释，模型无效。

本仿真模型 2000—2010 年基本采用武汉市统计数据，没有武汉市统计数据的按照全国城市平均数据进行，2010—2020 年采用拟合数据。运行后可观察到 2000—2010 年户均住房拥有率、人均住房面积、户均收入和净资产、商品房、经适房和公租房供求变动趋势均符合城市实际。模型有效性评价则通过下一节政策实验进行说明。

① 例如房产税的出台不仅仅引起家庭支出的变化，也会因税率变化而对租售行为产生影响。规范的仿真行为规则库的形成需要大量实证工作支撑。

6.7.3　模型设计中有待完善之处

（1）不同收入家庭可能分别选择乘公交车和汽车出行，两者负担成本存在差异。交通费用受到通货膨胀的影响绝对值有较大变化，模型简化为承担同样的费率。家庭愿意负担交通费支出的最高比例设定为30%，主要是根据通勤时间占工作时间的比重估计的，比文献中实际交通费用支出高①。

（2）住宅限购政策出台以后，一些投资型家庭开始购买非住宅类物业，如SOHO型公寓、商铺、写字楼等，这对家庭资产和收入有影响，模型没有考虑。在本书进行的行为调查里，有房家庭中约占42.8%购买了股票，55.3%购买额外人身及养老保险，15.2%进行其他投资，在不考虑继续购房的居民中，有43.8%的居民将选择其他投资方式，但模型没有考虑非住房投资和个体经商的影响。

（3）模型初始化时住房一次性生成，房龄的设定按照从中心到边缘房龄逐渐降低到0，如果按模型初始期的房屋调查数据进行标定就更理想。超过20年以上的住房，可能有一部分因破旧被拆除，因没有找到统计数字可以使用，所以模型中仍旧保留。

（4）没能租购任何成套住房的极低收入家庭，可以向政府申请获得廉租房。由于廉租房比例非常小，模型中主体个数的设定甚至不足1，所以没有考虑廉租房，而是采取了合租的方式解决。在收入设定上排除了家庭年收入在2000元以下的极端困难户。

（5）模型基期在城市人口和住房结构上应使用武汉市2000年有关数据，但受数据来源限制，未能获得的数据采用全国城市抽样

---

① 国家发改委发布，2003—2007年人均交通费支出的比重为6.17%。2010年5月通过对北京市民的问卷调查，得出支出比例在6%~7%。低收入者的交通费支出超过15%就会引起较大不满（参见《粤港澳价格》2003年第9期，第43页）。上述比例都不包含交通花费的时间成本。

调查数据（主要是参考 CHFS，2012）来标定。家庭住房租购行为规则是会随着市场演化历史而变动的，因此测试长期趋势应考虑行为规则本身会发生一定改变，例如房价长期上涨会导致利润幻觉，因此居民会惜售住房。当出现过一次房价大跌时，居民有可能不再相信房价只涨不跌的神话了。本模型没有考虑这些影响，简化为规则始终不变。

（6）模型假设在 2010—2020 年，各阶层家庭结构、工资性收入结构不变。由于主要检测公共住房政策，假设房价变动和商品住房供应量维持原有趋势不变。显然较好的办法是建立宏观模型与微观模型的接口，对同一套住房政策变量输入宏观模型，再将输出作为微观模型市场变量的输入。

（7）住房密度从中心到郊区呈现从高到低的状态不完全符合城市实际。一般来说，城市中心主要是商贸服务业和公共设施，郊区主要是工业，住房密度从中心到边缘区呈现低—高—低的情况更符合实际。模型没有考虑小产权房，也没有考虑城中村改造的影响。近年来兴起的大规模城市更新计划会带来大量新增住房，模型没有考虑这个影响因素。

（8）武汉市受长江、汉水的影响，西南轴向（汉阳片）发展受到限制，这和地价同心圆模式存在较大差别。城市可能存在多个住房价格中心（甄峰，2011），住房价格梯度在各个方向上也可能不太相同，地铁和快速路将减缓价格梯度的影响，模型没有考虑上述因素。武汉市为三镇鼎立格局，市内存在中山公园、洪山广场、钟家村三个中心，徐东路、鲁巷、红钢城、郭茨口等多个副中心，与单中心假定存在明显区别。高质量的模型可以通过住房调查并引入地理信息系统来解决。

（9）理论上模型试验应重复较多次（例如 100 次），以确认微观主体的随机性对宏观结果的影响程度。受制于时间和经费限制，本研究压缩了实验次数。

（10）程序算法上采用了面向个体行为的模拟方式，每个子市场的交易都需要对所有个体进行查询和模拟，运行耗时比较长，观察实验结果工作量较大。算法上存在进行优化的可能。

（11）政府主体的自适应行为被忽略了，实际上政府短期内会根据轮候时间来决定独立选址的经适房和公租房的供给量和供给范围，本模型因为采用手动输入，假设在测试期内不变。

6.8　援助政策实验

设定"住有所居"政策绩效的标准为：（1）期末至少 80%家庭拥有商品住房，其余家庭享有经适房或公租房（即应保尽保），购买经适房家庭按揭贷款额和公租房家庭租金支出均低于家庭收入的 30%；尚未购买经适房而租住商品房的家庭租金支出低于家庭固定总收入的 50%。（2）住房政策为中性，各阶层不因住房政策导致资产差异扩大，即出现两极分化或阶层排序的变动。（3）经适房和公租房的轮候时间均低于最大许可值。

表 6-6　　**本书中进行的援助政策实验设计**

援助工具	模拟方式	实验取值区间
公共住房供给	采用修改新建商品房中配建公租房或经适房的配建比例来模拟	0%~30%
公共住房结构	采用修改经适房和公租房比例来调节	降低经适房配建比例直至取消 1%~10%
房产税	房产税指每年支付的房产保有（财产）税，税基为家庭总住房资产的市场评估值的 0.7 倍。采用修改税率进行实验	0.5%~5%
售房个人所得税	所得税税基为售房价差，采用修改税率进行实验	10%~20%
公租房准入条件	准入条件指家庭在收入和住房状况上可以进入轮候的条件，一般用实际人均住房面积（收入）与城市平均住房面积（收入）的比例来决定	收入 80%~100% 面积 60%~100%

续表

援助工具	模拟方式	实验取值区间
经适房准入条件	同上	收入 80%~100% 面积 60%~100%
房价压力测试	设立四种房价变动状况	从暴涨到价格平稳
交通费上涨测试	修改交通费率	4000~9000 元/年

需要测试的住房援助工具如表 6-6 所示，输入变量为政策变量，输出变量为各类家庭主体的平均住房拥有量和面积、期末净资产总额、空置率、住房支出与收入比等。政策实验编号为 T1~T29，具体参数值见附表Ⅸ。

6.8.1 公共住房供给量的实验

试验 T5~T7 是模拟公共住房总配建比例从 6%扩大至 20%的情况。T8 和 T9 是模拟取消公租房和取消经适房的极端情况。无房户（刚需Ⅰ型）和有房户（刚需Ⅱ型）的家庭净资产见图 6-9①。图形显示现行住房政策并非中性，导致收入相近的家庭因买房与否，形成明显的两个社会阶层，净资产差距逐渐扩大。但公共住房的供给变化没有对同一类型家庭的贫富差距产生显著影响，这不符合通常的情况。一个可能原因是经适房面积较小也无法在 5 年内直接出售获利，限制了购买经适房家庭的财富增长。租赁公租房家庭主要是依靠收入增长带动资产积累，住房补贴不足以带来资产的显著增加。

图 6-10 的结论：（1）政策存在震荡效应。1998 年停止福利分房，其政策冲击对市场造成形似水波纹的震荡效应。公屋廉价出售

① 第 6 章所有图形横坐标单位均为年，0 为基期年 2000 年，20 为 2020 年。

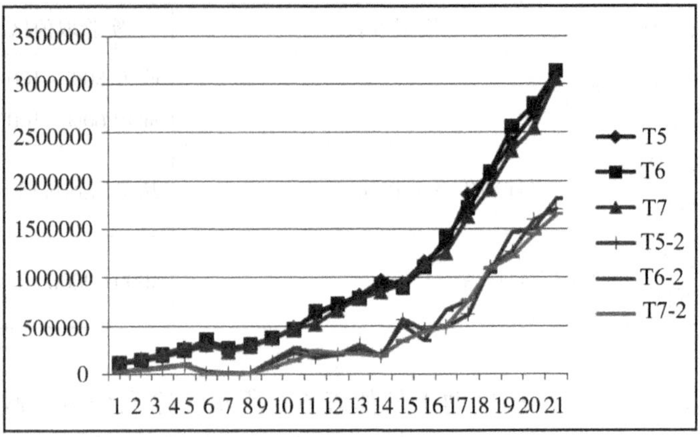

图 6-9　公共住房供给变化对贫富差距的影响

以后随着房价持续上涨，财富积累效应初显，2004—2005 年成为第一个购房的高峰期，2009—2010 为第二个高峰期，这与武汉市的商品房成交量变动相当吻合。这一时期是本地人口（主要是 1940～1960 年代出生人口）因低价获得公房进而获得了财富积累，形成了换购住房的高峰期。商品房市场成交存在明显的住房周期性波动，在出现购买高峰后由于储蓄消耗往往带来成交低迷。（2）

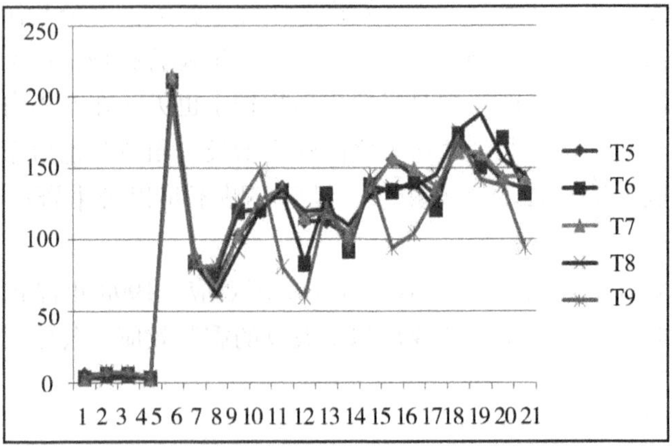

图 6-10　不同公共住房供给情况下商品房成交量变化

总体来说，当新增公共住房的总比例少于10%时，对商品住房市场的冲击是比较小的，成交量没有明显变化。公共住房配建比例越大（实验T8和T9），成交量震动波幅越大；比例越小（实验T7），震动波幅越小。显示通过公共住房对商品房市场进行干预会导致更大波动，市场反而无法顺利自我调节。

观察图6-11和图6-12，公租房空置率曲线呈现明显的U形，

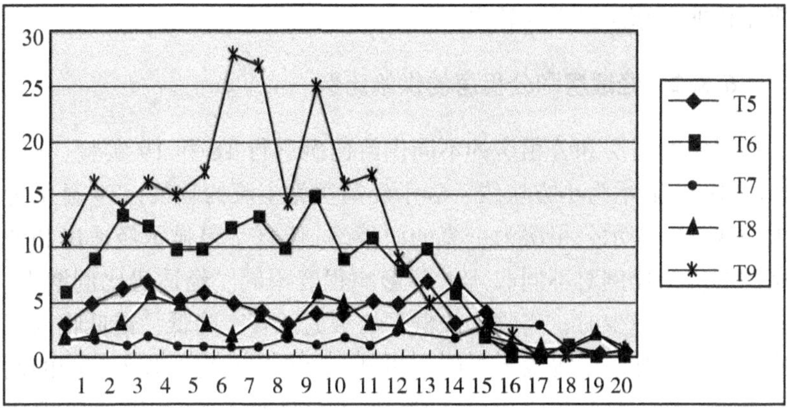

图6-11　公租房出租套数变化曲线

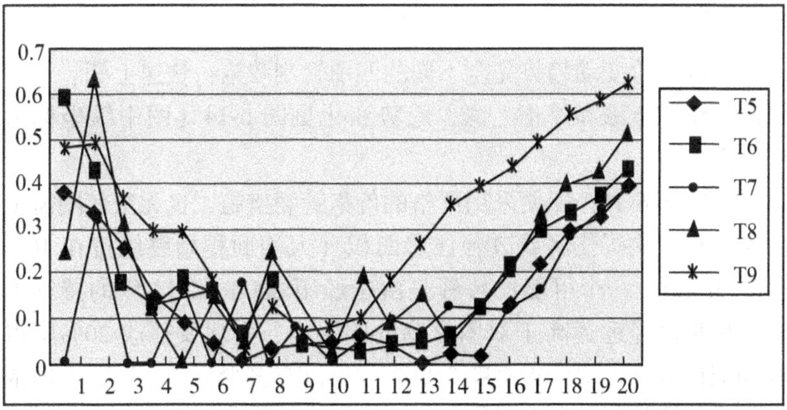

图6-12　公租房空置率变化曲线

证明采用稳定的配建方式会经历空置—出租—再空置的过程。可能原因是在本地居民住房拥有率逐步提高的情况下，公租房不再具有吸引力。公租房供给越大，该市场不确定性越强。采用 10%以下的规划配建比例就会在 5 年后出现大于 15%的空置率。因此该政策应在 5 年左右逐步调整或取消。可通过降低配建比例或增大转售比例来调节，逐步降低公租房的供给。如果要保持公租房空置率不降低，可以降低公租房的准入条件，允许更多青年人、老年人和有稳定工作非户籍居民进入轮候。

6.8.2　经适房和公租房的供给比例

设定经适房和公租房的不同供给比例进行 T8 和 T9 实验。（图 6-13 中 T8 显示为小方块线，表示经适房为主流的政策，T9 显示为大方块线，表示公租房为主流的政策。）仿真结果显示经适房和公租房的供给比例对不同收入人群影响程度不同。经适房比例增大、公租房比例减少时，高收入人群平均家庭总资产降低，最低收入家庭总资产增加，中等收入人群不明显。显示经适房对收入差距的调节有效，但不是特别明显。可能只有部分低收入家庭因购买经适房而分享了住房上涨的好处。

6.8.3　房价管制政策的实验

实验房价变动趋势完全不同的四项管制政策：快速上涨、适度上涨、温和上涨和停止上涨，趋势变化见图 6-14（图中纵坐标为中心点房价）。

观察图 6-15，即便采用严格的价格管制措施，也无法使刚需 I 型家庭再次购买住房或改善住房面积（人均面积始终维持在 10～14 平方米）。一个可能的解释是由于经历 2000—2012 年的持续上涨，房价已经远远高于双困家庭的购买力，卖房要征收 20%所得税和契税等，卖房所得对购买更大住房没有多少帮助。证明单纯依靠住房价格管制政策对促进住房困难户改善住房面积无效。需要对这类家庭施以购房援助，可以考虑通过城市更新以原地还建补面积的办法换购更大住房，或者增加中小户型的供应。

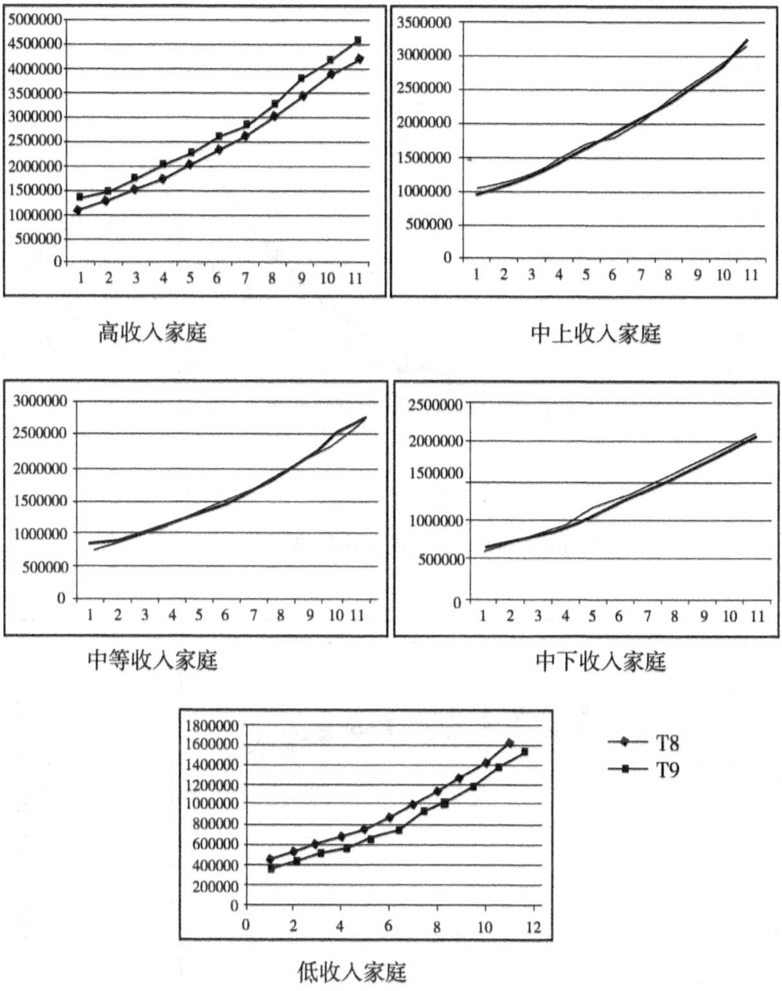

图 6-13　改变公共住房产权结构对不同收入阶层的净资产变化

观察图 6-16，无房户因为价格快速上涨住房面积下降较多，说明价格上涨导致租赁房源减少（住房用于出售），房租又同时上涨较快（一般和房价同步变化）。无房户因为价格暴涨而境况无法改善，配建 10%公共住房仍无法解决，政策上应加大租房援助力度，公租房比例适当增加。

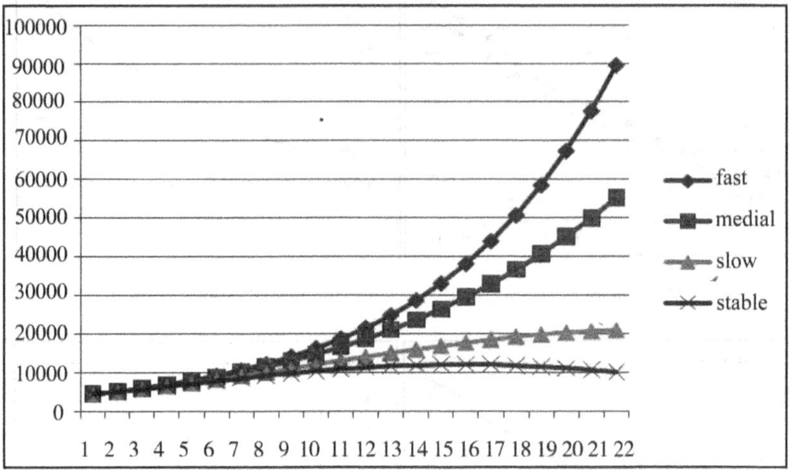

图 6-14　实验设定的住房价格变动趋势

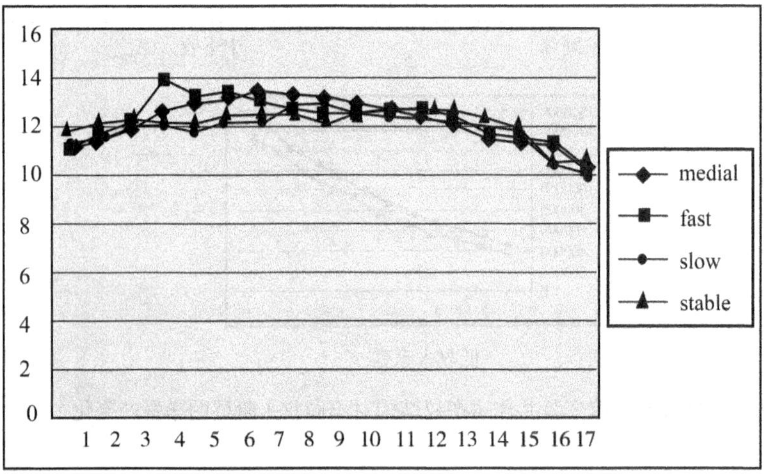

图 6-15　住房困难户（刚需Ⅰ型）的人均住房面积

6.8.4　关于准入标准的实验

准入标准是公共住房覆盖范围的关键指标，审核标准一般以家

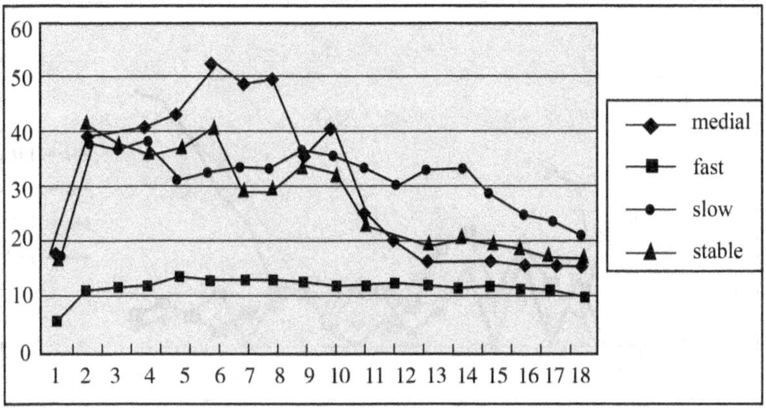

图 6-16 无房户（刚需Ⅱ型）的人均租赁面积

庭收入和人均住房面积为主。以武汉市为例，目前执行的标准是人均收入低于平均水平的 80%，人均住房面积低于平均水平的 60%，同时满足这样要求的家庭可以获得申购或申请公共住房的资格证，进入轮候队列。但这样的标准和供给是否匹配呢？为此设计了四种准入标准进行实验（参数见实验 T16～T19）。结果见图 6-17 和图 6-18。

如果保持低于 60%平均水平的公共住房准入标准，公租房项目在 5 年后就会出现明显的空置率上升，超过 10%最终达到 47%。这将因极其浪费公共资源而不可接受。如果放宽到低于全市平均水平就可以准入，则空置率始终在 10%以内。这说明如果要保持 10%的公共住房规划配建比例，在 5 年以后就应该放宽准入条件。

由于 T16 和 T18 实验放宽了经适房标准，出现了经适房轮候人数大于供给的情况，2020 年大约需要轮候 5 年的时间①。T17 和 T19 仍维持原标准，2013 年以后会存在轮候人数少于供给的情况，预示着经适房可能出现申购不足。

① 使用 2020 年 71 个单位申请家庭数除以平均每年 14 个单位经适房供给套数得到。

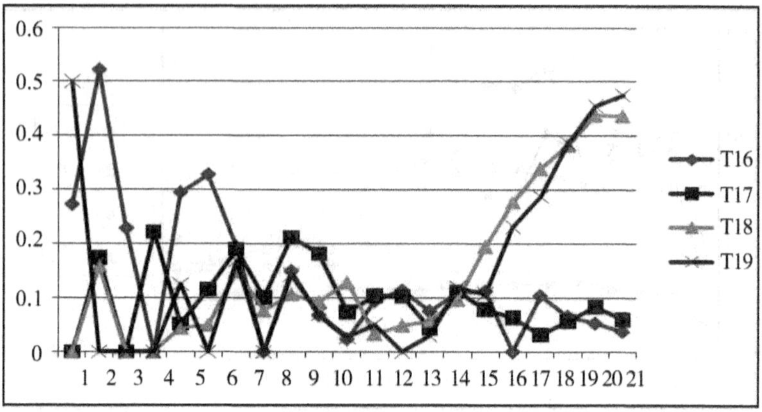

图 6-17　不同准入标准下的公租房空置率

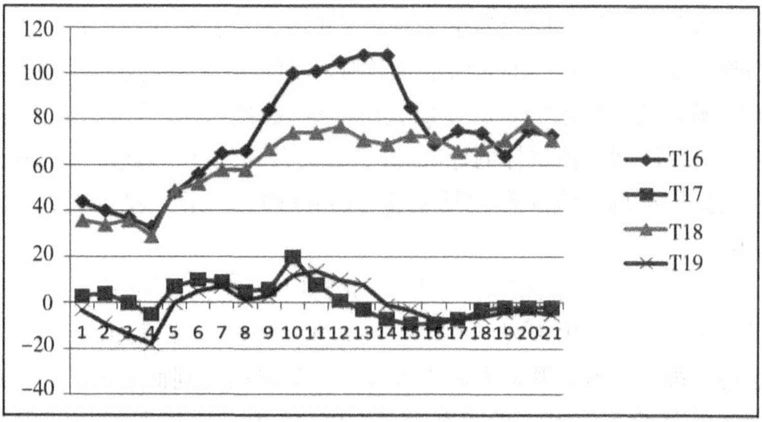

图 6-18　不同准入标准下经适房的供求缺口

T16～T17 实验放宽了公租房准入标准，只要低于全市人均收入和人均住房面积都可以申请，轮候时间为 6～10 年①。T18～T19 维持原有准入标准，但配建比例维持 5%不变，则在 2013—2020 年都会出现公租房供给富余，见图 6-19。

① 因实验假设从 2000 年就开始配建公租房，轮候时间可能存在高估。

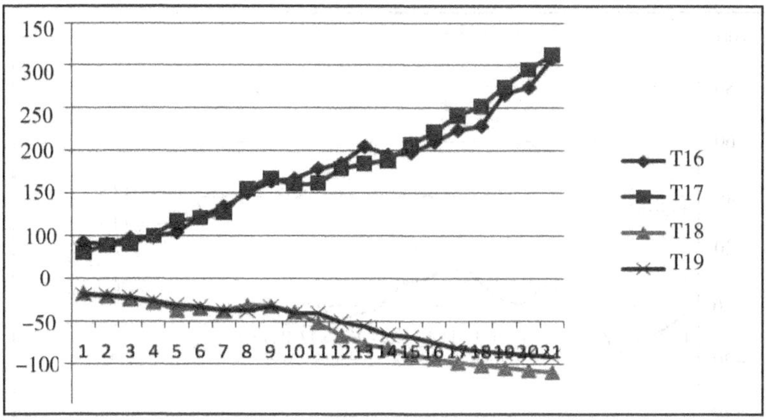

图 6-19 不同准入标准下公租房的供求缺口

根据上述分析，当维持 5%配建比例时，应适当调高准入标准，可维持适度的轮候时间又不至于出现申购不足。取“9070”政策（即家庭收入标准为低于 90%，人均面积标准为低于 70%）进行测试，结果见图 6-20，其中位于三条曲线中间的是“9070”政策，下方的为现行的“8060”政策，上方的是放宽准入标准的其他政策。“9070”政策显然比较适中①。

6.8.5 房产税政策实验

分布设置高税率政策和低税率政策：税率分别为 5%和 0.5%。实验结果如图 6-24：

观察图 6-21 和图 6-22，两种税率下经适房与公租房的供求响应状况存在明显区别，房产税变化对经适房影响较大，对公租房影响较小。一个可能的解释是在高税率情况下，商品房持有成本上升造成待售房源增加，部分中低收入者转向购买商品房，导致申请人

① 假设城市人均住房面积为 30 平方米，且在区间 10～50 之间分布，70%政策比 60%政策标准多覆盖 7.5%人口。如果是其他分布变化会更小，如人均面积符合 N（30，15）的正态分布时，则多覆盖 6.23%人口。

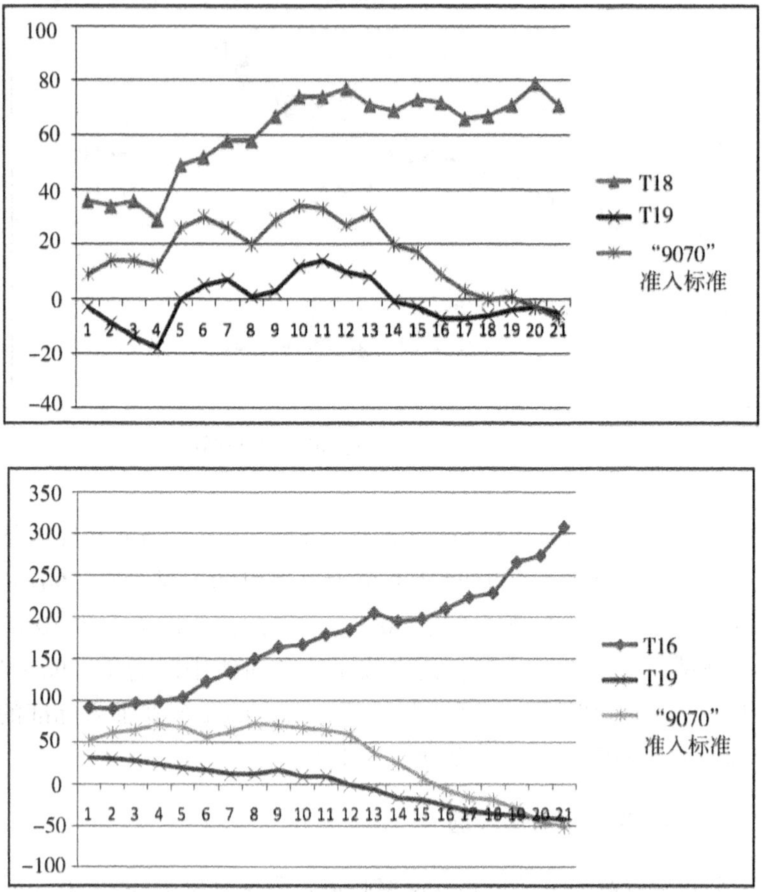

图 6-20　"9070" 准入标准与现行 "8060" 政策的对比

数减少。政策启示是房产税是一种包容性的购房援助，但对租房者改善作用不大。

6.8.6　所得税政策实验

该实验模拟售房征收所得税率由出售价差的 10%增加到 20%时，对刚需Ⅰ、Ⅱ家庭的影响。结果见图 6-23。提高所得税率可以增加刚需Ⅱ型（无房户）的住房面积，但对刚需Ⅰ型（有房困难

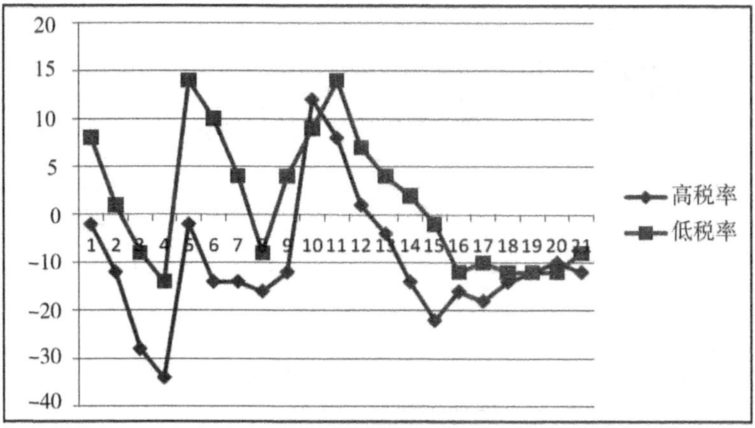

图 6-21　房产税率变化情况下经适房的供求比较

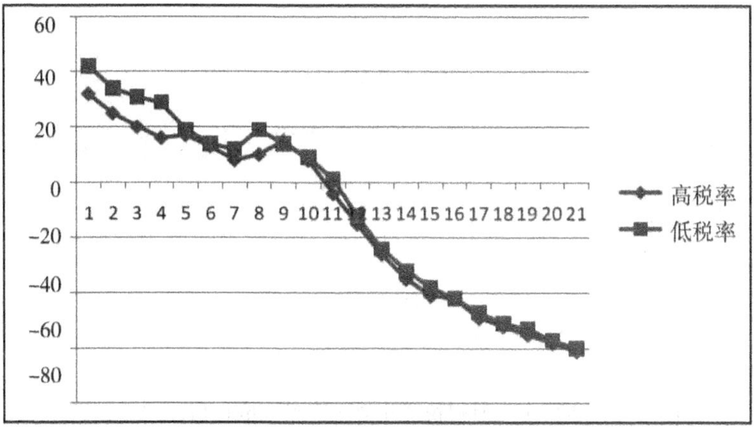

图 6-22　房产税率变化情况下公租房的供求比较

户）没有什么影响。

6.8.7　其他实验

仿真模型是一个富矿，对其进行数据挖掘还可以产生更多的研究成果。可以进行各种综合政策的实验，如测试城市规划调整、交通条件变化、商品房供应结构变化对公共住房和低收入者的影响。

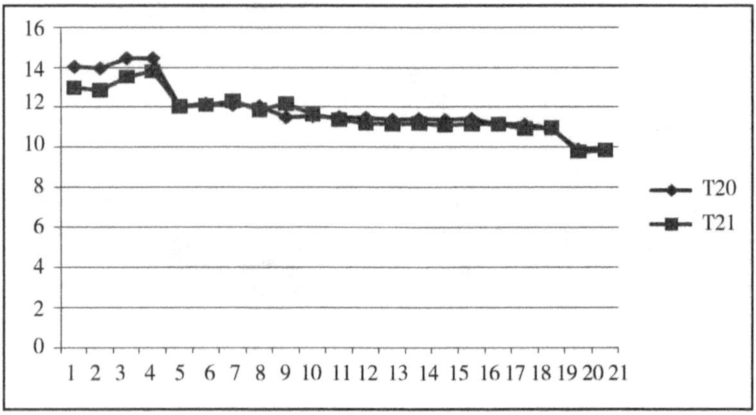

刚需I型

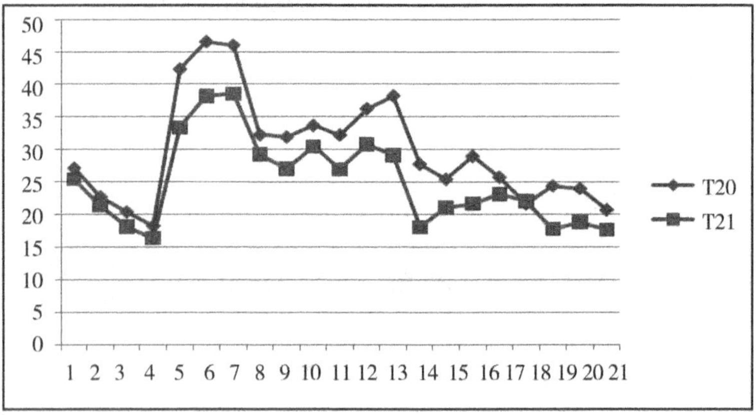

刚需II型

图 6-23　售房个人所得税变化对刚需型家庭住房面积的影响

下面举两个小例子说明。

（1）活动中心外移的探索性实验

例如城市新设置一个开发区，将部分重点学校、政务机构、三甲医院等市民集中活动中心外移到开发区，城区工业企业因开发区招商政策也外移到开发区。实验将三个活动中心从距离中心 2 公里处（强度一区）向外扩展到 10 公里处（强度三区）。实验结果如图 6-24：

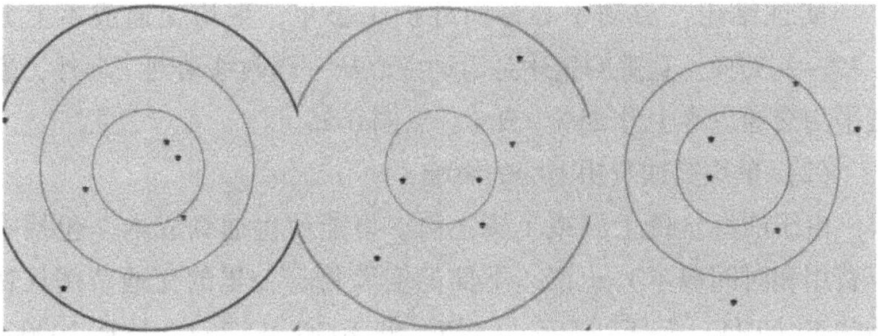

图6-24 活动中心外扩示意图

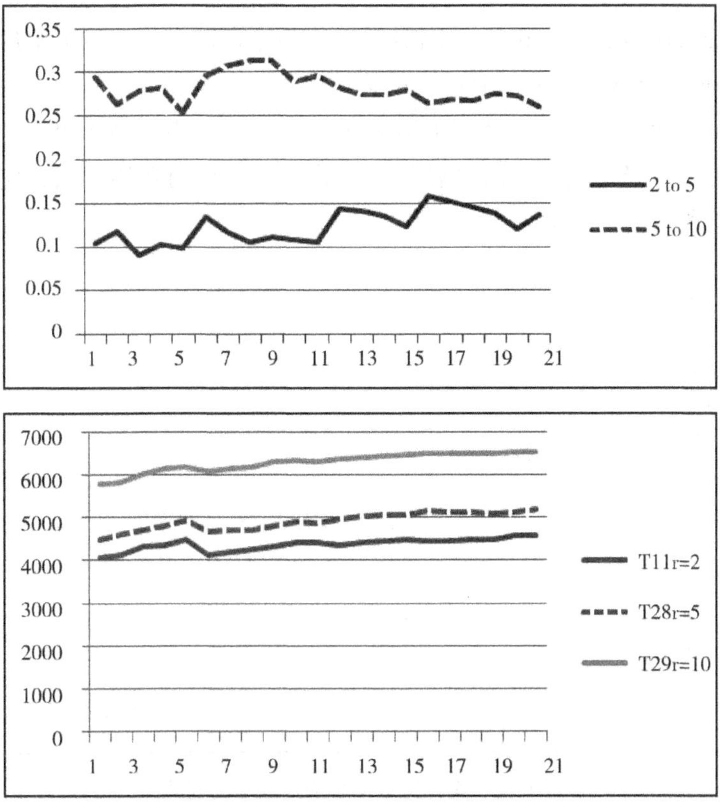

图6-25 全市家庭平均交通支出上升比例（左）和支出数值（右）

实证结论：活动中心每向外扩 1 公里，平均交通成本上升 2.7%～3.75%。直观的表述是活动中心从一环内移动到二环外，家庭平均交通成本上升 25%～31%。见图 6-25。

（2）单位交通费用上涨的影响

由于能源价值上涨或工资上涨，可能使得通勤成本（包括乘车费用和时间成本）上涨，下面的实验将每公里的交通费用从初始状态（T24）上涨到 50%（T25）和 100%（T26），计算 2000—2020 年全市平均交通成本的变化幅度，实验结果如下：

图 6-26 和图 6-27 的 Y 坐标值均为实际交通支出（单位：元）。图形显示交通支出相对刚性，居民总体上很难因为交通费用上涨而改变居住地点。图 6-27 为刚需型家庭的净资产变化，显示租房者（一般是低收入者）受到的交通费用上涨的影响更大一些，交通费上升到初始值 50%，刚需Ⅰ型家庭的净资产平均下降 7.28%，刚需Ⅱ型下降 32.3%。政策启示是随着工资和交通费用上涨，应加强对租房者的援助。

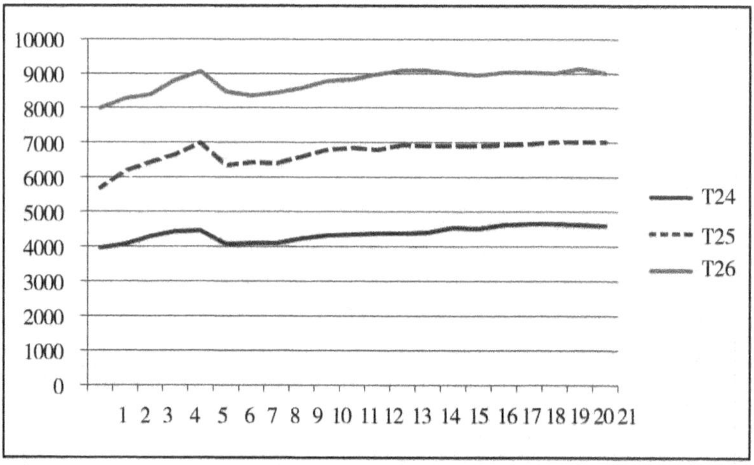

图 6-26　全市家庭平均交通成本的变动

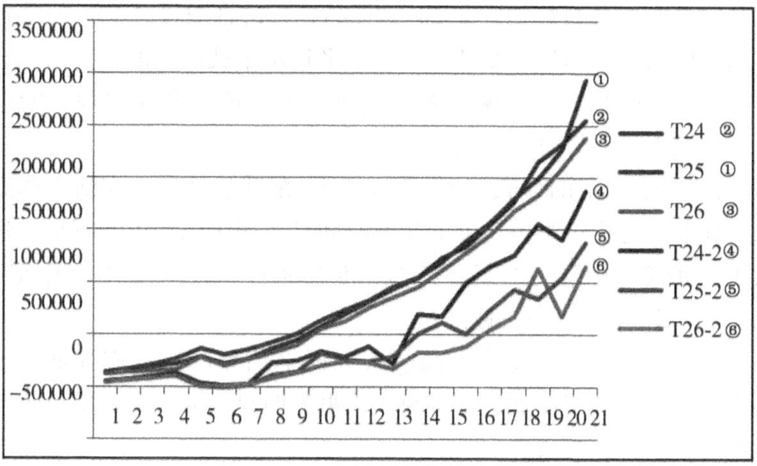

图 6-27 刚需型家庭（有房者和租房者）的净资产变化

6.9 本章小结

因收入和住房状况的区别，城市居民为解决家庭住房问题会选择租买商品住房、申购经适房和申请公租房。商品房和经适房、公租房本身也存在互相转化。这些行为和政策会引起相对复杂的市场变化，因此采用 ABM 方法进行政策研究有实际意义。

本章通过设立三市场多主体微观仿真模型，对不同援助政策进行评估和检验。结论如下：

（1）当新增公共住房的总比例少于 10%时，对商品住房市场的冲击是比较小的，成交量没有明显变化。但公共住房配建比例越大，成交量震动波幅越大，比例越小，震动波幅越小。这提醒政策制定者盲目地扩大公共住房（包括经适房和公租房）的建设量，而不考虑该地区居民的真实需求，有可能导致巨大浪费。

（2）对武汉市而言，采用 10%的规划配建比例（经适房和公租房各 5%），公租房就会在 5 年后出现大于 15%的空置率，因此该政策应在 5 年左右逐步调整或取消。如果保持低于 60%平均水平的公共住房准入标准，公租房项目在 5 年后就会出现明显的空置率上升，超过 10%最终达到 2020 年的 47%。这将因极其浪费公共资源而不可接受。如果放宽到低于全市平均水平就可以准入，则空置率始终在 10%以内。这说明如果要保持 10%的公共住房规划配建比例，在 5 年以后就应该放宽准入条件。

（3）对武汉市而言，如果要维持 5%配建比例时，应适当调高准入标准，这样可维持适度的轮候时间又不至于出现申购不足。建议用“9070”标准（即家庭收入标准为 90%，人均住房面积标准为 70%）取代“8060”标准。

（4）经适房比例增大，高收入人群平均家庭总资产降低，最低收入家庭总资产增加，中等收入人群不明显。显示经适房对收入差距的调节比较有效。

（5）单纯依靠住房价格管制对促进刚需Ⅰ型（住房困难户）改善住房面积无效。

（6）房产税是一种包容性的购房援助，但对租房者改善住房状况作用不大。

（7）提高个人售房所得税率可以增加无房户的住房租赁面积，但对有房困难户没有什么影响。

（8）随着工资和交通费用上涨，租房者支出增加较快，应加强对租房者的援助。

第7章　公共住房的战略选择与政策建议

7.1　住房政策的价值导向

为什么住房制度自改革以来，城市住房问题会逐渐变得严峻起来，是大陆城市居民不切实际地要住大房子，还是住房制度改革导致了城市家庭住房状况的两极分化、贫富不均，从而引发公众对其公平性的质疑？对这一问题，除了从管理理论上进行分析外，也需要从政策层面进行一些讨论。

我国在新时期提出“坚定不移走共同富裕道路，努力使全体人民学有所教、劳有所得、病有所医、老有所养、住有所居”。“住有所居”一词与国内经常提及的“居者有其屋”十分相似①。“住有所居”描述的是这样一种状态，想住下来的人有地方可以长期居住。这里包含两层意思，一是“住得自由”，每个人都享有迁徙自由和选择住所的自由，这也是联合国《人权公约》中的一项基本人权（第十二条第一款）。因此，在可自由迁徙的状态下，城市应该创造条件接纳包容新增人口，而不管这人口来自何方或出身于何种家庭。在这个意思上“住有所居”等同于“全民有所居”。二是“居有其所”。联合国提出住房权是一项基本人权，“适足住

---

① “居者有其屋”的来源，不少文章和报道认为来源于孟子（前372—前289年）的《梁惠王章句上》，笔者查找原文，并无此内容，应是以讹传讹。还有认为在孙中山的治国纲领中曾经提及。新加坡和中国香港从1960年代和1970年代开始推行“居者有其屋”计划恐怕是大陆采用此用语的源头。

房权是每一名男女、青年和儿童获得和保留能够和平尊严地生活的安全房屋和社区”。住房政策的目标应是全体居民有房子可以安身、遮风挡雨，进而可以安居乐业。用经济学语言就是基本住房是可负担的。所以住房必须是“可住的房”，即包含质量上满足可用和舒适，租售（使用）价格可以承受，任何人不至于因无处栖身而过于困窘。

7.1.1　“居者有其屋”与“住有所居”并不矛盾

辩论住房政策的“中国模式”，需要对“住有所居”进一步阐释与解读。“有”可以界定为拥有（长时期的），也可以认为是占有。居者一旦有其屋，也可以说居者达到了比较稳定的“住有所居”的状态。那种认为将“居者有其屋”作为政策目标将妨碍实现“住有所居”的说法，理由并不充分。因为其论据无非是认为城市居住用地（住房）是稀缺的，当每个人都试图拥有住房时，会导致有人没有住房或难以获得住房，即总量永远无法满足基本需求。通过两个事例就可以质疑这种说法，一是我国香港地区与新加坡住房规划的对比。香港地区保持 70%的土地为郊野公园①，这是牺牲了住房供给数量（面积）而保持质量（社区优美环境）的一种做法②。出于对土地规划立法的尊重，一些市民反对填海和侵占公园建住宅，住宅供地较少在很大程度上导致了住房稀缺，商品房房价非常高。新加坡的居住用地也只占土地总量的 15%，约 21%为永久自然保护区，其目的是建设怡人的城市③。但新加坡通过扩建新市镇和大规模兴建居屋，严格控制商品房占地，较好地解决了国民的住房问题。实际上城市规划必须要平衡住房需求和质量的这

① 参见叶嘉安：《高密度城市》，载《武汉市国土资源和城乡规划》2012 年第 4 期。

② 香港特首梁振英认为香港住房问题的主要根源不是土地少，而是缺乏土地利用的长远规划。参见凤凰卫视《问答神州》栏目视频，2012 年 6 月 30 日。

③ 参见《中国青年报》对新加坡“规划之父”刘太格的采访，载《中国青年报》2013 年 1 月 7 日。

种矛盾。住房的总量问题（即达到户均一套房的标准）并不是不能克服的，反而是比较容易达到的一个目标，尤其是在储备土地充裕、工程建设成本比较低的时候①，这更不是主要问题。目前我国（大陆）的城市人均住房面积已经达到了31平方米（2010年），已接近了部分人口稠密的发达国家水平（如日本），上海市的人均指标甚至比香港和东京都要高。从2011年城市居民户均拥有1.22套住房的这一指标②，可以近似地认为当前有占总套数22%的住房处于较少使用的状态③。这已充分说明我国大部分城市并不存在住房总量难以满足基本所需的问题。第二个事实是国内不少城市存在大拆大建的问题，比如武汉市2006—2010年住房拆迁量都在200万~300万方，约相当于同期住房销售面积的20%，这些被拆迁住房主要集中在老城区或是城中村改造区，实际也是逐步消灭低端住房改善质量的过程，但这短期肯定会对聚集于此的低收入人口（大部分是租房户）有影响。因此在市场经济条件下，房屋严重短缺往往是暂时的，大部分是城市住房政策本身导致的。

由上可见当前我国的住房问题并非总体的房荒④，而主要是供应结构问题、存量低效使用问题和住房质量问题。“住有所居”是“居者有其屋”的另外一种表达形式，其内在目标是一致的，即人人享有适当住房。笔者在湖北省黄石市调研期间，发现黄石作为

① 据笔者2012年3月对武汉几个在建工地的调查，一线的建筑工人多来自农村，根据熟练程度日薪约为100元，建筑公司另提供较简陋的食宿。这一薪资标准大约为发达国家或地区的1/20。原因可能是目前我国劳动力供给较丰裕。另根据亿房网编辑廖声涛的调查，2008年至2011年武汉住宅建安工程造价三年仅涨2.3%，而同期房价涨26.4%。详见http://news.fdc.com.cn/sd/341234.htm。

② 来源：《中国家庭金融调查（CHFS）报告·2012》，第67页。

③ 当然还有一部分住房为售后闲置或低频度偶尔使用，如用于度假的别墅，一般不计算为空置率。

④ 张庭伟2001年就预见到我国城市里“过多的空房而不是缺房将成为住房矛盾的主要方面”，参见张庭伟：《实现小康后的住宅发展问题——从美国60年来住房政策的演变看中国的住房发展》，载《城市规划》2001年第4期，第58页。

“两个试点”（住建部公租房建设试点城市、国家开发银行开发性金融支持住房保障体系建设试点），在其推行的住房保障新政中，也提出了帮助居民实现“从住有所居到居有其屋的梦想”①。可见“住有所居”和“居者有其屋”并非矛盾关系，而是递进协同关系。

7.1.2　住房公平

住房伦理观认为住房可视为一种人权，人人都享有受法律保护的住房权（Iglesias，2008）。住房援助本质上是一种安居政策，其哲学基础来源于以人为本的政治理念。住房援助体系的核心目标是使全体居民获得舒适的居所（家），这和中国历史传统上重视安居一脉相承，也与新时代以人为本的科学发展观相关联。现代性的三大要素中，个人权利为正当性的最终根据。一个符合正义的社会是保障每个人的个人权利的社会，个人权利可以导出私有产权和市场经济在道德上的正当性（金观涛，2010）。这一观点提醒现代社会强调以人为本，实际是以保障个人权利为本，而居住权利作为基本人权当然必须得到捍卫。

现代社会人人应有房住。故现代性社会不排斥私有住房，也应尊重私有住房的产权。无住房但也有房住，这就是租赁或救助，如果租房者的个人权利得到保障，不是寄人篱下、忍气吞声，不是随时面临无房住的惨境，流浪者和特困户可以有公房安身、遮风挡雨，那么这也就是以人为本，实现了公平。

政策的公平性还体现为对购房与租房交易中存在的歧视行为进行约束。众所周知，我国的住房租赁社会控制较弱，法律制度和社会道德对租房者的保护不够，在大城市里租房者往往处于谈判劣势，租房者的生活稳定感和城市归属感都比较差。购房如果涉及借贷，银行作为逐利企业自然“嫌贫爱富”，导致中低收入者往往无法顺利获得足额贷款，或借贷成本较高。再如房地产中介机构往往

① 参见《黄石市住房保障制度创新》，黄石市房地产管理局、黄石市住房保障中心内部资料，2012。

在住房矛盾比较集中的区域和阶段，利用信息优势和市场垄断降低服务标准甚至胁迫租房者等。

为此，应通过政策的精细化使具体援助方式和标准有层次、有梯度、有地区差异，符合纵向或横向的公平性。事实上，如果有基本住房兜底，中等收入者可以享受适宜住房，那么大户豪宅的增加引起的社会不满和阶层对立就会小得多。在住房援助政策和相关政府行为上，应该采取改革措施来消除歧视，增进阶层信任和融合。目前采取的商品房配建公共住房的规划要求就是一种比较理想的融合政策。

7.1.3 走共同富裕道路

共同富裕的实现路径是先富带动后富，最终达到共同富裕。社会主义制度为避免两极分化，就要避免富的愈来愈富，穷的愈来愈穷。这一论点从哲学上也可以理解为：富的可以更富，但穷的不能更穷。也就是说贫富差距只能有限度地扩大，而且这种扩大不能伴随着最低收入群体实际收入的停滞和下降。在总体达到小康水平的时候，富裕（居民）地区应通过多交税来补贴贫困地区（居民）。这一理论形成于20世纪80年代，实践证明至今仍具有非常旺盛的生命力。先富者可以起到带动、辐射、传播给后进者的作用，使经济充满活力。中国当前的共识仍然是“必须坚持走共同富裕道路”①。改革开放以来的城市住房问题与其他民生关切几乎面临同样的问题，首要都是凝聚各方资源做大总量，改变居民住房普遍偏差偏小的状况。应该说在住房制度改革以来住房政策基本都是朝着这一目标在推进的。

共同富裕的目标当然包括最终实现全体居民享有舒适安全的住房。在这一理论指导下，我国采取的第一步举措就是鼓励富裕居民家庭改善自己的住房条件，甚至拥有多套住房，但无房户和住房困难户得到基本住房保障，境况不至于变差。观察1992年以来的近20年的住房制度改革的历史，这一目标的前一部分已基本实现，

① 这是2012年11月中共十八大报告的重要观点。

但新就业职工、无房户中的低收入者仍旧面临着巨大的住房负担，城市棚户区和困难工矿企业宿舍区的改造相对滞后。下一步，如果住房总量已完全足够实现户均一套房、人均一间房的时候①，就可以通过设置适宜的针对富裕居民的房地产税（财产税）来补贴住房困难户，改善质量和环境低下的住房，使全体居民逐步达到均享有舒适住房之目的。对占地较多，特别昂贵住房的遗赠也需要研究如何征税，以避免代际间的严重不公平现象。

7.1.4　授人以渔

古语云“授人以鱼不如授人以渔”，所以解决失业问题除了提供更多的岗位，还可以为失业者提供培训。解决贫困问题除了提供资金援助，还有技术援助、项目援助，后者往往是根本性的援助。阿玛蒂亚·森在《自由看待发展》中提出“可行能力”的概念，认为消除贫困的核心是发展人的可行能力。住房援助的对象是中低收入者，如果说获得适宜住房是一种能力，那么帮助中低收入者获得这种能力是根本性的解决之道。具备可行能力的居民在选择居住方式和区位上具有实质的自由，这提供了一个评价住房援助绩效的独特视角。

解决住房问题，除了供应更多住房（更多的住房如果被囤积，仍旧无法改变弱势群体和青年蚁族的住房困难），最直接的方式是向困难居民提供住房援助。援助活动的关键是提高低收入家庭获取住房的能力，消除公平获得住房的制度性歧视，或抑制其失去住房权的可能。例如收入政策也是一种住房政策（Katz et al.，2003），从根本上增加住房困难家庭的收入或减轻其住房负担会增强他们获取适宜住房的能力。协助低收入者可自由选择租售方式（而不是被迫选择购房模式），能自行改善住房（而不是受制于他人），公平享受到住房金融服务，降低改善住房的交易成本，甚至通过互联网公开保障房信息都有助于可行能力的提高。

---

① 实际上根据 2010 年人口“六普”数据，我国住房总量已基本实现了户均一套房。

7.1.5 关于抑制投资性购房的讨论

在贫富差距拉大的背景下，房价多少才合适是一个两难。因为高房价会造成低收入者望房兴叹、可望而不可即。价格较低时，在非限购模式下，投机性购房会引致囤房现象，最终也会导致对城市原有中低收入者的住房排斥。解决这一问题可以从农地制度上获得一些重要启示。

农地农有农用是“耕者有其田”政策的理想要求。在这种体制下，“非农民不能自行耕作有效使用者，则禁止其单纯持有囤积农地，以免实际需要农地者取得农地使用的机会减少”（苏志超，1998）。即政策导向为不耕者不得有其田，或即便有田地也不能过分依赖租佃体系谋取暴利，因此一户拥有耕地的面积应有上限。这一制度对城市住房制度有启发意义。在城市边界一定的情况下，如果住房（住房用地）为少数人所垄断或囤积，则因住房富余者的逐利性，无房居民将可能承担过重的住房负担①。

从保护市民的居住权的角度出发，可采取“市地市有市用”的政策。非自住而将投资购买的住房用于出租给他人居住，应是一种例外而非普遍行为。大陆城市住房限购政策和香港推出的“港人港地”政策就是一种抑制投资投机性购房的举措。抑制投资性购房一种方式是控制房租或是对住房出租收入收取较高的所得税，直至投资出租房产慢慢变得无利可图，但这一方式会带来市场的扭曲和税收的转嫁，政策目标很难实现。还有一种办法是给予城市常住人口中的低收入者基本住房保障，给予中等收入者获得经济且适宜的公共住房机会，从而使得个人仅仅投资住房（不是商业用房或其他不动产）难以收回投资，持有住房也没有多少租赁需求。“市地市有”就是要求公租房和经适房应长期存在，且供应对象主要是城市常住居民中的中低收入者，对流动人口的住房需求和外地居民的投资性需求应主要依靠商品房市场自发调节。

---

① 试想一所重点高校如缺乏公共学生宿舍，校外又只有有限的商品住房出租，那学生必将面临较高的房租。

7.1.6　住房援助的必要性

东亚国家特别偏向使用住房政策促进经济发展（Forrest and Lee，2003）。我国住房制度改革以来，房地产市场从无到有，规模从小到大逐渐发展起来，房地产业已在国民经济中具有重要作用。据研究，100 元的房地产投资可以拉动上下游 170～220 元的投资（成思危，2011）。住房政策和产业政策相互影响使得住房问题的复杂性大大增加。一般认为，2007 年席卷全球金融危机的根源在于住房市场，揭示了市场机制无法为所有人提供适足和可以负担的住房。住房援助计划的公众形象尽管经常误解为是“一项专门喂养富有的开发商的政治恩惠”（Iglesias，2008），那些对住房援助和基本住房保障持批判态度的学者，并不是完全反对住房援助的必要性，而是对其政策效率和效果有质疑。中低收入者对富人获得住房补贴的援助项目和方式总是特别反感。

当前大城市的房地产市场是否为全体居民提供了可负担的适宜居所呢？对此学者们是见仁见智，似乎房地产市场并没有解决“住有所居”，反而阻碍了其实现。但事实是，开发商未能提供充足的较为廉价的普通商品房（含经适房）是由于开发这类住房没有足够的利润。除非得到特别补贴或信贷支持，如果开发商将开发低价普通住房作为主要产品和盈利模式，将很快被市场淘汰。另据笔者的观察，没有被纳入官方统计数据的非正规的市场，如近郊和城中村里的小产权房、违规加盖的民房，安全和质量要求偏低的简易工棚和地下室、厂区校区里相对拥挤的集体宿舍实际上也解决了很大一部分低端需求，这是对正规市场的反馈和正规市场失灵的补偿。上述事例说明市场本身仍具有活力，只不过集中于中高端市场，结构不均衡。如果住房困难者得到住房援助，可以在正规市场中有机会获得住房，他们住房境况或许得到更大改善。同样，如果一部分开发企业得到住房援助，可以将开发廉价适宜住房作为主要业务，市场结构就会得到修正。这是需要住房援助而不是放弃市场的主要理由。

关于必要性的探讨应转向讨论“谁是最需要接受住房援助的

人”？尤其是在经济社会转轨期，在住房需求上谁需要得到制度层面的关注和保护需要一个清晰的轮廓。比如说我国还没有一个经过立法程序的、权威的住房质量评价标准，因而对何为住房困难户并没有方便的清晰的评价方法。从援助对象上看，是城市户籍人口还是外来流动人口更需要得到援助，是刚毕业的大学生还是三口之家更需要优先获得住房，对此还缺乏足够的讨论。在对待住房刚需和改善型的需求方面是否应得到同等对待等，援助政策（项目）除必要性以外还要考虑可行性和可持续性。

7.2　住房援助的目标

世界各地区在提出住房政策的愿景和目标时，虽然有不同的阐述，但中心都是为了全体居民（家庭）可获得适宜居所（见表7-1）。

表7-1　**住房政策的目标**

地区或组织	住房政策目标
联合国人居署	保障享有适当住房的权利得到全面、逐步实现①
中国	住有所居、安居乐业
美国	让每一个家庭都能在适宜的居住环境里拥有一个舒适、安全和清洁的家②
中国香港地区	帮助所有家庭入住合适和可以负担的住屋，以及鼓励市民自置居所③。协助基层市民上楼、协助中产置业。私人市场优先照顾本港永久居民④

① 参见《联合国住房权利方案》，http：//www. un. org/zh/development/housing/unhrp. shtml。

② 参见《美国住房政策》第1页。

③ 参见《香港2030文本》，香港规划署，2007。

④ 参见香港特区政府：《二零一三年施政报告》，2013年1月。

续表

地区或组织	住房政策目标
英国	让全体居民以力所能及的价格拥有适宜住房①
新加坡	居者有其屋

来源：作者整理

表7-2　　**援助政策目标与社会发展阶段的关系**

	援助政策目标	社会发展阶段		
		住房自有率的变化	城市化阶段	人口结构
短期目标	增加所有住房（包括公共住房）的数量	较快提高	快速城市化。城乡差异较大，大量劳工涌入城市	老龄化初期
中期目标	改善所有住房（包括公共住房）的质量，促进住房领域更加公平	相对稳定	城镇化速度放慢。开始向郊区和城市带蔓延	老龄化中期
长期目标	实现住房小康，居民和谐相处、安居乐业	达到一定指标后趋于稳定并略有下降	城市规模接近极限，城镇化率趋于稳定，甚至出现逆城市化	老龄化社会

① 参见John Hills：Ends and means：the future roles of social housing in England，2007。

续表

	援助政策目标	社会发展阶段		
		住房自有率的变化	城市化阶段	人口结构
远期目标	住房宽裕，住房质量人居环境进一步提升，住房多元化、个性化的自由选择	人人具有获得适宜住房的能力，自有率指标失去意义	城乡差别很小，居民可自由选择	高龄化社会

按照中国哲学的观点，安居代表了居住的最高理想，安居方能乐业。在笔者针对重点大学毕业生进行的问卷调查中，受访者认为对“住有所居”描述最准确的三个目标阐述是：(1) 居者有其屋，逐步提高住房自有率；(2) 提高广大中低收入人群的住房状况；(3) 让无房户可以有机会获得住房。被认为最不准确的是：(1) 增加各类型住房供给，逐步消除供求矛盾，平抑房价；(2) 基本住房纳入全民社会保障，推进住房均等化①。从中可以大概了解到获得自有住房（居者有其屋）仍旧是青年群体最大愿望。房子可大可小，可优可劣，但拥有产权仍旧是当前实现安居的最佳办法。在实现住有所居之后，援助的重点就要转向提高住房质量和整体人居环境。表 7-2 提供了一个阶段性目标的参考框架。

7.3 实现路径选择

7.3.1 我国较高住房自有率形成的过程

我国自 1993 年开始的住房制度改革是推动形成高自有住房的

① 该问卷见附录 I 。在英国进行的类似调查显示，青年人想成为住房所有者的比例高达 84%~95%。

主要原因。除了金融援助力度加大（放开信贷和建立公积金制度）和预售制度鼓励购房以外，有三个因素促成了住房高自有率的形成。

1. 公房出售

我国在较短的时间内，将公房以较低廉的价格①销售给了个人，这类住房一般称为房改房。房改房在缴纳了土地出让金后就变成了商品房。如广州市规定：已购公有住房出售时，产权人原是以成本价购买的，增值部分全部归个人所有；以标准价购买的，增值额的 80%归个人所有，20%交回原产权单位②。由于改革并未触动原有的阶层体系，1998 年停止单位福利分房也没有引起社会的较大震动。可以说我国住房制度改革是一种渐进式改革的范例。双轨制使得存量住房变为私有，增量部分（新建商品住房）又获得了较大规模的增长，使富裕群体和一部分敢于借贷的中等收入家庭逐渐拥有了更多住房。

2. 经济适用房制度进一步提升了低收入者住房自有率

经济适用房制度本身是一种购房援助项目，因土地为划拨性质，其产权年限在登记方式上是没有期限的。也可以认为购买经适房的家庭长期拥有住房产权，以及事实上长期占有土地。这是类似新加坡公共住房（组屋）的一种制度设计。经适房相对低廉的价格吸引了中低收入者的购房欲望，公积金制度也使得企业职工可以使用优惠贷款购买经适房，进一步降低了购房负担。

经济适用房制度使得低收入户和公教人员拥有住宅，进一步提升了住房自有率。公教人员属于经济适用房和限价房的重点援助对象，往往列入专项规划予以保障。1998 年以后虽然国家要求各单位停止福利分房，但为改善住房状况或缓解新进职工住房困难，事

---

① 公有住房的价格在标准价或成本价的基础上还有工龄、职务或职称方面的优惠折扣。因为成本价低于商品房价格且政策鼓励购买，所以绝大部分单位职工都购买了自住公房。

② 参见《广州市已购公有住房上市规定》（穗府［1999］8 号文），1999 年 1 月 19 日印发。

实上又允许以内部职工集资建房的名义进行建设。部分机关和事业单位为职工提供的公租房、人才房、福利房只限内部流通，实际可长期居住（个人需要缴纳租金，但往往低于市场价格）。

经适房允许转化为商品房的制度设计进一步提高了中低收入者拥有住房完全产权的比例。通过缴纳土地出让金，获得住房完全的产权之后，经适房就变成商品房。这虽然因制度缺陷在一定程度上造成了土地增值完全归属私人，产生了土地寻租和腐败现象，但随着登记和售后管理制度的逐步完善，也有望获得较好的绩效。经适房可以转变为商品房，确实推进了整体中低收入者住房私有率提高，也使大量的无房户通过二级跳成为了有房户。

3. 宅基地变为城中村导致居民住房自有率提高

在城市的边缘和交错区，存在大量城中村。城中村的土地产权一般为村集体所有（非国有）。在城市扩张的情况下，地方政府通过土地征收和整理来实现土地再利用和城市更新。尽管在征地过程中存在忽视农民利益的情况，但获得还建住房都是有保障的。例如在武汉市，根据当地制定的改造政策，村民在获得城市居民身份的同时，每户也获得了至少一套住房。村集体改制后拥有的产业用地，村民一般也有股份。有的村因土地较多或村民兴建的小产权房产较大，不得不限制每户最高的拆迁补偿面积为300平方米。

7.3.2 住房制度改革绩效的简要评述

住房制度改革在增加人均面积、降低无房户数量、提升城市总体人居环境方面都取得了显著的成绩，解决了大量城市新增人口的住房问题。而且在这一过程中，也没有出现明显的居住隔离和阶层对立。主要的经验体现在：

（1）用户需求和市场竞争深化了专业分工，在住房开发的各个环节，建筑公司、开发公司、融资公司、代理公司、营销策划公司、规划设计公司（更加的人性化）、物业管理公司等通过深入研究用户体验、用户参与，设计建造了风格多样的住宅小区。

（2）借鉴香港模式，实现了土地储备—土地出让—增加公共支出—城市的快速更新的景气循环。大量资源进入楼市，总体上住房供给充沛。

（3）住房允许自由交易，租房买房不再受到户口和职称、婚否的限制，获得了生产力的解放。尤其是青年人在学校毕业之后，可以自由选择就业地点，而不再因依赖单位提供住房而受到自由迁徙制约。

（4）建立了一套住房制度，包括房地产开发、登记、住房公积金、保障性住房、物业管理制度，以及与之衔接的人口登记、社会保障、拆迁改造、土地管理、城市规划政策等，并根据政策实施中出现的情况对这些制度进行修正和改革。经适房、廉租房和新兴的公租房制度在改革过程中也不断得到完善，有望取得更好的绩效。

（5）正规住房的产权得到良好保护，使得住房市场得以建立和发展，住房成为居民家庭的主要的资产，投资和消费相对活跃。住房改善的速度有所加快。

伴随这些成绩的同时，住房制度改革也存在不少教训：

（1）住房援助政策导致阶层差异有所扩大甚至出现贫富悬殊。由于政策偏向购房援助，租房援助被弱化甚至取消，住房自有成为家庭相对唯一的选择。保障性住房以经适房为主，在分配上还存在不公平现象；针对极低收入者和弱势群体的廉租房总量偏小，质量功能滞后。中心城市小户型供给偏低和房价上涨过快造成的房奴现象，大规模和长时间的囤房现象导致储蓄实物化和资源浪费。

（2）城市缺乏居住区和住房的长期规划，政策碎片化，没有预见到高速城镇化和城市更新带来的住房刚性需求经常超过了住房供给。例如在改革之初，公房出售给私人过于彻底，未能预留 5%左右的公租房作为城市承担新增人口和流动人口的“缓冲器”，用于紧急援助、社会救助的住房也比较紧缺。经适房大量转为商品房，新增房也没有跟上，使得其保有量萎缩得比较厉害，2011 年仅仅占到全部住房的2.8%①。缺乏公共住房这一政策工具，进行市场调控容易“失灵”和“误伤”。我国住房制度改革确实促进了经济增长和住房改善，但政府调控房价失灵在住房市场上表现得相当明显②，原因之一是公共住房的缺失和错位，压制房价并不能有效地促进低收入者获得适宜住房。

（3）住房领域立法速度较慢，出现制度供给不足。例如租赁住房的社会控制较弱。早期的租赁公房人们并未感到不安全、不安定，这是由于商品房比较少，租住公房是普遍的现象，当时人员的流动性也比较低，长时期在一个单位工作是非常普遍或“正常”的情况。如果不离开工作单位，公房仍旧可以长期居住。在住房制度改革过程中，商品房逐渐成为主流。相对于购房市场，住房租赁市场方面很少出台监管和干预的政策，一些房东随意涨价、毁约，对租房者产生了较大的负面影响，没有单位公房可依靠的租房者，在房源供给短缺的时期就成为了弱势群体。房地产市场也缺乏一级租赁市场，住宅开发几乎全部为买卖市场，对租房者形成了排斥。

（4）住房制度改革后，企业（社区）作为联系职工（居民）和政府的基层组织，住房援助功能被消解。受制于严格的土地管制、市场管制和缺乏保障性安居工程的公平参与机会，房地产开发企业未能完全“补缺”，这在普通商品房和低端租赁市场表现得尤其明显。

（5）住宅产业化速度并不快，住宅开发仍停留在重量不重质的阶段；伴随住房商品化出现的职住分离带来了交通和环境压力③，拥堵和交通费上涨开始影响中低收入者的生活等。

---

① 参见CHFS2012，第69页。

② 调控成“空调”是人们对我国已出台的一些住房政策的调侃，这反映出政府市场干预中的工具失灵。

③ 取消单位福利分房是加剧职住分离的原因之一，参见郑思齐：《城市经济的空间结构》，清华大学出版社2012年版。

7.3.3 战略路径的选择

根据对我国城市住房政策目标和发展轨迹的回顾，我国经历了从初级普惠模式到双轨制再到剩余模式的转变，目前正处在加强保障性住房建设，建立多元化住房供给模式的阶段。在达到小康社会之后，住房政策愿景是一种人人享有舒适住房的理想状态。这里称为高级普惠模式，以区别与早期公房体制的不同，其特征和住房援助目标见图 7-1。

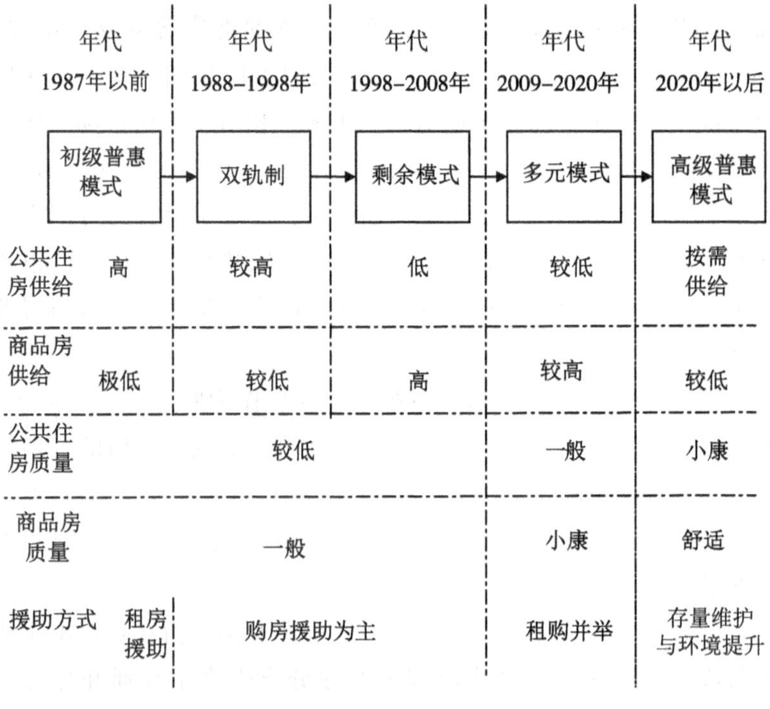

图 7-1 住房模式的变迁路径

7.4 住房援助的层次和趋势

根据对英国住房政策历史的研究，快速城市化的进程不仅使得低收入移民劳动者面临住房困难，也可能会使中高收入阶层面临同样的问题（李晶，2010）。援助目标除了住房面积、住房可支付外，还有对住房适宜性（如社区环境和建筑质量）的追求。不同的社会阶层面临的住房问题也存在较大差别。为此，本节试图从社会结构的变动视角提出一些有针对性的政策建议。

社会结构是指一个国家或地区的占有一定资源、机会的社会成员的组成方式与关系格局（陆学艺等，2010）。社会结构可以分解为人口结构、家庭结构、就业结构、收入分配结构、消费结构、城乡结构、区域结构、组织结构和社会阶层结构九个维度。多元化的援助方式和项目符合“有区别地对待不同对象”的公平原则。住房援助工作的侧重点应与一国的社会结构和变动相对应。因此如果援助有层次、有级别、有地区差异的，就更符合纵向或横向的公平性。本节针对我国社会结构中最重要的人口结构和收入结构，对援助的目标和对象作简要分析。

7.4.1 人口结构

人口变动状况和住房需求密切相关。从人口结构看，显著的变化是老年人口（65 岁以上）2008 年比 1953 年上升 88.2%，2010 年“六普”时已达到 1.2 亿人，呈现出未富先老的局面①。劳动人口（15~64 岁）上升 22.7%，性别结构上 22~45 岁女多男少②。老年人口对住房的需求与劳动人口不同，因其可行能力下降，一般对室外环境、医疗休闲配套、交通购物便捷性比较关注。不与子女同住的老人③对住房面积要求降低，因其退出就业市场，住房区位也不必靠近 CBD 或工矿企业。如果住房供应或流动性无法满足这种人口结构变化，那么针对老年人口的专项住房援助就非常必要，

① 我国 2006 年老龄人口达到总人口的 7.9%，已超过世界平均 7.4%的水平，也超过金砖国家印度 5.3%和巴西 6.3%的平均水平。

② 本章社会结构数据除注明外，均引自陆学艺主编：《当代中国社会结构》，社会科学文献出版社 2010 年版。

③ 这类家庭一般称为空巢家庭，占城市老年家庭的比例超过 30%。

主要措施包括增加住房流动性（如方便出租和转让、倒按揭等）实现以房养老、换房养老，组织和资助集中兴建养老居住区，资助物业管理提供对残障、病弱及丧偶老人的特殊照料等。城市规划上老龄社区可配建医疗休憩服务设施。

随着我国劳动人口的自然增加（2010 年“六普”数据显示城镇人口为 6.656 亿，预计 2020 年城市人口达到 8.22 亿人）和单向流动（乡村进城人口预计达到 1.82 亿人）①，预计到 2020 年约有 3.384 亿城市新增人口需要在城市里获取适宜住房，按人均 30 平方米计算，需要 101.52 亿平方米的新增住房供应。如按每年城镇竣工住宅建筑面积 8.68 亿平方米（2010 年标准）计算，约 11.7 年才能完成，也就是说未来 10 年都必须保持一定的住房建设规模才能具备实现“住有所居”的基本条件。还有三个结构现状会加剧对住房的需求，一是由于劳动人口的占比最多，其在金融工具的支持下住房消费和投资能力最为旺盛。二是由于中国女性一般倾向于定居，45 岁以下女多男少的状况可能导致定居和购房的需求比较旺盛，首次购房年龄存在下降趋势。三是适婚人口维持在高位，会加剧这种需求。上述变化使得当前住房援助目标应侧重为激励住房面积总体增加和保障增量人口的住房权，使其可以支付必要的住房消费。

7.4.2　收入结构

收入状况是划分构成阶层结构的主要标准。改革开放以后，收入分配差距不断扩大，2007 年基尼系数保守估计达 0.475。由于针对自有住房的房地产税（财产税的一种）2010 年才刚刚开始在上海等城市试点，住房及不动产的财富累积效应缺乏负向调节机制，可能严重加剧了收入差距②。我国早期住房政策改革的

① 段敏芳：《中国人口迁移流动现状及发展趋势》，载《中南财经政法大学学报》2003 年第 6 期。

② 城市居民里普遍流行“一铺养三代”、“有地斯有财”、“当甩手掌柜”的说法，这是对囤房获利的生动描述。

设想是建立以经济适用房为主的多层次的住房供应体系。然而1998年之后，受制于多方面因素，除北京外大部分城市的经适房项目占比逐年下降，目前形成的是商品房、限价房、经适房(包括还建房、集资房等)、公租房、廉租房的分层供应体系，见图7-2。

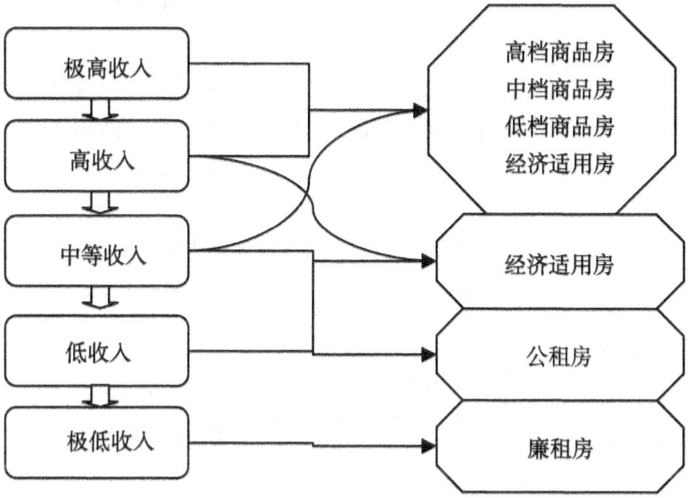

图 7-2 按收入划分的住房供应体系

观察图7-2，在没有限购政策的情况下，高收入者对住房的选择范围是比较大的，可以采用以自住高档住房，但是投资中低档商品房（当然也包括商用物业）的方式来获得稳定收入和实现财富积累。一些体制内的单位职工往往还可以享受额外的福利住房或住房补贴。住房存量远大于增量是住房市场的主要特征，在当前住房拥有率已处于较高水平的情况下，如何激发中高收入者将富余住房用于社会租赁，将是解决低收入者住房困难问题的一个主要渠道。本书关于对社会结构变迁与住房援助政策重点的建议见表7-3。

表 7-3　　社会结构变迁与住房援助政策的重点

社会结构变迁	主要趋势	住房市场变化	住房援助政策
人口结构	老龄人口快速增加	养老社区	专项援助、以房养老等
	劳动人口持续增加	住房与交通需求持续增长	激励型的援助政策；弹性的城市规划、土地利用规划
	进城人口快速增加	中心城市供需失衡导致房租和房价上涨	增加公共住房和激励市场供应；对城市原有低收入住房困难居民的保护
家庭结构	家庭规模小型化	对独立居住的需求是增长的	活力社区和较高的基础设施承载力
	家庭类型多样化，如非婚家庭、单身家庭的增长	对住房层次和产品的多元化需要，例如对核心区小户型的需求比较强劲。长租型家庭的出现和增长	对住房供应结构的调节；对住房租赁的社会控制
就业结构	就业流动的自由化①	迁移和搬家的次数增加；1 年以内的短期租赁合同占比较大	增加租赁型住房的供应或增加住房市场流动性；发展和规范住房中介组织
	农民工和蚁族的增加	住房租赁需求的增长	消除住房歧视、增加公租房和廉租房计划

① 根据“六普”数据，离开户口所在地人数从 2000 年的 14439 万人增加到 26139 万人，同比增加 81.03%。

续表

社会结构变迁	主要趋势	住房市场变化	住房援助政策
城乡结构	城中村的消失	宅基地自有住房征收后的获得住房	拆迁中的产权保护与协商机制；小产权房的规范和治理；土地整理中的公众参与和利益分配机制建设
收入分配结构	贫富差距变大（丁学良，2009）	中高收入者普遍囤房导致对低收入者的挤出	对中高收入者囤房行为的治理；对经适房制度的改革减少福利错配
组织结构	经济组织从单位化到市场化	住房从单位福利转为市场解决后，中小企业难以独立解决雇工住房问题	工业园集中建设公租房和配套设施；工业用地允许配建少量生活用房等①。建设开发 SOHO 形式的社区
社会阶层结构	分层明显	社区标签化；是否拥有住房及质量和数量的多少成为阶层区分的主要标志	对住房歧视、社区隔离的关注和改善

7.5 政策建议

根据对住房援助价值导向、政策目标、路径选择和重点工作的分析，本章主要的政策建议为：

① 根据国土资发〔2008〕24 号《工业项目建设用地控制指标的通知》要求：工业项目所需行政办公及生活服务设施用地面积不得超过工业项目总用地面积的 7%。

坚持房地产市场化改革的方向，但在快速城镇化时期应加强对中心城市低收入和中等收入住房困难家庭的住房援助力度。前者主要是利用住房补贴和公租房项目，后者主要利用金融援助工具和经适房项目。远期实现“住有所居”目标后，可结合城市更新计划将大部分保障性住房逐渐转为商品房，实现并轨，剩余保障性住房转为公共住房，主要提供给特定群体（如青年人和老龄人口）以及作为极低收入家庭周转、救助之用，面积比例应根据各城市特点制定，供给比例一般不高于 10%。

住房援助项目应采取更加市场化的方式进行，尤其是在建设、配售（租）、后期管理维护上面更加公开、透明。当前我国还处于劳动人口红利期，每平方米的建安成本上升速度还比较慢，可以利用这一时机，凝聚各种资源在城市里继续建造一批住房，减轻外来人口转移到城市后给城市低收入家庭带来的住房压力①。随着城市住房保有量和自有率上升到一定阶段（小康阶段），公共住房应允许逐步转售或转为基金所有，经营和物业管理市场化、公司化。

租、售方式各有利弊，这是住房基本属性决定的。住房政策上应保持中立，不可偏废。因此经适房和公租房的供给比例可根据各个城市的实际状况而定。对流动人口较多的城市，公租房比例应略大。对住房历史包袱比较重、财政预算比较紧张的城市，经适房的比例应略大。根据人口普查数据，在人均面积和户均套数指标上，大部分城市中已经存在较为充足的住房了，在国内二三线城市甚至已出现了“数量的泡沫”②，存量商品住房难以出租、空置率高的情况屡见不鲜，此时如果再单独兴建大量经适房和公租房项目，其后果将是严重的。

为了保护城市居民（包括常住人口和外来人口）的居住权，

---

① 常住城市的外来人口，一般具有比城市原有弱势群体高的家庭资本和工作技能，他们获取商品住房的能力往往高于城市原有的低收入家庭和弱势群体。

② 可参阅《中国房地产到底是数量的泡沫还是价格的泡沫?》，载《华尔街日报（中文版）》2013 年 3 月 20 日。

居住用地要有“红线”保护。类似对基本农田和宅基地的管理，可以通过划定和预留住宅发展用地，实行占一补一、动态平衡的方式保障居住用地的供应。自然新增人口和符合准入条件的外来人口应享有最低住房定额或享有获得住房补贴的权利（用地票或房券来确认）。

第8章　结论与讨论

8.1　主要发现和研究结论

“住房保障”起兜底作用，目标是保障“最基本住房”，将其内涵扩大为主要的住房政策内容，在比较研究中容易引起误解，不符合国际惯例。因住房政策主要目标是支援和帮助居民获得“适宜住房”，因此在政策研究中使用“住房援助”比较贴切。住房援助的政策目标高于住房保障。在我国已处于高住房自有率的社会背景下，住房援助是住房政策的主要内容。

住房援助可以分为激励型、包容型、项目型、金融型、科技型、非政府型六大类，实践中包含至少41种援助方式。从援助对象角度划分，可分为购房援助和租房援助两类，我国当前的政策偏向购房援助，忽视租房援助。

住房除异质性外，还具有整体性、关联性、锚定性、凝固性等特征属性。特征属性衍生了若干市场效应和心理效应，如投资杠杆效应、地盘效应、保险效应、利润幻觉等。衍生效应在高储蓄心智模式驱动下形成了囤房。囤房现象表明城乡居民用实物储蓄取代了货币储蓄。大规模长时期囤房行为造成的社会效应是负面的，不但会造成住房不公，还威胁到整个经济的健康发展。超出支付能力“积攒”住房还会抑制青年一代的可行能力。住房限购因此具有一定正面意义，偏向购房的政策需要反思。

不同保障性住房的主要区别在于法定权利和约束的不同。保障性住房产权的初始设定和交易方式会导致不同的政策或项目绩效。保障房产权的灵活交易以及建设、运营的市场化并不一定导致结果上的不公平，反而有助于保障对象福利的改善。

通过对经适房制度变迁的比较研究，发现现有经适房政策向全封闭运行的方向发展，政策绩效有所改善。影响政策绩效有五个因素：无房户数量、保障对象的人均住房面积、保障住房的质量、保障住房的可流通性、保障对象的幸福感，影响权重分别为0.3、0.2、0.2、0.1、0.2。经模糊评价，43%的人不确定公租房替换经适房这种改革将产生正面绩效，说明公租房政策需要更精确的设计和更透明化的操作，还要考虑与其他福利制度的衔接。针对放弃以出售导向的经适房政策转而兴办公租房的改革思路，本研究发现，对拥有一定的财政预算支持的经适房由出售改为租赁，并不能消除其原有的大部分缺陷，且由于吸引投资不足、交易费用上升、过滤效应弱化、保障对象幸福感降低等原因，不但难以提高城市总体住房保障水平，甚至还有可能恶化。研究证明了当政府保障支出基本不变时，单纯调整保障方式，实行以公租房为主流的政策将难以提高城市居民的住房保障水平。“租”“买”两种住房获得方式是长期共存的，对待公租房和经适房政策（项目）不应是简单的“存废”之争，而是考虑如何使之协同作用来实现住房政策的目标。

研究表明，不管是经适房还是公租房政策，如果在实施时缺乏市场机制，计划与命令式的管理弊端将依旧存在，不利于反腐败，也难以消除部分项目使用低效的矛盾。本研究通过多案例聚类分析，发现市场化可消除特权并减少福利错配，基于许可权交易模式的住房援助项目既灵活公平又便于组群互相监督和社会监督。对援助对象来说，房源相对分散多元，可满足多样化的住房需求。

通过运行自建的仿真模型，发现：

（1）当新增公共住房的总比例少于10%时，对商品住房市场的冲击是比较小的，成交量没有明显变化。但公共住房配建比例越大，成交量震动波幅越大，比例越小，震动波幅越小。对仿真对象武汉市而言，采用10%的规划配建比例（经适房和公租房各5%），公租房就会在5年后出现大于15%的空置率。如果保持低于60%平均水平的公共住房准入标准，公租房项目在5年后就会出现明显的空置率上升，并将在2020年达到47%。这将因极其浪费公共资源而不可接受。如果放宽到低于全市平均水平就可以准入，则空置率始终在 10%以内。

（2）对武汉市而言，如果必须要维持 5%配建比例时，应适当调高公租房的准入标准，这样可维持适度的轮候时间又不至于出现申购不足。

（3）经适房比例增大，高收入人群平均家庭总资产降低，最低收入家庭总资产增加，中等收入人群不明显，这显示经适房对收入差距的调节比较有效。

（4）房产税是一种包容性的购房援助，但对租房者改善住房状况作用不大。

（5）提高个人售房所得税率可以增加无房户的住房租赁面积，但对有房困难户（刚需Ⅰ型）没有什么影响。

（6）随着工资和交通费用上涨，租房者支出增加较快。

8.2 政策建议

8.2.1 住房政策

激励更多的资源进入住房援助领域，这是住房政策改革的方向和重点。政府可改进公共服务质量和增加公共品投入，同时放松对住宅用地和开发建设的管制。参考国外制度，可激励雇主对职工进行住房援助。政府不必直接介入住宅建设开发，可通过加强住房法规和上位居住规划的制定，逐步建立一个比较合理的住房产权结构，以产权激励政府自身、雇主、开发企业和居民的积极参与，最终形成较稳定的住房市场结构。

住房政策在租、售方式上应保持中立，我国针对低收入和中等收入群体的住房政策不应当过度偏向房主自有。住房援助应兼顾租、售两个方面，不可偏废。因此经适房和公租房的供给比例可根据各个城市的实际状况而定。对流动人口较多的城市，公租房比例应略大。对住房历史包袱比较重、财政预算比较紧张的城市，经适房的比例应略大。

住房产权相对于其他物品在我国得到了较好的保护，这使住房具有了投资和避险的功能。治理囤房的政策建议：（1）公租房项目引入市场机制和金融工具使之可以方便地进行流通和投资，出台政策鼓励老龄人口和青年群体入住；（2）改革非户籍常住人口的基本福利问题，使之不必通过购房来融入城市；（3）可以尝试向低收入租房者发放租房券；（4）开征房产遗产税；（5）发展住房中介，降低二手房的交易费用，进一步提高存量房的周转速度和使用效率。

覆盖面过大的基本住房保障是低质量的或不可持续的，并非住房制度改革的发展方向。将基本住房保障范围扩大到20%并没有实际依据。在大部分城市已经存在较为充足住房总量情况下，不考虑该地区居民的真实需求，盲目推进和任意扩大以财政资金为主的保障性住房计划都面临空置风险，有可能导致巨大浪费。

为了保护城市居民（包括常住人口和外来人口）的居住权，居住用地要有“红线”保护。类似对基本农田和宅基地的管理，可以通过划定和预留住宅发展用地，实行占一补一、动态平衡的方式保障居住用地的供应。自然新增人口和符合准入条件的外来人口应享有最低住房定额或享有获得住房补贴的权利（用地票或房券来确认）。未来可考虑设立可转移的住房权（THR），以保护城市新增人口和无房户的居住权利。

公共住房应采取建管分离。在管理模式上可采用总量控制下的自由交易方式（cap and trade）。总住房补贴量等于公共住房的预算支出，按照轮候家庭人口状况公平发放房券，家庭根据轮候顺序在可供房源上自由选择，当期未获得配租（售）的家庭可以积累或转让房券。房券可以采用货币补贴，补贴标准根据家庭结构和资产收入状况适当调整。

我国已建成了覆盖较广的公积金制度，建议逐步扩容至全体居民（类似居民医保）。应允许符合资格条件的家庭使用公积金支付房租，2011年这一比例仅为2.8%，可以考虑放宽条件将无房户全部纳入，这样大约增加到15%~30%。可允许企业将职工公积金归集用于集中兴建公租房。

在快速城镇化时期应加强对中心城市低收入和中等收入住房困难家庭的住房援助力度。前者主要是利用住房补贴和公租房项目，后者主要利用金融援助工具和经适房项目。远期实现“住有所居”目标后，可结合城市更新计划和居民购买意愿将大部分保障性住房逐渐转为商品房，实现并轨，剩余保障性住房转为公共住房，主要提供给特定群体（如青年人和老龄人口）以及作为极低收入家庭周转、救助之用，总面积比例应根据各城市特点制定，一般不高于 10%。

为了增加有效供给同时减少分配上的错配和寻租，应加快公共住房的市场化、社会化改革。住房援助项目在建设、配售（租）、后期管理维护上面应更加公开、透明。当前我国还处于劳动人口红利期，住宅建安成本上升速度还比较慢，可以利用这一时机，凝聚各种资源在城市里继续建造一批住房，减轻外来人口转移到城市后给城市低收入家庭带来的住房压力。

随着保障对象家庭收入的改善和资产积累，他们倾向于拥有更完全的住房产权，享受到更多居住权及衍生权利，因此保障性住房的房屋所有权、收益权和转让权应得到制度的许可和明确。

由于缺乏直观具体的评价标准，对住房援助的对象——住房困难户的定义比较模糊，应加快制定最低（基本）住房标准和高一级的适宜住房标准，并将政策目标与之相联系。

我国城市住房模式已从初级的普惠模式经双轨制转化为剩余模式，正在走向多元模式，2020 年后的政策目标可进入高级普惠模式。目标和模式的变迁要求援助工作从购房援助为主走向租、购并举，并逐步将工作重点转变为维护存量住房和提升人居环境。

8.2.2　经适房政策

应允许经适房和公租房中房屋所有权、使用权内部流转或打包转化为金融资产。在共有产权模式下，私有部分和公有部分产权应允许单独交易。在限购一套的情况下，建议加快实现不同区位和质量的经适房在保障群体范围内自由、低成本地流转。经适房土地行政划拨方式应转变为地方政府行使出资人权利。

经适房调节贫富差距功能强于公租房。基于我国主流价值观，经适房不应被取消，反而应覆盖更多“夹心层”。当然经适房政策还可以在转让范围、首付比例和转让时是否征收更高的利得税上再行探讨。

8.2.3 公租房政策

（1）公租房在我国并非新鲜事物，新时期需要建立透明、规范、高效的公共租赁住房制度。公租房必须名副其实，能体现“公共”的含义，具有共享、公用、非排他性的特点。如果公租房缺乏流动性，配住家庭实际可长期占有，这就不是公租房，而是政策性住房。

（2）采用市场租金、租补分离、先租后补等方式，每年签订租赁合同可有效防止福利错配和流失，违约处理也比较简单高效。高龄老人和特别困难群体可以签订长期合同。

（3）公租房可以和经适房互相转化，租金上涨快或轮候人数增加时，保持公租房供给；房价上涨快时或轮候人数减少时，放松公租房转售的比例控制。

（4）公租房的产权应进一步明晰，土地实行有偿使用，实际租赁价格由市场调节，优质优价。这是发放房券、进行住房援助市场化改革的前置动作。

（5）管理平台采用公司化运营（公司性质可以设立为盈利或非盈利），应用和发展金融工具使公租房项目可以整体转让，分散投资，使之具有可持续发展的活力。

（6）在城市规划严格控制企业在厂区内配套建设生活区的情况下，应在大中专毕业生和外来务工人员聚集的城市开发区和工业园，集中规划（兴建）公租房项目。政府可根据企业的产值和雇工人数向企业发放房券，由企业对雇工自行分配。

（7）在城中村或旧城改造中，经土地整理后，应规划预留一些用地用于建设公租房（或配建吸纳一些拆迁还建房源），就近解决因城中村改造，出租房源减少，给低收入者带来的房租上涨、租房困难的问题。可以考虑向原承租户发放房券，避免出现短时期的拆迁区域房租暴涨的情况。

（8）对武汉市而言，如果要保持 10%的公共住房规划配建比例，在 2015 年以后就应该放宽公租房准入条件。建议用“9070”标准（即家庭收入标准为 90%，人均住房面积标准为 70%）取代“8060”标准。

（9）工资和交通费用上涨时，应加强对租房者的援助。

8.3　本研究不足之处

住房援助政策虽然一直存在，但以帮助家庭获得住房的视角进行住房政策研究的还比较少。本书涉及了住房援助政策的较多环节，研究问题相对松散，对不同公共住房政策冲击下的住房市场变化情况没有作精确的量化分析。住房援助相当于广义的住房保障，提出该术语的主要目的在于引起更广泛的讨论，并希望更多研究的注意力能转向援助居民获得适宜住房的视角。

采用 ABM 方法进行城市住房市场和政策的分析是一个有前景的方向，然而如何构建可信的具有应用价值的微观仿真模型是相当艰巨的研究过程。在书中笔者已指出了本研究的概念模型存在大量简化，如城市假设为单中心城市，房价均匀地梯度递减，未考虑城市复杂经济地理因素等，投入真实应用有待进一步完善。本书结论对同级类似城市或许有一定借鉴意义，处于不同规模和发展阶段的城市，面临的住房问题和政策约束显然不同，这些异同是否对研究结论的真实性、适用性产生影响，仍需要进行更多的调研分析工作。将这种模型用于分析其他特大城市需要做更为严格的验证才能进行实验。

仿真模型对交通成本函数、租售选择模型也进行了较大幅度的简化，忽略了开发商、房产中介和银行主体的自适应选择，这与实际市场的互动有一定差异。交通费设定没有考虑通货膨胀的影响。从实证的角度看，因没有配套的宏观模型作为衔接，房价变动没有考虑土地市场和金融窗口管制政策的影响。由于缺乏 2000 年的住房拥有率和空置率数据，初始城市家庭数与住房套数为了量纲匹配，实验中简化为2∶1关系（2000年），这有可能导致不可预知的政策效果，对此问题未能进一步探讨。家庭租、售选择的行为调查，本书没能进行大规模有房家庭的入户调查，也没有进行标准的抽样调查，代之以网络调查和文献（经验）研究，这可能影响了对主体行为规则的准确判断。结论部分来源于政策实验的结果，由于模型本身的偏误，可能影响政策建议的可行性和准确性。

由于计算量太大，初始设置超过3000个主体，运行到后期（一般12小时后）经常会出现内存不足，导致仿真模型终止运行。因此在算法上本仿真也有待改进优化，使得海量主体处理时间可以进一步压缩，从而在允许的观察（运行）时间内可以设置更多的主体数量。主体设置较少会导致宏观“涌现”难以被观测到，影响了模型的应用价值。

尽管囤房是重要现象，但因城市住房空置率等数据不可得，判断依据为住房拥有率、住房未装修比例等，不同级别城市可能存在较大偏差。证明囤房引致负面效应过程，未考虑企业储蓄和开发商囤房情况，对限购效应博弈模型进行了简化，未进行定量分析。

住房援助政策也在频繁调整和试点中，受制于面向中低收入群体的公租房建设刚刚开始，已分配和入住的居民较少，可供观察的样本很有限（在2011年以前进行公租房用户调查基本是不可能的），难以对国内正在实施的项目绩效进行横向比较。本书中关于公租房的案例讨论基于中部湖北省武汉市、黄石市的调研，结果可能与其他地区试点城市存在差异。

8.4 进一步研究展望

伴随着城市化进程，我国住房政策类的研究方兴未艾。如住房市场调控和泡沫风险研究、公共住房融资、城市低收入人群住房保障、以房养老模式、农民工住房问题、城镇住房保障模式等课题相继被列入国家级基金资助项目和合作项目①。但是受制于相对较短

① 如美国林肯土地政策研究院中国项目组2010年招标约30项待研究课题中，涉及住房问题的有13个，其中涉及中低收入居民住房的有6个选题。

的研究历史，国内依然缺乏对房地产经济学中住房根本属性和房地产市场特点的讨论，缺乏探讨住房分层结构及市场互动的研究，缺乏针对中产阶层住房问题的研究，缺乏利用微观仿真模型进行住房政策长期效应的研究，甚至基本用语也有待规范，从而难以在理论和政策层面深入探讨大城市住房问题的中长期解决方案。因此拙文填补了一些研究空白，对后续理论和政策研究提供了参考。

根据我国“十二五”规划精神，2020 年需达成“住有所居”社会总目标。在此背景下，从政府微观规制上找出当前我国中低收入者住房问题的解决之道意义重大。下面一些选题可以作为进一步研究的参考。

（1）研究视角上，尽管关于住房援助方式（如“补砖头”还是“补人头”，采用租还是售供应公共住房等）的争论会继续下去，从中低收入居民获得住房的能力角度来评价援助方式是有意义的，值得进一步探索。

（2）本研究利用通用的仿真工具来建立一个简化的市场模型，模型考虑了时间、地理空间、住房数量、价格、交通成本等多个联系变量，总体上接近实际城市。不同研究者可以借鉴本研究提供的量表和软件程序，针对特定城市的家庭购房租房、申请获得住房保障、政府提供保障性住房这些行为进行调查，不断丰富经验数据库和行为数据库，从而为建立更加完美的仿真模型提供支撑，模型就可以更接近真实的房地产市场，一旦模型逼近真实世界，研究就具有实际应用价值。仿真模型是一个富矿，可以挖掘的信息非常多，理论上只要将预期量化描述输入模型就可以进行实验。比如模拟房价剧烈下跌、银行停止贷款、开征遗产税等特殊情况下的市场状况，对住房政策和理论研究都很有意义。

（3）城市人口的总量与结构变化无疑主导了对住房的需求。我国的人口存在一些特殊的情境，比方说城市里严格执行的计划生育制度使得人口增长受到了抑制，三口之家这种比较小规模的家庭结构大量出现。这种人口控制战略是否缓解了住房压力，并使得住房代际间的公平得到了加强？90 后一代的人，可能不再为房子面积套数发愁了，而更关注居住环境和就业、健康之间的关系。类似的，现有的经适房和廉租房这一类保障性住房是否在促进就业、摆脱贫困、降低通勤和生活成本上改善了援助对象的总体福利呢？所以住房政策研究不必局限于拥有率、空置率、租售价格和面积这几个变量的关系，从研究方法上看也不必拘泥于经济学、规划科学的范畴，交叉和跨学科研究可能更有意义。

（4）经济社会发达以后，人口老龄化是未来一个趋势，我国预计在2030年将达到人口的顶峰，开发一些应对老龄化挑战的住房援助项目是必需的，也是有利可图的。较大的住房相对于独居老人来说是资产也是包袱，在这方面当然需要做更多的应用研究。

（5）雇主进行住房援助的研究目前是相当少的，但是实际上雇主往往让居民实现了“住有所居”。例如政府给公务人员提供的福利住房；大学给予青年职工的过渡房和安家费；劳动密集型企业在厂区或工地附近提供的免费住宿或廉租房；房地产企业对职工或亲属进行内部认购，优先或打折购买“自产”商品房；一些企业为了留住青年人才或急缺人才而提供的无息住房借款或者购房补贴。雇主承担了对员工的住房援助功能具有一个重要的启示：非政府的住房援助是未来解决住房问题非常重要的一个方面。在推进社会主义市场经济的进程中，政府是否可以逐步减少住房援助计划（除了面向政府雇员的项目），转而通过制度建设（如激励机制和监督机制），启动并激励非政府（社会）援助。

（6）住房政策的夹心层现象能否被减弱或提高夹心层满意度的问题。夹心层现象是一种客观存在，但不易量化。可以进一步寻求因政策干预产生夹心层现象的原因，探讨如何在较低的行政成本下建立无缝对接的补贴或援助政策，使得不同收入和住房状况的社会阶层可以被公平地对待。

（7）对囤房的程度可以探索用什么指标来表征。建立类似基尼系数可以表征住房的贫富程度的指标体系，准确衡量市场的健康程度。

（8）农村宅基地政策较好地保护了村民的居住权。城中村的宅基地是无偿划给村民的（包括因出生、结婚、迁入而新增的村民）。在城中村改造的过程中，因土地开发产生了大量财富，村民获得的还建房和拆迁补偿均十分可观。村集体改制后形成的村办企业实体（通常是占用大量土地的商贸、物流公司），村民拥有股份还可以分红和转让。这种组织模式是否可以在城市更新过程中用来保护城市居民的居住权？对此可以进行更深入的研究。

（9）2011 年以来，各地政府一直在倡导和立法，要求开发商在商品房内配建公租房，比例是 5%～20%。将一部分住房置于公共领域是否有效？理论上，投资人购买住房也会将一部分住房出租出去，这和政府开展此项业务的效果是同样的。政府开展此项业务相当于提供了房租管制吗？本书采用仿真模型进行了模拟，但这个问题还可以从福利转移、组织方式、实施绩效等不同的切入点来研究。

（10）目前包容性住房援助政策中住房限购政策最为严厉。本书构建的限购市场博弈模型比较简单。实际上短期限购也许可以促成富人买高档房、穷人买低档房，实现社会阶层与住房层次的最优配对，总体收益最大化。但长期限购可能导致：A 效应：富人无法继续购房，穷人无法改变现状。流动性下降造成住房过滤弱化、阶层隔离。B 效应：居民购房不得不追求一步到位，住房消费超前、奢侈化，可能造成浪费。可以使用 ABM 方法或博弈分析来深入研究，限购政策可由按套数变化为按面积变化进行精确的分析（由离散值变为连续值）。

（11）通过调研，笔者发现政府部门推动货币补贴的动力不足，实践中“补人头”的政策为了落地，在实施中有些也转化为了“补砖头”。这说明“补人头”仍具有一些政策障碍。“实物补贴与货币补贴”和“补人头与补砖头”的学术争论可以在购房和租房两种形式下分别讨论。

附录 I　住房援助预调查问卷

尊敬的受访者：您好！我们是华中农业大学土地管理学院××课题组，本问卷不记名，请您如实填写，您的意见很重要，希望得到您的支持。

（研究背景：中央政府已提出到2020年实现“住有所居”的社会目标，调控住房市场、完善住房保障体系、提供住房援助已列为政府的一项重要工作。住房援助方式则有货币补贴、实物补贴、建设资助、降低首付、公积金等。）

1. 下列对“住有所居”社会目标的理解，您认为描述最准确的是：（　　）；最不准确的是：（　　）

A. 居者有其屋，逐步提高住房自有率

B. 让无房户可以有机会获得住房

C. 让无业者和低保户有地方住

D. 既保障迁徙自由，又让想在城市定居的人可以安居

E. 人人负担得起住房消费

F. 基本住房纳入全民社会保障，推进住房均等化

G. 在住房领域反对社会排斥，减少阶层、群体差异，保障社会公平

H. 首要是增加各类型住房供给，逐步消除供求矛盾，平抑房价

I. 提高广大中低收入人群的住房状况

2. 作为一个即将步入社会的青年人，您对购房的需求来自（　　）【不超过两项】

A. 成家的压力（如来自配偶或双方父母的要求）

B. 社会承认的压力（如融入社区和城市、避免社会歧视）

C. 自我实现的需求

D. 资产积累、防通胀的需求

E. 追求稳定感、归属感的需求

F. 取得城市户口、享受市民福利的要求

G. 方便找工作和稳定就业

3. 假如您打算在未来几年成家并定居某城市，在第一次购房或租房时，对房子区域的要求是（　　）【不超过三项】

A. 交通方便的地区（邻近公交站点或轨道交通站点）

B. 生活购物方便的地区（邻近大型超市、商业街）

C. 公园绿地水景游憩设施附近（环境质量较高）

D. 邻近幼儿园和小学（接送孩子方便）

E. 写字楼或工业开发园区附近（较多的就业机会和较少的通勤时间）

F. 文化、医疗、卫生、健身等生活配套密集区域

G. 离父母亲友家较近的地区，方便互相照料

H. 品牌开发商开发的大型住宅小区，区位地点的要求可放松

I. 如可获得由政府提供住房援助的经适房或公租房，则地点无所谓

4. 中等收入人群是否应给予住房援助：（　　）

A. 需要，应纳入保障范围

B. 不需要，可依靠自身努力通过市场解决

C. 不清楚

5. 中低收入居民（包括大学毕业生/蚁族）对当前住房保障政策是否满意：（　　）

A. 基本满意　　B. 不满意　　C. 不了解

如您选择了不满意，原因在于：（　　）【可多选】

A. 价格仍高，超出支付能力

B. 保障性住房供应量偏少，尤其是租赁型住房偏少

C. 腐败严重、寻租普遍，特权决定分配

D. 不了解如何申请

E. 申请手续复杂，等待时间太长

F. 竞争激烈，担心申请无法获批准

G. 保障覆盖面太窄，大部分人不够条件

H. 存在福利错配，受到住房援助的不是境况最差的人

I. 住房保障对象比较模糊，过于宽泛

6. 当前最值得出台的住房援助政策是：（ ）

A. 国家立法保障人民居住权

B. 加强对地方各级政府履行住房保障制度的监督

C. 抑制投机性购房，严格执行限购限贷等有区别的住房市场政策

D. 扩大保障范围，建立全面的住房保障体系

E. 立法明确用人单位的责任（如强制缴纳住房公积金和住房保险）

F. 放开住房市场，允许自建房、合作建房、集资建房

G. 设定城市住房用地红线，根据城市人口变动，立法保障住宅土地的供应量不减少

7. 对住房援助项目的实施

7.1 在住房补助方式上建议采取（ ）

A. 以“补人头”方式为主，向个人提供无偿援助，发放货币补贴

B. 采用“补砖头”的方式激励开发企业或用人单位，加快建设更多的保障性住房

7.2 在金融支持方式上建议采取（ ）

A. 设立住房储蓄（保险），强制缴纳住房公积金

B. 降低购买首套房款的首付比例（如首付下降到总房款的10%）

C. 提供住房优惠贷款（利率降低或贷款期限延长）

D. 发起设立住房基金、搭建融资平台，充分利用金融工具筹集必要资金

7.3 促进保障性安居工程建设方面建议采取（ ）【限2项以内】

A. 降低购买首套房款的首付比例（如首付下降到总房款

的10%）

B. 提供住房优惠贷款（利率降低或贷款期限延长）

C. 通过政府购买、担保等激励开发企业和资金参与建设

D. 用人单位提供住房援助，可以获得补助或免税等补偿

G. 放松房地产市场准入门槛，激励更多企业加入

8. 对有利于住房公平的住房政策，您倾向于何种方案：（　　）【限3项】

A. 控制普通住房房租快速上涨，引导居民住房消费转向租房

B. 增加质量一般但总价较低住房的供应，充分满足低端市场需求

C. 抑制投机性购房（如限制购买超过2套、征收所得税、停止发放按揭贷款等）

D. 制定并施行包容性规划（如商品房小区配套建设廉租房；强制增加小户型供应；根据需求增加住宅用地供应等）

E. 加强租赁社会控制（提高房东的违约成本）

F. 控制城市拆迁和社区更新速度，维护住房总体存量

G. 对城中村、小产权房、违建房等非正规住房的适度容忍和克制

H. 征收豪宅税或适度提高不动产税率

I. 征收商品住宅闲置费，严禁保障性住房空置

J. 发放住房券，实行类似“粮票”的管理方式以限制个人住房拥有总量

9. 有学者提出：当前住房问题是由于我国社会阶层收入差距扩大和财政依赖土地出让造成的，您如何评价：（　　）

A. 完全同意

B. 基本同意，还有其他因素

C. 不认同，主要是房地产市场失灵

D. 不认同，主要是住房保障制度缺失，住房援助不足

请填写受访者情况（只供研究，绝对保密）

您的性别：　　男□　　女□

家庭户口性质：　　城镇□　　农村□

家庭总人口：________人

家庭住房情况：　有1套□　有多套□　　没有□

家庭是否接受过住房援助：　　　是□　　　　否□

请留下电子邮件________________，相关统计结果我们将反馈给您以示感谢！

附录Ⅱ　住房援助方式的访谈提纲

1. 针对居民的访谈提纲：

序号	问　　题
1	你是否拥有住房？是什么性质的住房
2	您在获取和享用住房方面遇到过问题或困扰吗？是否接受过资助或帮助
3	是谁或什么组织提供的这些援助
4	当你面临无法支付房租时或发现很难找到合适住房去租赁时，你会通过什么办法求助
5	当你感觉买不起房或发现很难找到合适住房去购买时，你会通过什么办法求助
6	按揭贷款（包括公积金）制度和预售制度允许首付房价的一部分就可以购买住房，你是否认同这是一种住房援助
7	已拥有住房了还应享受住房补贴吗？为什么？您如何理解住房公平
8	您是否感受到住房的产权受到较好保护，同时城市里非法或违章的住房难以存在
9	您希望买到经适房并一直居住吗？是否支持现有的经适房售后管理政策
10	您对公租房的态度如何？补贴标准方面有什么建议
11	群体自助（公积金）、社会（雇主）和政府，您更倾向于接受来自何方的援助

2. 针对住房保障管理机构的访谈提纲：

序号	问　　题
1	您对到2020年实现“住有所居”社会目标的理解？这一目标实现的主要障碍是什么？已经进行的住房制度改革是否达到目的
2	为居民在获取和享用合适住房方面出台过什么地方政策？国家政策执行中有什么难度
3	针对灵活就业人员和非户籍常住人口的住房问题，提供过哪些帮助
4	市区内的企事业单位反映过职工住房困难问题吗？是否为体制外企业提供过什么帮助？效果如何
5	对房地产市场的监管或调控有什么新的举措？除了优化行政服务外，向开发企业、住房建设企业、物管公司提供过什么特别帮助
6	您听说过住房援助吗？是否认为遭遇极端困难情况下的城市居民才需要提供住房援助？人数众多的中等收入者是否应该得到住房援助
7	对构建分层次住房供应体系工作的现状有什么评论
8	基本住房保障的覆盖面是保最低收入者还是应逐步覆盖所有中低收入者
9	对住房管理部门与土地行政管理、城市规划管理、物价管理、城市公共与基础设施建设部门的关系如何评价

3. 针对开发企业经营者的访谈提纲：

序号	问　　题
1	贵单位是否参与过经适房和公租房的开发工作？在获取土地和进行开发过程中和商品房开发有何区别？如何实现项目的资金平衡
2	是否进行过低端商品房（销售均价低于城市总体均价50%）的开发？如果没有介入原因是什么

续表

序号	问　　题
3	影响保障性住房土地获取成本和建设成本增加的主要因素是什么？保障性住房的税费减免是否落实？将政府提供的援助全部以住房补贴的形式发给居民，对贵公司有无影响
4	对部分城市执行的限购、限价和限制贷款政策有何看法？与前几年相比政府对住房市场干预力度是否增加了？对贵司经营是否产生了影响
5	对规划强制要求商品房小区配建一定比例保障性住房、限制90平方米以下户型面积等举措有何评价？对规划政策的弹性和刚性程度如何评价
6	对“十二五”期间扩大保障性住房建设力度的举措有何评价
7	贵单位所在城市的房地产市场是否存在垄断现象
8	在企业进一步提高资金使用和住房建设效率方面希望得到什么支持
9	希望政府机构为房地产行业的可持续发展提供哪些帮助

附录Ⅲ　公租房替换经适房政策改革的预评估

背景介绍（略）

在其他政策及住房援助支出不变的情况下，将主要的住房援助项目由经适房项目替换为公租房项目（即保障性住房全部由售改租）是否能够有效提升城市居民的住房保障水平？请您根据专业经验客观地填写如下问卷（在政策效果栏上打钩）。谢谢您的大力支持！

住房保障水平指标	指标释义	政策效果		
		有效	不确定	基本无效
（1）无房户数量	无房指从未享受实物分配住房（含租住、临时安置），或没有通过拆迁安置、延续承租、继承、赠与或其他形式途径取得或实际占用房产的情况			
（2）保障对象的人均住房面积	保障对象的人均住房面积=保障性住房总面积/住房保障人口，其增加主要取决于建设效率			
（3）保障住房的质量	包括社区环境质量、建筑与设施的质量、寿命、物业维护力度等			

续表

住房保障水平指标	指标释义	政策效果		
		有效	不确定	基本无效
（4）保障住房的可流通性	住房是否可以在保障对象内部自由流通或公平转移，交易税费和监督成本是否减少，手续是否简便，福利是否固化			
（5）保障对象的幸福感	增加稳定、尊严与城市归属感，体现为安居乐业，可增加非住房消费，可公平享受更多子女教育、劳保、医疗等公共福利			
附加指标				
保障门槛降低、保障范围扩大	援助对象（户数）占居民总人口（户数）比例上升			
福利错配和腐败现象	援助资金帮助了最困难家庭或弱势群体			

附录Ⅳ　有房家庭住房投资行为的调查问卷

尊敬的受访者：您好！我们是华中农业大学土地管理学院××课题组。本问卷为不记名抽样调查，统计结果仅用于学术研究，不会对您产生任何不便。您的真实意见对我们很重要，衷心感谢您的宝贵支持！

一、有关物业购置的基本情况

1. 您拥有不动产（住房及商业用房）数量（　　）

A. 0 套　　B. 1 套　　C. 2 套　　D. 3 套及以上

2. 您现在住处是在第几套住房里（　　）

A. 第 1 套　　B. 第 2 套　　C. 第 3 套　　D. 另外租赁

E. 其他

3. 您首套住房的性质（　　　）

A. 农村住房（包括城中村住房）　　B. 一般商品房

C. 单位福利房　　D. 经济适用房　　E. 其他

二、二套房状况

1. 二套房的性质（　　）

A. 商品房　　B. 限价房　　C. 单位福利房

D. 拆迁还建房　　E. 经济适用房　　F. 商业用房

G. 其他

2. 二套房的购置渠道（　　）

A. 新房　　B. 二手房　　C. 其他

3. 购买二套房的资金来源描述最准确的是（　　）

A. 家庭积蓄　　B. 个人银行按揭

C. 住房公积金　　D. 父母亲友借款

E. 首套房出售　　F. 首套房抵押贷款

G. 其他

4. 二套房享受优惠的性质（　　）

A. 开发商促销　　B. 关系打折

C. 单位内部认购或团购　　D. 利率优惠

E. 其他

三、不同住房关系

1. 从所处地段上相比，二套房（　　）首套房

A. 优于　　B. 接近　　C. 劣于

2. 首套房和二套房的区位特征（　　）

A. 在同一个小区　　B. 同一片区相距较近

C. 在同一城市但距离较远　　D. 不在同一城市

3. 二套房的建筑面积（　　）首套房

A. 大于　　B. 接近　　C. 小于

4. 二套房的购买单价（　　）首套房

A. 大于　　B. 接近　　C. 小于

5. 二套房的小区环境及建筑档次（　　）首套房

A. 高于　　B. 接近　　C. 低于

6. 购买第二套与第一套房的时间间隔（　　）

A. 1~3 年　　B. 4~6 年

C. 7~9 年　　D. 10 年以上

四、住房投资原因

1. 您购买多套房的最主要原因（　　）；最次要原因（　　）

A. 自用　　B. 投资　　C. 其他

1.1　自用原因里（　　）

A. 改善住房面积　　B. 方便孩子上学

C. 出行方便　　D. 享受优美环境

1.2　投资动机里（　　）

A. 出租收益　　B. 上涨赚差价

C. 防通胀、避免储蓄缩水

1.3　其他原因里（　　）

A. 属单位福利　　B. 住房多多益善
C. 父母或配偶父母要求　　D. 安置老人或子女使用

2. 您非自住住房的使用情况（　　）
A. 经常闲置　　B. 偶尔出租
C. 长期出租　D. 亲朋借用　E. 其他

3. 您名下住房闲置的原因（　　）
A. 无法出租　　B. 长期投资，持房待涨
C. 转让和出租税费太高、手续繁杂
D. 留待子女结婚用　　E. 子女陪读暂时闲置
F. 外地工作　　G. 其他

4. 您非自住住房无法出租的原因（　　）
A. 租价偏低
B. 担心出租造成住房过度损耗影响转卖
C. 带人看房麻烦
D. 出租手续繁杂、中介服务欠佳
E. 毛坯房不想装修
F. 保障房政策不允许出租、转租

5. 您选择了囤房，下列主观感受最贴切的是（　　）
A. 冲动购买　　B. 理性的投资
C. 被动无奈　　D. 说不清

五、您的家庭投资与消费组合（打钩）

住房是家庭最大资产	是	否
是否长期持有股票	是	否
是否购置汽车	是	否
是否进行大额黄金投资	是	否
是否购买额外养老及人身保险	是	否
是否进行实业或股权投资	是	否

六、住房投资对您及家庭的影响（打钩）

1. 是否压缩日常生活开支	是	否
2. 是否为此推迟正常结婚及生育时间	是	否
3. 是否压缩孩子额外的开支	是	否

4. 是否减少旅行、文娱等奢侈消费　　是　　否
5. 减少家庭预防养老及健康风险的储蓄　是　　否
6. 就算有较好的工作机会也不想到外地去是　　否
7. 针对限购限贷政策而“找对策”　　是　　否

七、政策响应性

1. 您对未来1~3年的房价预期：(　　)
A. 快速上涨　　B. 温和上涨　　C. 基本稳定
D. 缓慢下降　　E. 快速下降
2. 在积蓄足够的情况下，您的住房购买计划是：(　　)
A. 考虑继续购买　　B. 暂不考虑　　C. 完全没有计划
2.1　选择继续购买的时机（　　）
A. 调控政策放松时购买
B. 子女有需求时再买
C. 存在通胀预期时购买
D. 房租整体上涨时购买
E. 大家都买我就买
2.2　暂不考虑或没有计划的原因（　　）
A. 没有找到合适的住房B. 对房价未来走势不确定
C. 追求其他投资方式　D. 继续增加储蓄
3. 关于城市居民只能购买二套住房的限购政策，您的态度（　　）
A. 赞同　　B. 中立　　C. 反对
D. 买不限购的物业　　E. 不清楚
4. 关于银行对第二、第三套房产的限贷政策，您的态度（　　）
A. 赞同　　B. 中立　　C. 反对
D. 找其他贷款渠道　　E. 不清楚
5. 针对扩大保障性住房建设力度的政策措施，您的态度（　　）
A. 赞同　　B. 中立　　C. 反对
D. 希望自己能有机会获得　　E. 不清楚

6. 如果在全国范围内对非自住住房开征房产税，税率为每年征收房产总价的0.5%（即100万房产每年征收房地产税5000

元），您对名下非自住住房选择（　　）

A. 继续持有　　　　B. 转让子女名下　C. 涨租金

D. 找机会尽快出手　　E. 观望

请填写受访者情况（不记名不记联系方式，只供科研用，请放心填写［打钩］）

您的性别：　男□　　　女□

①婚姻：有配偶　无配偶　丧偶

②户主年龄区间：25 岁以下　26～35 岁　36～45 岁　46～55 岁　56～65 岁　65 岁以上

③党派及信仰：共产党员　民主党派　一般居民　信教居民

④家庭户口性质：农村　乡镇及小城市　中等城市　省会城市及特大城市　北上广深一线城市

⑤家庭总人口：________人

⑥家庭年收入：3 万以下　3 万～5 万　6 万～10 万　11 万～15 万　16 万～20 万　21 万～30 万　30 万以上

⑦教育状况：初中及以下　高中及中专　大专　本科　研究生

⑧职称：　无　初级　中级　高级

⑨最大孩子性别：　男孩　女孩

⑩孩子教育状况：　学龄前　小学　中学　大学及以上

⑪户主工作单位性质：体制内（政府机关、事业单位、大中型国有企业）　体制外（民营企业、小微企业、经商、自由职业）　退休

⑫家庭收入结构：A. 以工资和单位福利收入为主　B. 以经营获利、奖金等非固定收入为主　C. 以租金、利息、股息、红利、稿酬等半固定收入为主

⑬户主社会阶层：国家干部　事业单位职工　私营企业主　企业中高层经理人员　企业一般员工　专业技术人员　个体工商户　其他

⑭配偶工作单位性质：体制内　体制外　退休

不同住房关系的调查结果：

1. 从所处地段上相比，二套房（　　）首套房

选项	小计	比例
A.优于	55	52.38%
B.接近	29	27.62%
C.劣于	21	20%
本题有效填写人次	105	

2. 首套房和二套房的区位特征（　　）

选项	小计	比例
A.在同一个小区	5	4.76%
B.同一片区相距较近	39	37.14%
C.在同一城市但距离较远	43	40.95%
D.不在同一城市	18	17.14%
本题有效填写人次	105	

3. 二套房的建筑面积（　　）首套房

选项	小计	比例
A.大于	62	59.05%
B.接近	15	14.29%
C.小于	28	26.67%
本题有效填写人次	105	

4. 二套房的购买单价（　　）首套房

选项	小计	比例
A.高于	84	80%
B.接近	9	8.57%
C.低于	12	11.43%
本题有效填写人次	105	

5. 二套房的小区环境及建筑档次（　　）首套房

选项	小计	比例
A.高于	70	66.67%
B.接近	27	25.71%
C.低于	8	7.62%
本题有效填写人次	105	

6. 购买第二套房与首套房的时间间隔（　　）

选项	小计	比例
1~3年	23	21.9%
4~6年	49	46.67%
7~9年	22	20.95%
10年以上	11	10.48%
本题有效填写人次	105	

附录Ⅴ　城市家庭住房出售意向的调查问卷

在下面的问卷中，假设您准备卖出自有住房时，只考虑两个条件，即（1）住房是否增值。用住房增值率来判断，住房增值率=（住房当前价格÷住房购入价格）。（2）交通支出是否偏大。用交通支出占家庭总收入的比例来判断。交通支出指家庭每月用于所有成员的交通支出，有车家庭除购车费用外，其他汽车使用、保养、停泊、保险等也均计入交通支出。

【当预期住房价格长期处于上涨阶段或处于稳定或缓慢下降时期】

1. 住房的增值率大于（　　），您有意向卖出住房（直接打钩，后同）。

1.5 倍　　　　2 倍

2.5 倍　　　　3 倍及以上

2. 交通支出占家庭总收入的比例大于（　　），您有意向卖出住房。

10%　　　　20%

30%　　　　40%

请填写受访者情况【不记名，请放心填写】

1. 家庭结构

一代户　　　　二代户

三代户（如父母+夫妻+孩子）

2. 家庭年收入总和

10 万以下　　　　10 万~15 万

15 万~20 万　　　　20 万以上

3. 您拥有住房（含商业用房）数量

0 套　　　　1 套　　　　2 套及以上

样本总数：208 份

数据分析：

【当预期住房价格长期处于上涨阶段】

1. 住房的增值率大于（　　），您有意向卖出住房。

选项	小计	比例
1.5倍	23	11.06%
2倍	92	44.23%
2.5倍	39	18.75%
3倍及以上	54	25.96%
本题有效填写人次	208	

2. 交通支出占家庭总收入的比例大于（　　），您有意向卖出住房。

选项	小计	比例
10%	35	16.83%
20%	93	44.71%
30%	50	24.04%
40%	30	14.42%
本题有效填写人次	208	

【当预期住房价格处于稳定或缓慢下降时期】

3. 住房的增值率大于（　　），您有意向卖出住房。

选项	小计	比例
1.5倍	46	22.12%
2倍	93	44.71%
2.5倍	33	15.87%
3倍及以上	36	17.31%
本题有效填写人次	208	

4. 交通支出占家庭总收入的比例大于（ ），您有意向卖出住房。

选项	小计	比例
10%	48	23.08%
20%	80	38.46%
30%	52	25%
40%	28	13.46%
本题有效填写人次	208	

5. 家庭结构

选项	小计	比例
一代户	39	18.75%
二代户	113	54.33%
三代户（如父母+夫妻+孩子）	56	26.92%
本题有效填写人次	**208**	

6. 家庭年收入总和

选项	小计	比例
10万以下	58	27.88%
10万~15万	104	50%
15万~20万	31	14.9%
20万以上	15	7.21%
本题有效填写人次	208	

7. 您拥有住房套数

选项	小计	比例
0套	29	13.94%
1套	122	58.65%
2套及以上	57	27.4%
本题有效填写人次	208	

交叉分析结果：

住房的增值率大于（　　），您有意向卖出住房。

（1）按家庭属性

X/Y	1.5倍	2倍	2.5倍	3倍及以上	小计
一代户	7(17.95%)	14(35.9%)	4(10.26%)	14(35.9%)	39
二代户	10(8.85%)	56(49.56%)	22(19.47%)	25(22.12%)	113
三代户	6(10.71%)	22(39.29%)	13(23.21%)	15(26.79%)	56

（2）按收入

X/Y	1.5倍	2倍	2.5倍	3倍及以上	小计
10万以下	8(13.79%)	21(36.21%)	9(15.52%)	20(34.48%)	58
10万~15万	14(13.46%)	54(51.92%)	17(16.35%)	19(18.27%)	104
15万~20万	0(0%)	14(45.16%)	9(29.03%)	8(25.81%)	31
20万以上	1(6.67%)	3(20%)	4(26.67%)	7(46.67%)	15

（3）按住房拥有量

X/Y	1.5倍	2倍	2.5倍	3倍及以上	小计
0套	6(20.69%)	14(48.28%)	2(6.9%)	7(24.14%)	29
1套	10(8.2%)	53(43.44%)	25(20.49%)	34(27.87%)	122
2套及以上	7(12.28%)	25(43.86%)	12(21.05%)	13(22.81%)	57

交通支出占家庭总收入的比例大于（　　），您有意向卖出住房。

（1）按家庭属性

X/Y	10%	20%	30%	40%	小计
一代户	7(17.95%)	18(46.15%)	7(17.95%)	7(17.95%)	39
二代户	20(17.7%)	54(47.79%)	27(23.89%)	12(10.62%)	113
三代户	8(14.29%)	21(37.5%)	16(28.57%)	11(19.64%)	56

(2)按收入

X/Y	10%	20%	30%	40%	小计
10万以下	14(24.14%)	19(32.76%)	14(24.14%)	11(18.97%)	58
10万~15万	17(16.35%)	54(51.92%)	19(18.27%)	14(13.46%)	104
15万~20万	3(9.68%)	15(48.39%)	11(35.48%)	2(6.45%)	31
20万以上	1(6.67%)	5(33.33%)	6(40%)	3(20%)	15

(3)按住房拥有量

X/Y	10%	20%	30%	40%	小计
没有住房	9(31.03%)	11(37.93%)	7(24.14%)	2(6.9%)	29
1套	15(12.3%)	57(46.72%)	28(22.95%)	22(18.03%)	122
2套及以上	11(19.3%)	25(43.86%)	15(26.32%)	6(10.53%)	57

附录Ⅵ　微观仿真程序及程序字典

```
breed [zones zone]
breed [houses house]
breed [households household]
breed [ActivityCenters ActivityCenter]

houses-own [area   initialprice   totalPrice   intensityZone   houseStatus
propertyType years
        owner  liver  liverAmount  BuyPrice  BuyYear  HouseDistance
restLoan DistanceToCenter
      ]
households-own [
          familySize incomeclass income familyType Hukou ownHouse
          houseAmount liveIn Savings familyAsset isSold SoldHouse
          isLet Lethouse isRent Renthouse isbuy buyhouse isApplyAH
applyYearAH isApplyPH applyYearPH
          applyHouse isLoan loanHouse TC
          ]
ActivityCenters-own [ none ]
globals [  AreaPerCap    TimeTick  currentHHNo  SocialAverageArea
averagehouseprice averageincome ApplyAHList ApplyPHList
  CHSalesAmount AHSalesAmount PHRentAmount
]  ;; house area per capita of each year

to setup
  CA
```

```
  reset-ticks

  let incomeMean 6760. 68
  let incomeVariance 3380
  let houseID 0
  let HHID 0
  let Zone1share 0. 24
  let Zone2share 0. 23
  let Zone3share 0. 21
  let Zone4share 0. 19
  let Zone5share 0. 13
  set TimeTick 0
  set AreaPerCap 18. 65   ;; initial value of average area
  set currentHHNo initialHH
  ask patches
  [
    set pcolor 88
  ]
  set-default-shape ActivityCenters "flag"
  set-default-shape zones "intensityZone"
  set-default-shape houses "house"
  set-default-shape households "circle"
; set-default-shape turtles "dot"

  create-zones 4   ;
  [
    setxy 0 0
    ask zone 0
    [
      set size 20
    ]
    ask zone 1
```

```
    [
      set size 38
    ]
    ask zone 2
    [
      set size 56
    ]
    ask zone 3
    [
      set size 77
    ]
  ]
  let intcount 0
  create-ActivityCenters 3
  [
    set color yellow
    set size 2
    layout-circle ActivityCenters 2
  ]
  create-houses initialHouses
  [
    facexy 0 0
    set size 0.5
    set color green
    set owner 0
    set area 0
    set years 0
    set propertyType 0
    set liver [ ]
    set liverAmount 0
    set intensityZone 0
    set houseStatus 0
```

```
    set BuyPrice 0
    set BuyYear 0
    set initialprice 0
    set DistanceToCenter 0
layout-circle houses 20           ]
    ask n-of round( initialHouses * Zone1share) houses
[
    facexy 0 0
    forward (16 + random-float 4.00)
    set color red
    set intensityZone 1
]

let zone2houses round( initialHouses * Zone2share)
ask n-of zone2houses houses with [ intensityZone=0 ]
[
        facexy 0 0
        forward (12 + random-float 4.00)
        set color gray
        set intensityZone 2
]
 let zone3houses round( initialHouses * Zone3share)
ask n-of zone3houses houses with [ intensityZone=0 ]
[
        facexy 0 0
        forward (8 + random-float 4)
        set color blue
        set intensityZone 3
]

let zone4houses round( initialHouses * Zone4share)
ask n-of zone4houses houses with [ intensityZone=0 ]
```

```
  [
        facexy 0 0
        forward (4 + random-float 4.00)
        set color orange
        set intensityZone 4
  ]

  let zone5houses round( initialHouses * Zone5share)
  ask n-of zone5houses houses with [ intensityZone=0 ]
  [
        facexy 0 0
        forward random-float 4.00
        set color yellow
        set intensityZone 5
  ]
ask houses
[
  if color=green
  [print "there is green one"]
]
  ask n-of 199 houses ;;
  [
    set area 45
  ]
  ask n-of 199 houses with [area=0]
  [
    set area 60
  ]
  ask n-of 229 houses with [ area=0 ]
  [
    set area 75
  ]
```

```
ask n-of 229 houses with [ area=0 ]
[
  set area 90
]
ask n-of 163 houses with [ area=0 ]
[
  set area 105
]
ask n-of 163 houses with [ area=0 ]
[
  set area 120
]
ask n-of 73 houses with [ area=0 ]
[
  set area 135
]
ask n-of 73 houses with [ area=0 ]
[
  set area 150
]
ask n-of 15 houses with [ area=0 ]
[
  set area 165
]
ask n-of 15 houses with [ area=0 ]
[
  set area 180
]
ask n-of 15 houses with [ area=0 ]
[
  set area 195
]
```

```
ask houses with [ area=0 ]
[
  set area 210
]

ask n-of (0.1 * initialHouses) houses with [ area <= 105 ]
[
  set propertyType "AH"    ;;; affordable houses type
]
ask houses
[
  if propertyType=0
  [
    set propertyType "CH"    ;;comercial houses type
  ]
]
    create-households initialHH
[
  setxy random-pxcor random-pycor
  set color 65
  set size 0.2
  set ownHouse [ ]
  set familySize 0
  set incomeclass "undecided"
  set houseAmount 0
  set liveIn 0
  set Hukou 0
  set familyType 0
  set savings 0
  set familyAsset 0
  set isSold 0
  set isLet 0
```

```
    set isRent 0
    set isBuy 0
    set isApplyAH 0
    set isApplyPH 0
    set isLoan 0
    set applyYearAH 0
    set applyYearPH 0
    set SoldHouse [ ]
    set Lethouse [ ]
    set Renthouse [ ]
    set buyhouse [ ]
    set applyhouse [ ]
    set loanhouse [ ]
  ]

  ask households
  [
    let currentHH who
    ;set houseOwner 1
    let findHouse min-one-of houses with [ owner = 0 ] [ distance
myself]
    ;show findHouse
    if findHouse ! = Nobody
    [
      move-to findHouse
    ask findHouse
      [
        set houseID who
        set owner currentHH
        set houseStatus "selfuse"
        set liver lput currentHH liver
        set liverAmount length liver
```

```
    ]
    set ownHouse lput houseID ownHouse
    set houseAmount length ownhouse
    set liveIn houseID
    ]
    ;show min-one-of houses [xcor + ycor]
  ]

  ask n-of (round (0.264 * initialHH)) households with [ familySize
=0 ]
  [
    set familySize 2
  ]

  ask n-of (round (0.581 * initialHH)) households with [ familySize
=0 ]
  [
    set familySize 3
  ]

  ; ask n-of ( round ( 0.154 * initialHH ) ) households with [
familySize =0 ]
  ask households with [ familySize =0 ]
  [
    set familySize 5.8
  ]

  ask households with [ familySize =0 ]
  [     print "wrong1"    ]

  ask households with [ incomeclass =0 ]
  [     print "wrong2"    ]
```

```
ask n-of (0.2 * initialHouses) houses with [ owner ! = 0 and
propertyType = "CH" ]
[
  let nowOwner owner
  ask household nowOwner
  [
    set ownHouse [ ]
    set houseAmount 0
  ]
    set owner 0
 ]
let CHOwers [ ]
ask houses with [ owner ! = 0 and propertyType = "CH" ]
[
  set CHOwers lput owner CHOwers
]
;show CHOwers

ask houses with [ owner=0 and liver ! = [ ] ]
[
  set HouseID who
  ask household ( one-of CHOwers )
  [
     set ownHouse lput HouseID ownHouse
    set houseAmount length ownhouse
    set HHID who
  ]
  set owner HHID
]

ask houses with [ owner=0 ]
[
```

```
    ;print "house is empty"
    set housestatus "toSell"
    ]

; print count households with [ houseamount=0 ]

  ask households
  [
    set income random-normal incomeMean incomeVariance
    if income < 200
   [        set income 200      ]  ]
  Classify-Income "Class1" 0.20
  Classify-Income "Class2" 0.20
  Classify-Income "Class3" 0.20
  Classify-Income "Class4" 0.20
  Classify-Income "Class5" 0.20

  ask households with [ incomeclass="undecided" ]
  [
  print "wrong" ]

  ask households with [ liveIn=0 and familySize <= 3]
  [
    let NowHH who
    let houseSet houses with [ (item 0 liver) != owner and area>=90
and liverAmount=1 ]

    ifelse (Count houseSet) != 0
    [
      let NowHouse 0
      ask one-of houseSet
      [
```

```
        set NowHouse who
        set liver lput NowHH liver
        set liverAmount length liver
      ]
      move-to house NowHouse
    ]
    [        die      ]
  ]

  ask houses with [ liverAmount>=1 and (item 0 liver) != owner] ;
    [
    set houseStatus "rented"
    let houseowner owner
    let houesID who
    set intcount 0
    if houseOwner != 0
    [
    ask household houseowner
    [
      set isLet 1
      set LetHouse lput houesID LetHouse
    ]
    ]
    while [ intcount < liverAmount ]
    [
      ask household (item intcount liver)
      [
        set isrent 1
        set renthouse lput houesID renthouse
      ]
      set intcount intcount + 1
    ]
```

```
    ]

  ask households with [ liveIn = 0 and familySize > 3]
  [
    print "this is a 5.8 size familiy left"
    let NowHH who
    let houseSet houses with [ (item 0 liver) != owner and area>=
120 and liverAmount = 1 ]

    ifelse (Count houseSet) != 0
    [
      let NowHouse 0
      ask one-of houseSet
      [
        set NowHouse who
        set liver lput NowHH liver
        set liverAmount length liver
      ]
      move-to house NowHouse
    ]
    [        die        ]
  ]
;print count households with [ familySize = 2 ]
;print count households with [ familySize = 3 ]
;print count households with [ familySize = 5.8 ]

let livers [ ]
ask houses with [ propertyType = "CH" and liverAmount != 0]
[
  set intCount 0
  while [ intCount < liverAmount ]
  [
```

```
  set livers lput (item intCount liver) livers
  set intCount intCount + 1
  ]
]
;show livers

let MigrationHH n-of round(0.10 * initialHH) livers
let MigrationCount length MigrationHH
;print MigrationCount
set intCount 0
while [ intCount < MigrationCount ]
[
  let NowItem item intCount MigrationHH
  ask household NowItem
  [
    set hukou "Off-site"
  ]
  set intCount intCount + 1
]

;print count households with [ hukou="Off-site" ]
ask households with [ hukou=0 ]
[
  set hukou "Local"
]
;print count households with [ hukou="Local" ]

initialize-HousePrice   ;
initialize-Buyprice

Moveto-biggesthouse
```

```
end
;Main procedure;
to Policy-Test
    tick
  set TimeTick ticks
  let houseArea 0
  set CHSalesAmount 0
  set AHSalesAmount 0
  set PHRentAmount 0
  update-houses
  Update-HousePrice
  Update-Income
  update-households
  update-savings
  Caculate-AverageArea
  ;print SocialAverageArea
  Classify-FaimlyType

  houseready-sale
    prepare-ApplyAHList
  buy-AHhouse
  buyAH-CH
    buy-CHhouse
    Apply-movetoPH
    PHFamily-MovetoCH
    house-PHtoCH
    allocate-walkers
    improve-CHrent
    giveup-PHhouse

  clear-incomeclass
  Classify-Income "Class1" 0.20
```

```
  Classify-Income "Class2" 0. 20
  Classify-Income "Class3" 0. 20
  Classify-Income "Class4" 0. 20
  Classify-Income "Class5" 0. 20

  plot-outputvalue
    if timetick = 11
  [     user-message  "Reminding: This is the 2010 year. "   ]
  if Timetick = 21
[ stop ]
end



to clear-incomeclass
    ask households
  [     set incomeclass "undecided"    ]
end

to Classify-Income [ ClassType ClassProportion ]
   let intCount 0
  let objProportion (ClassProportion * (count households))
  foreach sort-on [ (-income) ] households with [ incomeclass = "
undecided" ]
  [ ask ?
    [
      if intCount < objProportion
      [
       set incomeclass ClassType
       set intCount intCount + 1
       ]
    ]
  ]
```

```
end
to Update-HousePrice
  ask houses
  [
    let nowList [ ]
    ask activitycenters
    [
      set nowList lput who nowList
    ]
  let D1 distance activitycenter (item 0 nowList)
  let D2 distance activitycenter (item 1 nowList)
  let D3 distance activitycenter (item 2 nowList)
  set distanceTocenter distancexy 0 0
  let TotalDistance (sqrt (2.25 * D1 * D1 + 2.25 * D2 * D2 +
2.25 * D3 * D3))
  let Pindex  3.05 * e ^(7.163 + 0.142 * TimeTick)
let MarketPrice Pindex * e ^((-0.1 * distanceTocenter * 1.5) +
(0.001 * distanceTocenter * distanceTocenter * 2.25 )) +
(random-normal 0 50) ;; wuhan data.
  set totalPrice area * MarketPrice * (1 -years * 0.015)
  if years=1
  [
  if initialprice > totalPrice
  [
    set totalPrice initialprice
  ]
  ]
  ]
  ask houses with [ propertyType="AH" and totalPrice > 0]
  [
    set totalPrice totalPrice * 0.66               if years=1
    [
```

```
        if initialprice > totalPrice
        [
          set totalPrice initialprice
        ]
      ]
    ]
end

to Update-Income
  ask households
  [
    set income income + 4.859 + 2 * 117.713 * TimeTick + 500 *
(1 -random-float 2)
  ]
end

to update-houses
  let Zone1share 0.24
  let Zone2share 0.23
  let Zone3share 0.21
  let Zone4share 0.19
  let Zone5share 0.13
  create-houses 23.41
  [
    set size 0.5
    set area 45
    set color black
    set intensityZone 0
    set propertyType 0
    set buyprice 0
    set owner 0
    set initialprice 0
```

```
  set liver [ ]
  set liveramount 0
  set DistanceToCenter 0
  layout-circle houses with [color=black] 23
]

create-houses 23.41
[
  set size 0.5
  set area 60
  set color black
  set intensityZone 0
  set propertyType 0
  set buyprice 0
  set owner 0
  set initialprice 0
  set liver [ ]
  set liveramount 0
  set DistanceToCenter 0
  layout-circle houses-here with [color=black]  23
]

create-houses 3.49
[
  set size 0.5
  set area 75
  set color black
  set intensityZone 0
  set propertyType 0
  set buyprice 0
  set owner 0
  set initialprice 0
```

```
    set liver [ ]
    set liveramount 0
    set DistanceToCenter 0
    layout-circle houses-here with [color=black]  23

  ]
  create-houses 3.49
  [
    set size 0.5
    set area 90
    set color black
    set intensityZone 0
    set propertyType 0
    set buyprice 0
    set owner 0
    set initialprice 0
    set liver [ ]
    set liveramount 0
    set DistanceToCenter 0
    layout-circle houses-here with [color=black]  23
  ]
  create-houses 2.86
  [
    set size 0.5
    set area 105
    set color black
    set intensityZone 0
    set propertyType 0
    set buyprice 0
    set owner 0
    set initialprice 0
    set liver [ ]
```

```
  set liveramount 0
  layout-circle houses-here with [ color=black ]  23
]
create-houses 2.86
[
  set size 0.5
  set area 120
  set color black
  set intensityZone 0
  set propertyType 0
  set buyprice 0
  set owner 0
  set initialprice 0
  set liver [ ]
  set liveramount 0
  set DistanceToCenter 0
  layout-circle houses-here with [ color=black ]  23

]
create-houses 0.91
[
  set size 0.5
  set area 135
  set color black
  set intensityZone 0
  set propertyType 0
  set buyprice 0
  set owner 0
  set initialprice 0
  set liver [ ]
  set liveramount 0
  layout-circle houses-here with [ color=black ]  23
```

```
]
create-houses 0.91
[
  set size 0.5
  set area 150
  set color black
  set intensityZone 0
  set propertyType 0
  set buyprice 0
  set owner 0
  set initialprice 0
  set liver [ ]
  set liveramount 0
  set DistanceToCenter 0
  layout-circle houses-here with [color=black ]  23
]

create-houses 0.09
[
  set size 0.5
  set area 165
  set color black
  set intensityZone 0
  set propertyType 0
  set buyprice 0
  set owner 0
  set initialprice 0
  set liver [ ]
  set liveramount 0
  set DistanceToCenter 0
  layout-circle houses-here with [color=black ]  23
]
```

```
create-houses 0.09
[
  set size 0.5
  set area 180
  set color black
  set intensityZone 0
  set propertyType 0
  set buyprice 0
  set owner 0
  set initialprice 0
  set liver [ ]
  set liveramount 0
  set DistanceToCenter 0
  layout-circle houses-here with [color=black ]  23

]
create-houses 0.09
[
  set size 0.5
  set area 195
  set color black
  set intensityZone 0
  set propertyType 0
  set buyprice 0
  set owner 0
  set initialprice 0
  set liver [ ]
  set liveramount 0
  layout-circle houses-here with [color=black ]  23

]
create-houses 0.04
```

```
  [
    set size 0.5
    set area 210
    set color black
    set intensityZone 0
    set propertyType 0
    set buyprice 0
    set owner 0
    set initialprice 0
    set liver [ ]
    set liveramount 0
    set DistanceToCenter 0
    layout-circle houses-here with [color=black ] 23
  ]

  let increaseHouses houses with [ color=black ]
  let increaseNumber count increaseHouses
  print increaseNumber
  ask n-of round(increaseNumber * Zone1share) houses with [ color=
black ]
  [
    move-to one-of houses with [ color=red ]
    set color 35
    set intensityZone 1
  ]

  let zone2houses round(increaseNumber * Zone2share)
  ask n-of zone2houses Houses with [ color=black and intensityZone=
0 ]
  [
        move-to one-of houses with [ color=gray ]
        set color 35
```

```
        set intensityZone 2
  ]

  let zone3houses round( increaseNumber * Zone3share)
  ask n-of zone3houses Houses with [ color=black and intensityZone=
0 ]
  [
    move-to one-of houses with [ color=blue ]
        set color 35
        set intensityZone 3
  ]

  let zone4houses round( increaseNumber * Zone4share)
  ask n-of zone4houses Houses with [ color=black and intensityZone=
0 ]
  [
    move-to one-of houses with [ color=orange ]
        set color 35
        set intensityZone 4
  ]

  let zone5houses round( increaseNumber * Zone5share)
  ask Houses with [ color=black and intensityZone=0 ]
  [
    move-to one-of houses with [ color=yellow ]
        set color 35
        set intensityZone 5
  ]
  let YearAH Round( G1 * increaseNumber * 0.01)
  ask n-of YearAH houses with [ color = 35 and area <= 105 and
intensityZone != 1 and intensityZone != 2]
  [
```

```
    set propertyType "AH"
    set houseStatus "toSell"
  ]
  let YearPR Round(G5 * increaseNumber * 0.01)
  ask n-of YearPR houses with [ color=35 and propertyType=0]
  [
    set propertyType "PH"
    set houseStatus "toLet"
  ]
  ask houses with [ color=35 and propertyType=0]
  [
    set propertyType "CH"
    set houseStatus "toSell"
  ]

  government-createAH
   government-createPH



  ask houses
  [
    set years years + 1
  ]
  initialize-HousePrice
end

to update-households
  let increaseHH currentHHNo * 0.05
  let incomeMean 6691 + 4.859 * timetick + 117.713 * TimeTick *
TimeTick   ;
  let incomeVariance 3380 ;
  create-households 1000
```

```
[
  let Sizetype [ 2 3 5.8 ]
  setxy (20 -random-float 40) (20 -random-float 40)
  set color yellow
  set size 0.2
  set ownHouse [ ]
  set familySize one-of Sizetype
  set incomeclass "undecided"
  set houseAmount 0
  set liveIn 0
  set Hukou 0
  set familyType 0
  set savings 0
  set familyAsset 0
  set isSold 0
  set isLet 0
  set isRent 0
  set isBuy 0
  set isApplyAH 0
  set isApplyPH 0
  set isLoan 0
  set applyYearAH 0
  set applyYearPH 0
  set SoldHouse [ ]
  set Lethouse [ ]
  set Renthouse [ ]
  set buyhouse [ ]
  set applyhouse [ ]
  set loanhouse [ ]
  set income random-normal incomeMean incomeVariance
]
let properHH households with [ color=yellow and income > 6000 ]
```

```
  let properHHCount count properHH
  if increaseHH > properHHCount
  [
    set increaseHH properHHCount
  ]
  ask n-of increaseHH properHH
  [
    set color black
  ]
  ask households with [ color=yellow ]
  [
    die
  ]
  ask n-of round((2/5) * increaseHH) households with [ color =
black]
  [
    set hukou "Local"
  ]
  ask households with [ color=black and hukou=0]
  [
    set hukou "Off-site"
  ]
  set currentHHNo currentHHNo + round(increaseHH)

end

to Classify-FaimlyType
  print "start to classify"
  ask households with [ houseAmount > 1 ]
    [
      set familyType "InvestI"
      ]
```

```
  ask households with [ houseAmount = 1 ]
  [
    let HouseID item 0 ownHouse
    let Housearea 0
    let AverageArea 0
    ask house HouseID
    [
      set Housearea area
    ]
    set AverageArea Housearea/familysize
    if AverageArea ≥ SocialAverageArea
    [
      set familyType "InvestII"
    ]
    if AverageArea < SocialAverageArea and AverageArea ≥ 0.60
* SocialAverageArea
    [
      set familyType "ImproveType"
    ]
    if AverageArea < (0.60 * SocialAverageArea)
    [
        set familyType "RigidI"
    ]
  ]
  ask households with [ houseAmount = 0]
  [
    set familyType "RigidII"
  ]
  print "end the classifying"
end

to Caculate-AverageArea
```

```
  let TotalArea 0
  let TotalPopulation 0
  ask houses
  [
    set TotalArea TotalArea + area
  ]

  print TotalArea
  ask households
  [
    set TotalPopulation TotalPopulation + familysize
  ]
  print TotalPopulation

  set  SocialAverageArea  TotalArea/TotalPopulation
end

to initialize-Buyprice

  ask houses with [ owner ! = 0]
  [
    let nowList [ ]
    ask activitycenters
    [
      set nowList lput who nowList
    ]
  let D1 distance activitycenter (item 0 nowList)
  let D2 distance activitycenter (item 1 nowList)
  let D3 distance activitycenter (item 2 nowList)
  set distanceTocenter distancexy 0 0
  let TotalDistance (sqrt (2.25 * D1 * D1 + 2.25 * D2 * D2 +
2.25 * D3 * D3))
```

```
  let MeanTransportCost 5    ;
  let Pindex   3.05 * e ^(7.163 + 0.142 * TimeTick)
  set buyPrice area * (Pindex * e ^((-0.1 * distanceTocenter *
1.5) + (0.001 * distanceTocenter * distanceTocenter * 2.25 )) *
(1 -years * 0.015)+ (random-normal 0 50))
  set buyyear 0
  set initialprice buyPrice
  initialize-HousePrice
  ]
end

  to update-savings
  ask households
  [
    let houseSaleIncome 0    ;
    let houseLetIncome 0
    let houseRentFee 0
    let SaveingInterest 0
    if isSold = 1
    [
      let housesoldNo length soldhouse
      let incount 0
      while [ incount < housesoldNo ]
      [
      ask house (item incount soldhouse)
      [
        let soldfee 0

        ifelse TimeTick -BuyYear > 5
        [
          set soldfee totalprice * 0.02 + 2000
        ]
```

```
          [
            set soldfee totalprice * (0.03 + 0.0555) + (totalprice -
buyprice) * 0.2
          ]
          set houseSaleIncome houseSaleIncome + totalprice -soldfee
        ]
        set incount incount + 1
        ]
        set issold 0
        set soldhouse [ ]
      ]
      if isLet = 1
        [
        let houseletNo length lethouse
        let incount 0
        while [ incount < houseletNo ]
        [
        ask house (item incount lethouse)
        [
        set   houseLetIncome   houseLetIncome + totalprice/30       ]
        set incount incount + 1
        ]
      ]
      adjust-Rentinfo
      if isRent = 1
        [
          let houseRentNo length Renthouse
          let incount 0
          while [ incount < houseRentNo ]
          [
            ask house (item incount Renthouse)
            [
```

```
            set houseRentFee houseRentFee + (1/liveramount) *
(totalprice/30) ;            ]
          set incount incount + 1
        ]
      ]

    set SaveingInterest savings * InterestRate
          if SaveingInterest < 0
    [
      set SaveingInterest 0
    ]

    let nowList [ ]
    ask activitycenters
    [
      set nowList lput who nowList
    ]
    let D1 distance activitycenter (item 0 nowList)
    let D2 distance activitycenter (item 1 nowList)
    let D3 distance activitycenter (item 2 nowList)
    let TotalDistance (sqrt (2.25 * D1 * D1 + 2.25 * D2 * D2 +
2.25 * D3 * D3))

        set  TC  transfee * familysize * TotalDistance ;
    let WHEC 0
    if incomeclass = "Class5"
    [
      set WHEC 0.45
    ]
    if incomeclass = "Class4"
    [
      set WHEC 0.40
```

```
    ]
    if incomeclass = " Class3"
    [
      set WHEC 0. 35
    ]
    if incomeclass = " Class2"
    [
      set WHEC 0. 30
    ]
    if incomeclass = " Class1"
    [
      set WHEC 0. 25
    ]
    let DailyConsumption WHEC * (income * familysize )    ;

    let houseFirstPay 0
    if isBuy = 1
    [
        let housebuyNo length buyhouse
        let incount 0
        while [ incount < housebuyNo ]
        [
          if houseAmount -housebuyNo + incount = 0    ;
          [            ask house (item incount buyhouse)
          [              set houseFirstPay totalPrice  *  G12  *
0. 01            ]
          ]
          if houseAmount -housebuyNo + incount = 1    ; ; ; buying the
second house ever
          [
            ask house (item incount buyhouse)
            [
```

```
            set houseFirstPay houseFirstPay + totalPrice * G14
* 0.01
          ]
        ]
        if houseAmount -housebuyNo + incount > 1    ;
        [
          ask house (item incount buyhouse)
          [
            set houseFirstPay houseFirstPay + totalPrice
          ]
        ]
        set incount incount + 1
      ]
      set isbuy 0
      set buyhouse [ ]
    ]

    let mortgage 0
    let mortgage1 0
    let mortgage2 0
    if isLoan = 1
    [
      let houseloanNo length loanhouse
      let housebuyNo length buyhouse
      let incount 0
      while [ incount < houseloanNo ]
      [
        if houseAmount -housebuyNo -houseloanNo + incount = 0
;        [          ask house (item incount loanhouse)
        [
            set mortgage1 buyPrice * (1 -G12 * 0.01)    *
loanrate * G13 * 0.01 * ((1 + loanrate * G13 * 0.01) ^
```

```
maxagelimit)/((1 + loanrate * G13 * 0.01) ^ maxagelimit -1)
            set restLoan buyPrice * (1 -G12 * 0.01) -mortgage1
 * (timetick -BuyYear)
          ]
          ]
          if houseAmount -housebuyNo -houseloanNo + incount = 1
           [
            ask house (item incount loanhouse)
            [
               set mortgage2 buyPrice * (1 -G14 * 0.01) *
loanrate * (1 + loanrate) ^ maxagelimit/((1 + loanrate) ^ maxagelimit
-1)
                set restLoan buyPrice * (1 -G14 * 0.01) -
mortgage2 * (timetick -BuyYear)
            ]
          ]

          set incount incount + 1
        ]
        set mortgage mortgage1 + mortgage2
         print mortgage

    ]
          let familyID who
    let propertyTax 0
    let houseasset 0
    ask houses with [ owner=familyID]
    [
      set houseasset houseasset + totalprice
    ]

    set propertyTax houseasset * G16 * 0.01 * 0.7
```

```
    let PHSubsidy 0
    if livein ! = 0
    [
    ask house livein
    [
      if propertyType = "PH"
      [
        set PHSubsidy G17 * 0.01 * totalprice * 1/30
      ]
    ]
    ]

    set savings savings + income * familysize + houseSaleIncome + houseLetIncome -houseRentFee + SaveingInterest -TC -DailyConsumption -houseFirstPay -mortgage -propertyTax + PHSubsidy

  ]
  end

  to houseready-sale
    moveto-biggesthouse
  Classify-FaimlyType

  ask households with [ FamilyType = "InvestI" ]
  [
    let increaseValue 0
    let thisHH who
    ask houses with [ owner = thisHH and buyprice ! = 0]
    [
      let liveinhouse 0
      let thishouse who
     ask household thisHH
```

```
    [
      set liveinhouse livein
    ]
    if thishouse ! = liveinhouse
    [
    set increaseValue  (totalprice -buyprice)/buyprice
    ifelse  increaseValue > 1.05
  [
      set housestatus "toSell"
      ;print "set this house to be for sale"
    ]
    [         set housestatus "toLet"        ]
    ]
   ]
  ]

ask households with [FamilyType="InvestII"]
[
  let thisHH who
  let increaseValue 0
  ask houses with [ owner=thisHH]
  [
    set increaseValue  (totalprice -buyprice)/buyprice
    if increaseValue > 1.5
    [
      set housestatus "toSell"
      print "set this house to be for sale 1"
    ]
  ]
]
ask households with [ familyType="ImproveType"]
  [
```

```
    print "this is a improve type HH"
    let thisHH who
    let increaseValue 0
    ask houses with [ owner=thisHH and buyprice != 0]
    [
      set increaseValue  (totalprice -buyprice)/buyprice
      if increaseValue > 1.5
      [
        set housestatus "toSell"
       print "set this house to be for sale2"
      ]
  ]
  ]
ask households with [ familyType="RigidI" ]
  [
    print "this is a RigidI HH"
    let thisHH who
    let increaseValue 0
    ask houses with [ owner=thisHH and buyprice != 0]
    [
      set increaseValue  (totalprice -buyprice)/buyprice
      if increaseValue > 1.5
      [
        set housestatus "toSell"
            ]
  ]
  ]
end

to buy-CHhouse

  caculate-averagehouseprice
```

```
;print averagehouseprice
moveto-biggesthouse

let leasttopay 0        ;;averagehouseprice * 45
ask households
[
  let BuyLimit true
  if hukou="Local" and houseamount < G10
  [
    set BuyLimit false
  ]
  if hukou="Off-site" and houseamount < G11
  [
    set BuyLimit false
  ]

 if BuyLimit=false
 [
  if houseamount=0
  [
    set leasttopay averagehouseprice * 45 * G12 * 0.01
  ]
  if houseamount=1
  [
    set leasttopay averagehouseprice * 45 * G14 * 0.01
  ]
  if houseamount > 1
  [
    set leasttopay averagehouseprice * 45
  ]
if savings > leasttopay
[
```

```
    let currentHH who
    let HHsize familysize

    if  FamilyType = " InvestI"
    [
      let InvestIbuyflag 0
      if houseAmount <= G10
      [
        print currentHH
        let currenthouse livein
        let currentarea 0
        let paycapability savings

        ask house currenthouse
        [
          set currentarea area
        ]
        if (1/30) > (1 -G14 * 0.01) * loanrate * (1 + loanrate)
^ maxagelimit/((1 + loanrate) ^ maxagelimit -1)
        [
          set InvestIbuyflag 1
        ]
        if InvestIbuyflag = 1
        [
          let findhouse min-one-of houses with [ years > 1 and
(totalprice -initialprice)/initialprice > 5 * interestRate and housestatus
= " toSell" and propertyType = " CH" and area > currentarea -45 and
area > currentarea + 45 and paycapability ≥ totalprice ] [ distance
myself]
        ifelse findhouse ! = Nobody
        [
        ask findhouse
```

```
    [
      let oldowner owner
      let oldliver liver
      let thishouse who
          set owner currentHH
          set buyprice totalprice
          set buyyear timetick
          set houseStatus "undecided"
          set BuyPrice totalprice
          ask household currentHH
          [
            set isbuy 1
            set buyhouse lput thishouse buyhouse
            set ownhouse lput thishouse ownhouse
            set houseAmount length ownhouse
            print "buy action is working well   1"
          ]
          if oldowner ! = 0
          [
          ask household oldowner
          [
            set ownhouse remove thishouse ownhouse
            set houseAmount length ownhouse
            set isSold 1
            set soldhouse lput thishouse soldhouse
            if islet=1
            [
              set lethouse remove thishouse lethouse
              if length lethouse=0
              [
                set islet 0
              ]
```

```
    ]
    if isloan = 1
    [
      set loanhouse remove thishouse loanhouse
      if length loanhouse = 0
      [
        set isloan 0
      ]
    ]
  ]
  ;move-biggesthouse oldowner
  ]
  if liveramount ! = 0
  [
    let intcounter 0
    set liveramount length oldliver
    while [ intcounter < liveramount ]
    [
      ask household (item intcounter oldliver)
      [
        if isrent = 1
        [
          set isrent 0
          set renthouse remove thishouse renthouse
        ]
        set livein 0
        setxy random-pxcor random-pycor
      ]
      set intcounter intcounter + 1
    ]
    set liveramount 0
    set liver [ ]
```

```
                ]
                moveto-biggesthouse
                Classify-FaimlyType
            ]
            ]
            [
            set findhouse min-one-of houses with [ years <= 1 and
propertyType = "CH" and housestatus = "toSell" and area > currentarea -
45 and area > currentarea + 45 and paycapability ≥ totalprice ]
[ distance myself]

            if findhouse ! = nobody
            [
            ask findhouse

            [
                let oldowner owner
                let oldliver liver
                let thishouse who
                set owner currentHH
                set buyprice totalprice
                set buyyear timetick
                set houseStatus "undecided"
                set BuyPrice totalprice
                ask household currentHH
                [
                  set isbuy 1
                  set buyhouse lput thishouse buyhouse

                  set ownhouse lput thishouse ownhouse
                  set houseAmount length ownhouse
                  print "buy action is working well    2"
```

```
]
if oldowner ! = 0
[
ask household oldowner
[

   set ownhouse remove thishouse ownhouse
   set houseAmount length ownhouse
   set isSold 1
   set soldhouse lput thishouse soldhouse
   if islet=1
   [
      set lethouse remove thishouse lethouse
      if length lethouse=0
      [
         set islet 0
      ]
   ]
   if isloan=1
   [
      set loanhouse remove thishouse loanhouse
      if length loanhouse=0
      [
         set isloan 0
      ]
   ]
]
;move-biggesthouse oldowner                    ]
if liveramount ! = 0
[
   let intcounter 0
   while [ intcounter < liveramount ]
```

```
                [
                  ask household (item intcounter oldliver)
                  [
                    if isrent=1
                    [
                      set isrent 0
                      set renthouse remove thishouse renthouse
                    ]
                    set livein 0
                    setxy random-pxcor random-pycor
                  ]
                  set intcounter intcounter + 1
                ]
                set liveramount 0
                set liver [ ]
              ]
              moveto-biggesthouse
          Classify-FaimlyType
          ]
        ]       ]       ]       ]
    ;move-biggesthouse currentHH
          ]
  if FamilyType="InvestII"
  [
    let buyflag 0
    let houseinitialprice 0
    let housenowprice 0
    let holdyears 0
    let currenthousevalue 0
    let paycapability savings
    let increasevalue 0
    ;if any? houses with [ owner=currentHH ]
```

```
;[
  ask houses with [ owner=currentHH ]
  [
  set houseinitialprice houseinitialprice + initialprice
  set housenowprice housenowprice + totalprice
  set holdyears years
  set currenthousevalue totalprice
  ]
  set increasevalue (housenowprice-houseinitialprice)/
houseinitialprice
]
if (increasevalue < 2 * interestRate * holdyears)
[
  if (1/30) > (1 -G14 * 0.01) * loanrate * (1 + loanrate)
^ maxagelimit/((1 + loanrate) ^ maxagelimit -1)
  [
    set buyflag 1
  ]
]
if TC/savings > 0.3
[
  set buyflag 1
]
if buyflag=1
[
  let oldhouseTC TC

  let findhouse min-one-of houses with [ housestatus="toSell"
and propertyType = "CH" and totalprice <= currenthousevalue and
paycapability > totalprice * G14 * 0.01 and transfee * HHsize *
houseDistance < oldhouseTC ] [distance myself]
  if findhouse != Nobody
```

```
[
  ask findhouse
  [

  let oldowner owner
  let oldliver liver
  let thishouse who
      set owner currentHH
      set buyprice totalprice
      set buyyear timetick
      set houseStatus "undecided"
      set BuyPrice totalprice
      ask household currentHH
      [
        set isbuy 1
        set buyhouse lput thishouse buyhouse
        set isloan 1
        set loanhouse lput thishouse loanhouse
        set ownhouse lput thishouse ownhouse
        set houseAmount length ownhouse
        print "buy action is working well   3"
      ]
      if oldowner != 0
      [
      ask household oldowner
      [
        ;set houseamount houseamount -1
        set ownhouse remove thishouse ownhouse
        set houseAmount length ownhouse
        set isSold 1
        set soldhouse lput thishouse soldhouse
        if islet=1
```

```
        [
          set lethouse remove thishouse lethouse
          if length lethouse = 0
          [
            set islet 0
          ]
        ]
        if isloan = 1
        [
          set loanhouse remove thishouse loanhouse
          if length loanhouse = 0
          [
            set isloan 0
          ]                    ]                    ]
      ;move-biggesthouse oldowner
      ]
      if liveramount ! = 0
      [
        let intcounter 0
        while [ intcounter < liveramount ]
        [
          ask household (item intcounter oldliver)
          [
            if isrent = 1
            [
              set isrent 0
              set renthouse remove thishouse renthouse
            ]
            set livein 0
            setxy random-pxcor random-pycor
          ]
          set intcounter intcounter + 1
```

```
                ]
                set liveramount 0
                set liver [ ]
              ]          ]
          moveto-biggesthouse
          Classify-FaimlyType
                  ]              ]
      ;move-biggesthouse currentHH
      ;moveto-biggesthouse
    ]
        if familyType = " ImproveType"
    [
      let houseown houses with [ owner = currentHH ]
      let currentArea 0
      let currentZone 0
      let buyflag 0
      if count houseown = 1
      [
        ask houseown
        [
          set currentArea area
          set currentZone intensityZone
        ]
        if savings > ( currentZone + 30) * averagehouseprice * G14
* 0.01
        [
          set buyflag 1
        ]
        if TC > 0.3 * savings
        [
          set buyflag 1
        ]
```

```
if buyflag = 1
[
  let oldhouseTC TC
  let paycapability savings

    let findhouse min-one-of houses with [ housestatus = "
toSell" and propertyType = " CH " and area > currentArea and
intensityZone <= currentZone and paycapability > totalprice * G14 *
0.01 and transfee * HHsize * houseDistance < oldhouseTC ]
[distance myself]
  if findhouse != Nobody
  [
    ask findhouse
  [

  let oldowner owner
  let oldliver liver
  let thishouse who
      set owner currentHH
      set buyprice totalprice
      set buyyear timetick
      set houseStatus "undecided"
      set BuyPrice totalprice
      ask household currentHH
      [
        set isbuy 1
        set buyhouse lput thishouse buyhouse
        set isloan 1
        set loanhouse lput thishouse loanhouse
        ;set houseamount houseamount + 1
        set ownhouse lput thishouse ownhouse
        set houseAmount length ownhouse
```

```
  print "buy action is working well   3"
]
if oldowner ! = 0
[
ask household oldowner
[
  ;set houseamount houseamount -1
  set ownhouse remove thishouse ownhouse
  set houseAmount length ownhouse
  set isSold 1
  set soldhouse lput thishouse soldhouse
  if islet=1
  [
    set lethouse remove thishouse lethouse
    if length lethouse=0
    [
      set islet 0
    ]
  ]
  if isloan=1
  [
    set loanhouse remove thishouse loanhouse
    if length loanhouse=0
    [
      set isloan 0
    ]
  ]
]
;move-biggesthouse oldowner
]
if liveramount ! = 0
[
```

```
            let intcounter 0
            while [ intcounter < liveramount ]
            [
              ask household (item intcounter oldliver)
              [
                if isrent = 1
                [
                  set isrent 0
                  set renthouse remove thishouse renthouse
                ]
                set livein 0
                setxy random-pxcor random-pycor
              ]
              set intcounter intcounter + 1
            ]
            set liveramount 0
            set liver [ ]
          ]
      ]
      moveto-biggesthouse
      Classify-FaimlyType
                ]
    ]
  ]
  ;move-biggesthouse currentHH
  ;moveto-biggesthouse
]



if familyType = " RigidI"
[
```

```
let houseown houses with [ owner=currentHH ]
let currentArea 0
let currentZone 0
let conditionFlag 0

if count houseown=1
[
  ask houseown
  [
    set currentArea area
    set currentZone intensityZone
  ]
]

if timetick -applyYearAH ≥ 5
[           set conditionFlag 1          ]
if timetick -applyYearPH ≥ 5
[           set conditionFlag 1          ]
if TC > 0.3 * savings
[           set conditionFlag 1          ]
if conditionFlag=1
[             let oldhouseTC TC
    let paycapability savings

        let findhouse min-one-of houses with [ housestatus = "toSell" and propertyType = " CH " and area > currentArea and paycapability > totalprice * G12 * 0.01 and transfee * HHsize * houseDistance < oldhouseTC ] [distance myself]
    if findhouse != Nobody
    [
      ask findhouse
      [
```

```
let oldowner owner
let oldliver liver
let thishouse who
    set owner currentHH
    set buyprice totalprice
    set buyyear timetick
    set houseStatus "undecided"
    set BuyPrice totalprice
    ask household currentHH
    [
      set isbuy 1
      set buyhouse lput thishouse buyhouse
      set isloan 1
      set loanhouse lput thishouse loanhouse
      ;set houseamount houseamount + 1
      set ownhouse lput thishouse ownhouse
      set houseAmount length ownhouse
      print "buy action is working well   4"

      if isrent=1
      [
        set isrent 0
        let rentedhouse item 0 renthouse    ;;;as usual a
family only rented one house
        ask house rentedhouse
        [

          set liver remove currentHH liver
          set liveramount length liver
          let houseOwner Owner
          if houseOwner != 0
          [
```

```
          ask household houseOwner
          [
            set lethouse remove rentedhouse lethouse
            if length lethouse = 0
            [
              set islet 0
            ]
          ]
        ]
        ]
        set renthouse [ ]
      ]
    ]

    if oldowner ! = 0
    [
    ask household oldowner
    [
      ;set houseamount houseamount -1
      set ownhouse remove thishouse ownhouse
      set houseAmount length ownhouse
      set isSold 1
      set soldhouse lput thishouse soldhouse
      if islet = 1
      [
        set lethouse remove thishouse lethouse
        if length lethouse = 0
        [
          set islet 0
        ]
      ]
      if isloan = 1
```

```
        [
          set loanhouse remove thishouse loanhouse
          if length loanhouse = 0
          [
            set isloan 0
          ]
        ]
      ]
      ;move-biggesthouse oldowner
      ]
      if liveramount ! = 0
      [
        let intcounter 0
        while [ intcounter < liveramount ]
        [
          ask household (item intcounter oldliver)
          [
            if isrent = 1
            [
              set isrent 0
              set renthouse remove thishouse renthouse
            ]
            set livein 0
            setxy random-pxcor random-pycor
          ]
          set intcounter intcounter + 1
        ]
        set liveramount 0
        set liver [ ]
      ]
  ]
  moveto-biggesthouse
```

```
            Classify-FaimlyType
            ]

      ]
    ]

    if familyType = "RigidII"
    [

      let houseown houses with [ owner=currentHH ]
      let currentArea 0
      let currentZone 0
      let conditionFlag 0

      if count houseown = 1
      [
        ask houseown
        [
          set currentArea area
          set currentZone intensityZone
        ]
      ]

      if timetick -applyYearAH ≥ 5
      [
        set conditionFlag 1
      ]
      if timetick -applyYearPH ≥ 5
      [
        set conditionFlag 1
      ]
      if TC > 0.3 * savings
```

```
[
  set conditionFlag 1
]
if conditionFlag = 1
[

    let oldhouseTC TC
    let paycapability savings

      let findhouse min-one-of houses with [ housestatus =
"toSell" and propertyType = " CH " and area > currentArea and
paycapability > totalprice * G12 * 0.01 and transfee * HHsize *
houseDistance < oldhouseTC ] [distance myself]
    if findhouse != Nobody
    [
      ask findhouse
    [

    let oldowner owner
    let oldliver liver
    let thishouse who
        set owner currentHH
        set buyprice totalprice
        set buyyear timetick
        set houseStatus "undecided"
        set BuyPrice totalprice
        ask household currentHH
        [
          set isbuy 1
          set buyhouse lput thishouse buyhouse
          set isloan 1
          set loanhouse lput thishouse loanhouse
```

```
;set houseamount houseamount + 1
set ownhouse lput thishouse ownhouse
set houseAmount length ownhouse
print "buy action is working well   5"


if isrent=1
[
  set isrent 0
  let rentedhouse item 0 renthouse    ;;;as usual a
family only rented one house
  ask house rentedhouse
  [

    set liver remove currentHH liver
    set liveramount length liver
    let houseOwner Owner
    if houseOwner ! = 0
    [
    ask household houseOwner
    [
      set lethouse remove rentedhouse lethouse
      if length lethouse=0
      [
        set islet 0
      ]
    ]
    ]
  ]
  set renthouse [ ]
]
```

```
]
if oldowner ! = 0
[
ask household oldowner
[
  ;set houseamount houseamount -1
  set ownhouse remove thishouse ownhouse
  set houseAmount length ownhouse
  set isSold 1
  set soldhouse lput thishouse soldhouse
  if islet=1
  [
    set lethouse remove thishouse lethouse
    if length lethouse=0
    [
      set islet 0
    ]
  ]
  if isloan=1
  [
    set loanhouse remove thishouse loanhouse
    if length loanhouse=0
    [
      set isloan 0
    ]
  ]
]
;move-biggesthouse oldowner
]
if liveramount ! = 0
[
  let intcounter 0
```

```
                while [ intcounter < liveramount ]
                [
                  ask household ( item intcounter oldliver)
                  [
                    if isrent = 1
                    [
                      set isrent 0
                      set renthouse remove thishouse renthouse
                    ]
                    set livein 0
                    setxy random-pxcor random-pycor
                  ]
                  set intcounter intcounter + 1
                ]
                set liveramount 0
                set liver [ ]
              ]
          ]
          moveto-biggesthouse
          Classify-FaimlyType
          ]                ]          ]  ]  ]  ]
    Caculate-MarketTransation

  ;moveto-biggesthouse

end

to caculate-averagehouseprice

  let AllArea 0
  let AllPrice 0
```

```
  ask houses
  [
    set AllArea AllArea + area
    set AllPrice AllPrice + totalprice
  ]

  set averagehouseprice AllPrice/AllArea

end

to initialize-HousePrice
  ask houses with [ initialprice = 0 ]
  [
    let nowList [ ]
    ask activitycenters
    [
      set nowList lput who nowList
    ]
  let D1 distance activitycenter (item 0 nowList)
  let D2 distance activitycenter (item 1 nowList)
  let D3 distance activitycenter (item 2 nowList)
  set DistanceTocenter distancexy 0 0
  let TotalDistance (sqrt (2.25 * D1 * D1 + 2.25 * D2 * D2 +
2.25 * D3 * D3))          ;
  let Pindex  3.05 * e ^(7.163 + 0.142 * TimeTick)   ;
  let MarketPrice Pindex * e ^((-0.1 * distanceTocenter * 1.5) +
(0.001 * distanceTocenter * distanceTocenter * 2.25))  +
(random-normal 0 50) ;;.
  set initialprice area * MarketPrice
  if propertyType = "AH"
  [
    set initialprice initialprice * 0.66
```

```
 ]
 set HouseDistance TotalDistance
 ]

end

to move-biggesthouse [ householdID ]    ;
    let intcounter 0
    let biggestArea 0
    let biggesthouseID 0
    let liveinnow 0
    let livingarea 0
    ask houses with [ owner=householdID ]
      [
        if area > biggestArea
        [
          set biggestArea area
          set biggesthouseID who
        ]
      ]
      print biggestArea
     print biggesthouseID
if biggesthouseID ! = 0
[
    ask household householdID
    [
      set liveinnow livein
    ]



    if liveinnow ! = biggesthouseID
    [
```

```
ask house biggesthouseID
[
  set intcounter 0
  set houseStatus "selfuse"
  if liveramount > 0
  [
    while [ intcounter < liveramount]
    [

      ask household (item 0 liver)
      [
        let changehouse one-of houses with [ owner=householdID
and who != biggesthouseID]
        let changehouseID 0
        let HHlivernow who
        print "this is a house to change"
        show changehouse
        move-to changehouse
        ask changehouse
        [
          set changehouseID who
          set liver lput HHlivernow liver
          set liveramount length liver
          set houseStatus "rented"
        ]

        set livein changehouseID
        set isrent 1
        set renthouse remove biggesthouseID renthouse
        set renthouse lput changehouseID renthouse
        set renthouse remove-duplicates renthouse
        ask household householdID
```

```
                [
                   set islet 1
                   set lethouse lput changehouseID lethouse
                   set lethouse remove-duplicates lethouse
                ]
                ask house biggesthouseID
                [
                   set liver remove HHlivernow liver
                   set liver remove-duplicates liver
                ]
             ]
             set intcounter intcounter + 1
             set liveramount length liver
                   ]
                ]
       set liver lput householdID liver
       set liver remove-duplicates liver
       set liveramount length liver
    ]
  ]
  ask household householdID
  [
    set livein biggesthouseID
    move-to house biggesthouseID
  ]

]
End


to moveto-biggesthouse        ;
  ask households with [ houseamount > 0]
```

```
[
  let flag 1
  let familyID who
  if livein != 0
  [ask house livein   [
   if propertyType = "PH" or propertyType = "AH"   ;;do not move if
they are living in a PH or AH house
   [
     set flag 0
   ]
   if propertyType = "CH" and owner != familyID   ;
   [
     set flag 0
   ]
  ]

  ]
  if flag = 1
  [
  let intcounter 0
  let biggestArea 0
  let biggesthouseID 0
  let liveinnow 0
  let householdID who
  ask houses with [ owner = householdID ]
    [
      if area > biggestArea
      [
        set biggestArea area
        set biggesthouseID who
      ]
    ]
```

```
   print biggestArea
  print biggesthouseID

 ask household householdID
 [
   set liveinnow livein
 ]

 if liveinnow ! = biggesthouseID
 [
   ask house biggesthouseID
   [
     set intcounter 0
     set houseStatus "selfuse"
     if liveramount > 0
     [
       while [ intcounter < liveramount]
       [
         let liverperson item 0 liver
         ask household liverperson
         [
          let changehouse one-of houses with [ owner=householdID
and who ! = biggesthouseID]
           let changehouseID 0
           let HHlivernow who
           print "this is a house to change"
           show changehouse
           if changehouse ! = Nobody
           [
           move-to changehouse
           ask changehouse
           [
```

```
        set changehouseID who
        set liver lput HHlivernow liver

        set liver remove householdID liver
        set liveramount length liver
        set houseStatus "rented"
      ]

      set livein changehouseID
      set isrent 1
      set renthouse remove biggesthouseID renthouse
      set renthouse lput changehouseID renthouse
      set renthouse remove-duplicates renthouse
      ask household householdID
      [
        set islet 1
        set lethouse lput changehouseID lethouse
        set lethouse remove biggesthouseID lethouse
        set lethouse remove-duplicates lethouse
      ]
      ask house biggesthouseID
      [
        set liver remove HHlivernow liver
        set liver remove-duplicates liver
      ]
      ]
    ]
    set intcounter intcounter + 1

    set liveramount length liver

  ]
```

```
          ]
          set liver lput householdID liver
          set liver remove-duplicates liver
          set liveramount length liver
        ]
      ]
      ask household householdID
      [
        set livein biggesthouseID
        move-to house biggesthouseID
      ]
      ask houses with [ owner=householdID and who != 
biggesthouseID]
      [
        set liver remove householdID liver
        set liveramount length liver
      ]
    ]
    ]
end

to caculate-averageincome
    let population 0
    let totalincome 0

    ask households
    [
      set population population + familysize
      set totalincome totalincome + familysize * income
    ]

    set averageincome totalincome/population
```

```
end


to prepare-ApplyAHList

  set ApplyAHList [ ]
  caculate-averageincome
  Caculate-AverageArea
  ask households with [ hukou = "Local" ]
  [

    if income < averageincome * G2 * 0.01
    [
      let thishousehold who
      let flag true
      let intcount 0
      let familyHouseArea 0
      while [intcount < houseamount]
      [
        ask house item intcount ownhouse
        [   set familyHouseArea familyHouseArea + area          ]
              set intcount intcount + 1
      ]
     ;print "this is familyHouseArea familyHouseArea familyHouseArea
familyHouseArea familyHouseArea familyHouseArea"
      print familyHouseArea/familysize
     ;  print "this is SocialAverageArea SocialAverageArea Social
AverageArea  SocialAverageArea SocialAverageArea SocialAverageArea"
      print SocialAverageArea
      if familyHouseArea/familysize>=G3 * 0.01  * SocialAverageArea
      [
        set flag false
```

```
        ]
        if any? houses with [ owner=thishousehold and propertyType="
AH" ] ;
        [
          set flag false
        ]
        if flag=true
        [
        set ApplyAHList lput thishousehold ApplyAHList
        set isApplyAH 1
        if applyYearAH=0
        [
          set applyYearAH timetick
        ]
        ]
      ]
    ]

show ApplyAHList
print "this is a waiting list for applying the AH houses........:"
print length ApplyAHList
end

to buy-AHhouse
  let applyAHcount length ApplyAHList
  let intcount 0
  while [intcount < applyAHcount]
  [
    let thisfamily item intcount ApplyAHList
    ask household thisfamily
    [
      let paycapability savings
```

```
if familytype = "RigidI"
[
let findhouse min-one-of houses with [ owner=0 and housestatus
="toSell" and propertyType = "AH" and paycapability > totalprice *
G14 * 0.01 ] [distance myself]
if findhouse != Nobody
[
 let AHhouse 0
 let AHArea 0
 let AHZone 0
 ask findhouse
 [  set AHhouse who
   set owner thisfamily
   set housestatus "undecided"
   set buyprice totalprice
   set buyyear timetick
   set AHArea area
   set AHZone intensityZone        ]
 set ownhouse lput AHhouse ownhouse
 set houseAmount length ownhouse

 set isbuy 1
 set buyhouse lput AHhouse buyhouse
 set isloan 1
 set loanhouse lput AHhouse loanhouse
 if livein != 0  ;
 [
   let nowArea 0
   let nowZone 0
 ask house livein
 [
   set nowArea area
```

```
          set nowzone intensityZone
        ]
        if nowArea < AHArea or nowzone > AHZone
        [
          ask house livein
          [
            set liver remove thisfamily liver
            set liveramount length liver
            set housestatus "toLet"
          ]
        move-to findhouse
        set livein AHhouse
        ask findhouse
        [
          set liver lput thisfamily liver
          set liveramount length liver
          set housestatus "selfuse"
        ]
        ]
        ]
        print "buy an AH house successfully 111"

        if isrent = 1
        [
          set isrent 0
          let rentedhouse item 0 renthouse    ;;;as usual a family only
rented one house
          ask house rentedhouse
          [

            set liver remove thisfamily liver
            set liveramount length liver
```

```
          let houseOwner Owner
          if houseOwner ! = 0
          [
          ask household houseOwner
          [
            set lethouse remove rentedhouse lethouse
            if length lethouse = 0
            [
              set islet 0
            ]
          ]
          ]
        ]
        set renthouse [ ]
      ]
      Classify-FaimlyType
      ]


      ]
      if familytype = " RigidII"
      [
      let findhouse min-one-of houses with [ owner = 0 and housestatus
= " toSell"  and propertyType = " AH"  and paycapability > totalprice  *
G12  *  0. 01 ] [ distance myself]
      if findhouse ! = Nobody
      [
       let AHhouse 0
       ask findhouse
       [
         set AHhouse who
         set owner thisfamily
         set liver lput thisfamily liver
```

```
      set liveramount length liver
      set buyprice totalprice
      set buyyear timetick
      set housestatus "selfuse"
    ]
    set ownhouse lput AHhouse ownhouse
    set houseAmount length ownhouse
    ;set houseAmount houseAmount + 1
    set livein AHhouse
    set isbuy 1
    set buyhouse lput AHhouse buyhouse
    set isloan 1
    set loanhouse lput AHhouse loanhouse
    move-to findhouse
    print "buy an AH house successfully  222"

    if isrent = 1
    [
      set isrent 0
      let rentedhouse item 0 renthouse   ;;;as usual a family only
rented one house
      ask house rentedhouse
      [

        set liver remove thisfamily liver
        set liveramount length liver
        let houseOwner Owner
        if houseOwner ! = 0
        [
        ask household houseOwner
        [
          set lethouse remove rentedhouse lethouse
```

```
              if length lethouse=0
              [
                set islet 0
              ]
            ]
            ]
          ]
          set renthouse [ ]
        ]
        Classify-FaimlyType
        ]
        ]

      ask houses with [ owner=thisfamily and propertyType != "AH"]
      [
        set liver remove thisfamily liver
        set liveramount length liver
      ]
    ]

    set intcount intcount + 1

  ]
  Caculate-MarketTransation
update-savings

end

to buyAH-CH   ;

  ask houses with [ propertyType = " AH" and owner != 0 and
timetick-buyyear>=5]
```

```
  [
    let AHowner owner
    let houseID who
    let restpay totalprice * 0. 34/0. 66
    ask household AHowner
    [
      if savings > restpay
      [
        set savings savings -restpay
        ask house houseID
        [
          set propertyType "CH"
        ]
      ]
    ]
  ]
  end

to government-createAH
  if G19 > 0
  [
  create-houses G19
  [
    let ZoneNumber 0
    set size 0. 5
    set area 90
    set color 133
    set intensityZone 0
    set propertyType "AH"
    set buyprice 0
    set owner 0
    set initialprice 0
```

```
    set liver [ ]
    set liveramount 0
    set DistanceToCenter 0
    set housestatus "toSell"
    layout-circle houses-here with [color=133 ] 23
    let randomelocation one-of houses with [ intensityZone != 1 and
intensityZone != 2 and intensityZone != 0]
    move-to randomelocation
    ask randomelocation
    [
      set ZoneNumber intensityZone
    ]
    set intensityZone ZoneNumber
  ]
  ]
end

to government-createPH
  if G20 > 0
  [
  create-houses G20
  [
    let ZoneNumber 0
    set size 0.5
    set area 60
    set color 91
    set intensityZone 0
    set propertyType "PH"
    set buyprice 0
    set owner 0
    set initialprice 0
    set liver [ ]
```

```
    set liveramount 0
    set housestatus "toLet"
    set DistanceToCenter 0
    layout-circle houses-here with [color=91 ]  23
    let randomelocation one-of houses with [color != 91 and intensity
Zone != 0 ]
    move-to randomelocation
    ask randomelocation
    [
      set ZoneNumber intensityZone
    ]
    set intensityZone ZoneNumber
  ]
  ]
end

to Apply-movetoPH
    set ApplyPHList [ ]
  caculate-averageincome
  Caculate-AverageArea
  ask households with [ income < G7 * 0.01 * averageincome ]
  [
      let thishousehold who
      let flag true
      let intcount 0
      let familyHouseArea 0
      while [intcount < houseamount]
      [
        ask house item intcount ownhouse
        [     if propertyType = "AH"
          [     set flag false          ]
          set familyHouseArea familyHouseArea + area
```

```
    ]
            set intcount intcount + 1
  ]
  if livein ! = 0
  [
  ask house livein
  [
    if propertyType = "PH"
    [
      set flag false
    ]
  ]
  ]
  if familyHouseArea/familysize ≥ G8 * 0.01 * SocialAverageArea
  [
    set flag false
  ]

  if flag = true
  [
    set ApplyPHList lput thishousehold ApplyPHList
    set isApplyPH 1
    if applyYearPH = 0
    [
      set applyYearPH timetick
    ]
    let paycapacity savings
    let findPH min-one-of houses with [ propertyType = "PH" and liveramount = 0 and housestatus = "toLet" and paycapacity ≥ totalprice/30 ] [distance myself]
    if findPH ! = Nobody
    [
```

```
          let PHID 0
          ask findPH
          [
            set PHID who
            set liver lput thishousehold liver
            set liveramount length liver
            set housestatus "selfuse"
          ]
          set isRent 1
          set renthouse lput PHID renthouse
          if livein ! = 0
          [
            let currentHouseID livein
          ask house currentHouseID
          [
            set liver remove thishousehold liver
            set liveramount length liver
            set houseStatus "toLet"
          ]
          set renthouse remove currentHouseID renthouse
          if length renthouse=0
          [
            set isRent 0
          ]
          ]
          set livein PHID
          move-to house PHID
          set PHRentAmount PHRentAmount + 1
        ]
      ]
  ]
  print "this is households who are applying the PH houses:"
```

```
  show ApplyPHList
  Classify-FaimlyType
  end

to house-PHtoCH
    if G15 > 0
  [     let PHhouses houses with [ propertyType = "PH" ]
    let PHhouseNum count PHhouses
    let Changenum round(PHhouseNum * G15 * 0.01)
     let waitPHhouse houses with [ years ≥ 5 and propertyType =
"PH"]
    if count waitPHhouse < Changenum
    [
      set Changenum count waitPHhouse
    ]
    if Changenum != 0
    [
      ask n-of Changenum waitPHhouse
      [
        let thishouse who
        set propertyType "CH"
        set housestatus "toSell"
        if liveramount > 0   ;
        [
          let paycapacity 0
          let thisliver item 0 liver
          ask household thisliver
          [
            set paycapacity savings
          ]
          if paycapacity > totalprice
          [
```

```
            set owner thisliver
            set BuyPrice totalprice
            set buyyear timetick
            set housestatus "undecided"
            let payprice totalprice
            ask household thisliver
            [
              set ownhouse lput thishouse ownhouse
              set ownhouse remove-duplicates ownhouse
              set houseamount length ownhouse
              set savings savings -payprice
              set renthouse remove thishouse renthouse
              if length renthouse=0
              [
                set isrent 0
              ]      ]      ]      ]      ]      ]  ]
end

to adjust-Rentinfo      ;
  ask households with [ isrent=1]
  [
    let rentNum length renthouse
    let intcount 0
    let rentlist renthouse
    while [ intcount < rentNum ]
    [
      let nowrent item intcount rentlist
      ask house nowrent
      [
        if liveramount=0
        [
          set rentlist remove nowrent rentlist
```

```
          ]
        ]
        set rentNum length rentlist
        set renthouse rentlist
        if length renthouse = 0
        [
          set isRent 0
        ]
        set intcount intcount + 1
      ]
    ]
  end
to PHFamily-MovetoCH        ;
  ask households with [ livein != 0 and isRent = 1 and TC > 0.3 *
savings ]
  [
    let liveHouse livein
    let familyID who
    let membersize familysize
    let currentTC TC
    ask house livehouse
    [
      if propertyType = "PH"
      [
          let findCHhouse min-one-of houses with [ transfee *
membersize * HouseDistance < currentTC and propertyType = "CH"
and housestatus = "toLet" and liveramount = 0] [distance myself]
        if findCHhouse != nobody
        [
          let newhouseID 0
          ask findCHhouse
          [
```

```
            let newhouseOwner owner
            set newhouseID who
            if newhouseOwner ! = 0
            [
              ask household newhouseOwner
              [
                set islet 1
                set lethouse lput newhouseID lethouse
              ]
            ]
            set liver lput familyID liver
            set liveramount length liver
            set housestatus "rented"
          ]
          set liver remove familyID liver
          set liveramount length liver
          set housestatus "toLet"

          ask household familyID
          [
            set renthouse remove livehouse renthouse
            set renthouse lput newhouseID renthouse
            set isrent 1
            set livein newhouseID
            move-to house newhouseID
            ]        ]       ]     ]  ]

end

to allocate-walkers ;
  ask households with [ livein=0 and houseamount=0]
```

```
 [
   let householdID who
   let findRentHouse min-one-of houses with [ propertyType = "CH"
and housestatus = "toLet" and liveramount = 0] [distance myself]

   if findRentHouse ! = Nobody
   [
     let houseID 0
     let houseowner 0
     ask findRentHouse
     [
       set houseID who
       set liver lput householdID liver
       set liveramount length liver
       set housestatus "rented"
       set houseowner owner
     ]
     if houseowner ! = 0
     [
       ask household houseowner
       [
         set islet 1
         set lethouse lput houseID lethouse
       ]                  ]
     set livein houseID
     set isrent 1
     set renthouse lput houseID renthouse
     move-to house houseID
   ]
 ]

end
```

```
to improve-CHrent

  ask households with [isrent=1 and livein != 0]
  [
    let familyID who
    let HHsize familysize
    if item 0 renthouse=livein
    [
      let rentfee 0
      let tansfortfee TC
      let nowhouse livein
      ask house nowhouse
      [
        set rentfee totalprice/30
      ]
          if tansfortfee > 0.3 * savings or rentfee > 0.3 * savings
    [let findnewRent one-of houses with [ propertytype = "CH" and
housestatus = "toLet" and liveramount = 0 and (transfee * HHsize *
HouseDistance + (totalprice/30)) < tansfortfee + rentfee ]
      if findnewRent != nobody
      [
        let newrentowner 0
        let newrentID 0
        ask findnewRent
        [
          set newrentID who
          set liver lput familyID liver
          set liveramount length liver
          set housestatus "rented"
          set newrentowner owner
        ]
        if newrentowner != 0
```

```
        [
        ask household newrentowner
        [
          set islet 1
          set lethouse lput newrentID lethouse
        ]
        ]
        ask household familyID
        [
          set renthouse remove nowhouse renthouse
          set renthouse lput newrentID renthouse
          if length renthouse ! = 0
          [
            set isrent 1
          ]
          set livein newrentID
          move-to house newrentID
          print " improve-CHrent is working fine... improve-CHrent is
working fine... improve-CHrent is working fine"
        ]      ]          ]       ]  ]
end

to giveup-PHhouse ;;;give up the ph house if this household own more
than one ch house

  ask households with [ ownhouse ! = [ ] ]
  [
    let nowlivein livein
    let familyID who
    ask house nowlivein
    [
      if propertyType = " PH"
```

```
[
 let PHarea area
ifelse any? houses with [ owner=familyID and propertytype ! =
"PH" and area > PHarea ]
[
  set liver [ ]
  set liveramount 0
  set housestatus "toLet"

ask one-of houses with [ owner=familyID and propertytype ! =
"PH" and area > PHarea ]
[
  let houseID who
  ask house houseID
  [
    set liver lput familyID liver
    set liver remove-duplicates liver
    set liveramount length liver
    set housestatus "selfuse"
  ]
  ask household familyID
  [
    set livein houseID
    set renthouse remove nowlivein renthouse
    if length renthouse=0
    [     set isrent 0              ]
    set isApplyPH 0
    set ApplyYearPH 0
    move-to house houseID
  ]
]
moveto-biggesthouse
```

```
    ]
      [
        set liver lput familyID liver
        set liver remove-duplicates liver
        set liveramount length liver
        set housestatus "selfuse"
        ask household familyID
        [
          set livein nowlivein
          set renthouse lput nowlivein renthouse
          set renthouse remove-duplicates renthouse
          if renthouse != [ ]
          [
            set isrent 1
          ]
          move-to house nowlivein
        ]        ]       ]     ]     ]
  ask houses with [ propertytype = "PH" and liveramount = 0 and
housestatus = "selfuse" ]
  [     set housestatus "toLet"     ]
end
to Caculate-MarketTransation
      ask households with [ isbuy = 1 and buyhouse != [ ] ]
  [
    let buyAmount length buyhouse
    let intcount 0
    while [ intcount < buyAmount ]
    [
    ask house item intcount buyhouse
    [   if propertytype = "CH"
      [       set CHSalesAmount CHSalesAmount + 1         ]
      if propertytype = "AH"
```

```
    [           set AHSalesAmount AHSalesAmount + 1          ]
  ]
  set intcount intcount + 1
  ] ]
end

to plot-outputvalue
     set-current-plot "House-Market"
   set-current-plot-pen "CHTrade"
   plot CHSalesAmount

   set-current-plot "House-Market"
   set-current-plot-pen "AHTrade"
   plot AHSalesAmount

   set-current-plot "House-Market"
   set-current-plot-pen "PHTrade"
   plot PHRentAmount

   let Class1houseasset 0
   let Class1Savings 0
   let Class1houseloan 0
   let Class1HouseArea 0
   let Class1population 0
   let Class1Income 0
   let Class1OwnHouse 0
   let Class1Count count households with [incomeclass="Class1"]
   ask households with [incomeclass="Class1"]
   [
     let householdID who
     set Class1population Class1population + familysize
     set Class1Income Class1Income + income * familysize
```

```
    if houseamount > 0
    [
      set Class1OwnHouse Class1OwnHouse + 1
    ]
    ask houses with[ owner=householdID]
    [
      set Class1houseasset Class1houseasset + totalprice
      set Class1HouseArea Class1HouseArea + area
    ]
    if isLoan=1
    [
      let LoanAmount length loanhouse
      let intcount 0

      while [ intcount < LoanAmount]
      [
        ask house item intcount loanhouse
        [  set Class1houseloan Class1houseloan + restloan
        ]
          set intcount intcount + 1
      ]
                 ]
    set Class1Savings Class1Savings + savings

  ]
  let AverageAssetClass1 ( Class1Savings + Class1houseasset-Class1houseloan)/Class1Count
  let AverageAreaClass1 Class1HouseArea/Class1population
  let AverageincomeClass1 Class1Income/Class1Count
  let OwnhouseRateClass1 Class1OwnHouse/Class1Count
   set-current-plot "AverageAsset-byClass"
   set-current-plot-pen "AverageAssetClass1"
```

```
plot AverageAssetClass1
set-current-plot "AverageArea-byClass"
set-current-plot-pen "AverageAreaClass1"
plot AverageAreaClass1
set-current-plot "Averageincome-byClass"
set-current-plot-pen "AverageincomeClass1"
plot AverageincomeClass1
set-current-plot "OwnhouseRate-ByClass"
set-current-plot-pen "OwnhouseRateClass1"
plot OwnhouseRateClass1

let Class2houseasset 0
let Class2Savings 0
let Class2houseloan 0
let Class2HouseArea 0
let Class2population 0
let Class2Income 0
let Class2OwnHouse 0
let Class2Count count households with [incomeclass="Class2"]
ask households with [incomeclass="Class2"]
[
  let householdID who
  set Class2population Class2population + familysize
  set Class2Income Class2Income + income * familysize
  if houseamount > 0
  [
    set Class2OwnHouse Class2OwnHouse + 1
  ]
  ask houses with[ owner=householdID]
  [
    set Class2houseasset Class2houseasset + totalprice
    set Class2HouseArea Class2HouseArea + area
```

```
]
if isLoan = 1
[
  let LoanAmount length loanhouse
  let intcount 0

  while [ intcount < LoanAmount]
  [
    ask house item intcount loanhouse
     [                     set Class2houseloan Class2houseloan +
restloan                             ]

    set intcount intcount + 1
  ]        ]
set Class2Savings Class2Savings + savings
   ]
let AverageAssetClass2 (Class2Savings + Class2houseasset-Class2
houseloan)/Class2Count
let AverageAreaClass2 Class2HouseArea/Class2population
let AverageincomeClass2 Class2Income/Class2Count
let OwnhouseRateClass2 Class2OwnHouse/Class2Count
 set-current-plot "AverageAsset-byClass"
 set-current-plot-pen "AverageAssetClass2"
 plot AverageAssetClass2
 set-current-plot "AverageArea-byClass"
 set-current-plot-pen "AverageAreaClass2"
 plot AverageAreaClass2
 set-current-plot "Averageincome-byClass"
 set-current-plot-pen "AverageincomeClass2"
 plot AverageincomeClass2
 set-current-plot "OwnhouseRate-ByClass"
 set-current-plot-pen "OwnhouseRateClass2"
```

```
plot OwnhouseRateClass2

let Class3houseasset 0
let Class3Savings 0
let Class3houseloan 0
let Class3HouseArea 0
let Class3population 0
let Class3Income 0
let Class3OwnHouse 0
let Class3Count count households with [incomeclass = "Class3"]
ask households with [incomeclass = "Class3"]
[
  let householdID who
  set Class3population Class3population + familysize
  set Class3Income Class3Income + income * familysize
  if houseamount > 0
  [
    set Class3OwnHouse Class3OwnHouse + 1
  ]
  ask houses with[ owner = householdID]
  [
    set Class3houseasset Class3houseasset + totalprice
    set Class3HouseArea Class3HouseArea + area
  ]
  if isLoan = 1
  [
    let LoanAmount length loanhouse
    let intcount 0

    while [ intcount < LoanAmount]
    [
      ask house item intcount loanhouse
```

```
            [                  set Class3houseloan Class3houseloan +
restloan                               ]
                        set intcount intcount + 1
      ]                    ]
   set Class3Savings Class3Savings + savings
        ]
  let AverageAssetClass3 ( Class3Savings + Class3houseasset -
Class3houseloan)/Class3Count
  let AverageAreaClass3 Class3HouseArea/Class3population
  let AverageincomeClass3 Class3Income/Class3Count
  let OwnhouseRateClass3 Class3OwnHouse/Class3Count
  set-current-plot "AverageAsset-byClass"
  set-current-plot-pen "AverageAssetClass3"
  plot AverageAssetClass3
  set-current-plot "AverageArea-byClass"
  set-current-plot-pen "AverageAreaClass3"
  plot AverageAreaClass3
  set-current-plot "Averageincome-byClass"
  set-current-plot-pen "AverageincomeClass3"
  plot AverageincomeClass3
  set-current-plot "OwnhouseRate-ByClass"
  set-current-plot-pen "OwnhouseRateClass3"
  plot OwnhouseRateClass3

  let Class4houseasset 0
  let Class4Savings 0
  let Class4houseloan 0
  let Class4HouseArea 0
  let Class4population 0
  let Class4Income 0
  let Class4OwnHouse 0
  let Class4Count count households with [incomeclass = "Class4"]
```

```
ask households with [incomeclass = "Class4"]
[
  let householdID who
  set Class4population Class4population + familysize
  set Class4Income Class4Income + income * familysize
  if houseamount > 0
  [
    set Class4OwnHouse Class4OwnHouse + 1
  ]
  ask houses with[ owner=householdID]
  [
    set Class4houseasset Class4houseasset + totalprice
    set Class4HouseArea Class4HouseArea + area
  ]
  if isLoan=1
  [
    let LoanAmount length loanhouse
    let intcount 0

    while [ intcount < LoanAmount]
    [
      ask house item intcount loanhouse
      [              set Class4houseloan Class4houseloan + restloan
                  ]
                set intcount intcount + 1
    ]
        ]
  set Class4Savings Class4Savings + savings

]
let AverageAssetClass4 (Class4Savings + Class4houseasset-Class4
houseloan)/Class4Count
```

```
let AverageAreaClass4 Class4HouseArea/Class4population
let AverageincomeClass4 Class4Income/Class4Count
let OwnhouseRateClass4 Class4OwnHouse/Class4Count
 set-current-plot "AverageAsset-byClass"
 set-current-plot-pen "AverageAssetClass4"
 plot AverageAssetClass4
 set-current-plot "AverageArea-byClass"
 set-current-plot-pen "AverageAreaClass4"
 plot AverageAreaClass4
 set-current-plot "Averageincome-byClass"
 set-current-plot-pen "AverageincomeClass4"
 plot AverageincomeClass4
 set-current-plot "OwnhouseRate-ByClass"
 set-current-plot-pen "OwnhouseRateClass4"
 plot OwnhouseRateClass4

 let Class5houseasset 0
 let Class5Savings 0
 let Class5houseloan 0
 let Class5HouseArea 0
 let Class5population 0
 let Class5Income 0
 let Class5OwnHouse 0
 let Class5Count count households with [incomeclass = "Class5"]
 ask households with [incomeclass = "Class5"]
 [
   let householdID who
   set Class5population Class5population + familysize
   set Class5Income Class5Income + income * familysize
   if houseamount > 0
   [
     set Class5OwnHouse Class5OwnHouse + 1
```

```
        ]
        ask houses with[ owner=householdID]
        [
          set Class5houseasset Class5houseasset + totalprice
          set Class5HouseArea Class5HouseArea + area
        ]
        if isLoan=1
        [     let LoanAmount length loanhouse
          let intcount 0
          while [ intcount < LoanAmount]
          [     ask house item intcount loanhouse
            [   set Class5houseloan Class5houseloan + restloan
  ]
                          set intcount intcount + 1
          ]     ]
        set Class5Savings Class5Savings + savings
          ]
      let  AverageAssetClass5  ( Class5Savings  +  Class5houseasset  -
Class5houseloan)/Class5Count
    let AverageAreaClass5 Class5HouseArea/Class5population
    let AverageincomeClass5 Class5Income/Class5Count
    let OwnhouseRateClass5 Class5OwnHouse/Class5Count
     set-current-plot "AverageAsset-byClass"
     set-current-plot-pen "AverageAssetClass5"
     plot AverageAssetClass5
     set-current-plot "AverageArea-byClass"
     set-current-plot-pen "AverageAreaClass5"
     plot AverageAreaClass5
     set-current-plot "Averageincome-byClass"
     set-current-plot-pen "AverageincomeClass5"
     plot AverageincomeClass5
     set-current-plot "OwnhouseRate-ByClass"
```

```
set-current-plot-pen "OwnhouseRateClass5"
plot OwnhouseRateClass5

;let EmptyhouseAmount count houses with [ liveramount = 0 and owner = 0]

let CHTotalArea 0
let CHEmptyArea 0
ask houses with [ propertyType = "CH" ]
[
  set CHTotalArea CHTotalArea + area
  if liveramount = 0 and owner = 0
  [
    set CHEmptyArea CHEmptyArea + area
  ]
]
let EmptyCHRate CHEmptyArea/CHTotalArea

let AHTotalArea 0
let AHEmptyArea 0
ask houses with [ propertyType = "AH" ]
[
  set AHTotalArea AHTotalArea + area
  if liveramount = 0 and owner = 0
  [
    set AHEmptyArea AHEmptyArea + area
  ]
]
let EmptyAHRate AHEmptyArea/AHTotalArea

let PHTotalArea 0
let PHEmptyArea 0
```

```
ask houses with [ propertyType = "PH" ]
[
  set PHTotalArea PHTotalArea + area
  if liveramount = 0 and owner = 0
  [
    set PHEmptyArea PHEmptyArea + area
  ]
]
let EmptyPHRate PHEmptyArea/PHTotalArea

set-current-plot "EmptyHouse-byType"
set-current-plot-pen "EmptyCHRate"
plot EmptyCHRate
set-current-plot "EmptyHouse-byType"
set-current-plot-pen "EmptyAHRate"
plot EmptyAHRate
set-current-plot "EmptyHouse-byType"
set-current-plot-pen "EmptyPHRate"
plot EmptyPHRate
let AHAmount count houses with [ propertyType = "AH" ]
let ApplyAHAmount length ApplyAHList
let PHAmount count houses with [ propertyType = "PH" ]
let ApplyPHAmount length ApplyPHList
let ApplySHAmount ApplyAHAmount + ApplyPHAmount
let SuppySHAmount AHAmount + PHAmount
set-current-plot "Housing-Assistance"
set-current-plot-pen "AHAmount"
plot AHAmount
set-current-plot "Housing-Assistance"
set-current-plot-pen "ApplyAHAmount"
plot ApplyAHAmount
set-current-plot "Housing-Assistance"
```

```
    set-current-plot-pen "PHAmount"
    plot PHAmount
    set-current-plot "Housing-Assistance"
    set-current-plot-pen "ApplyPHAmount"
    plot ApplyPHAmount
    set-current-plot "Housing-Assistance"
    set-current-plot-pen "ApplySHAmount"
    plot ApplySHAmount
    set-current-plot "Housing-Assistance"
    set-current-plot-pen "SuppySHAmount"
    plot SuppySHAmount
let rigidIIlivearea 0
let rigidIIpopulation 0
let rigidIIrent 0
let rigidIISavings 0
ask households with [ familyType="RigidII" ]
[
  let intcount 0
  let rentcount length renthouse
  set rigidIIpopulation rigidIIpopulation + familysize
  if isRent=1
  [
    set rigidIISavings rigidIISavings + savings
    while [ intcount < rentcount]
    [
      ask house item intcount renthouse
      [          set rigidIIrent rigidIIrent + Totalprice/30        set
rigidIIlivearea rigidIIlivearea + area
      ]
      set intcount intcount + 1
    ]
  ]
```

```
]
    set-current-plot " RigidI-II-AverageArea"
    set-current-plot-pen " RigidII-AverageArea"
    plot rigidIIlivearea/rigidIIpopulation

    set-current-plot " RigidI-II-HouseCost/Saving"
    set-current-plot-pen " RigidII-LC/S"
    plot rigidIIrent/rigidIISavings

    let rigidIlivearea 0
let rigidIHHsize 0
let rigidIrent 0
let rigidISavings 0
let rigidIloan 0
ask households with [ familyType = " RigidI" ]
[
    let intcount 0
  let rentcount length renthouse
  set rigidIHHsize rigidIHHsize + familysize
  set rigidISavings rigidISavings + savings
  if rentcount > 0
  [
    while [ intcount < rentcount]
    [
      ask house item intcount renthouse
      [
        set rigidIrent rigidIrent + Totalprice/30
        set rigidIlivearea rigidIlivearea + area
      ]
      set intcount intcount + 1
    ]
```

```
]
if isloan = 1
[
  set intcount 0
  let loancount length loanhouse
  while [ intcount < loancount]
  [
    ask house item intcount loanhouse
    [
      set rigidIloan rigidIloan + buyPrice * (1 -G12 * 0.01)  *
loanrate * G13 * 0.01 * ((1 + loanrate * G13 * 0.01) ^
maxagelimit)/((1 + loanrate * G13 * 0.01) ^ maxagelimit-1)
      set rigidIlivearea rigidIlivearea + area
    ]
    set intcount intcount + 1
  ]      ]]

   set-current-plot "RigidI-II-AverageArea"
   set-current-plot-pen "RigidI-AverageArea"
   plot RigidIlivearea/rigidIHHsize
   set-current-plot "RigidI-II-HouseCost-Saving"
   set-current-plot-pen "RigidI-LC/S"
   plot (RigidIrent + rigidIloan)/rigidISavings
     let Zone1HouseAmount 0
  let Zone1EmptyAmount 0
   ask houses with [intensityZone = 1]
   [set Zone1HouseAmount Zone1HouseAmount + 1
   ]
   ask houses with [intensityZone = 1 and liveramount = 0]
   [
     set Zone1EmptyAmount Zone1EmptyAmount + 1
```

```
]

let Zone1EmptyRate Zone1EmptyAmount/ZoneHouseAmount

set-current-plot "EmptyHouse"
set-current-plot-pen "EmptyRateZone1"
plot Zone1EmptyRate
    et Zone5HouseAmount 0
let Zone5EmptyAmount 0
ask houses with [intensityZone=5]
[
   set Zone5HouseAmount Zone5HouseAmount + 1
]
ask houses with [intensityZone=5 and liveramount=0]
[          set Zone5EmptyAmount Zone5EmptyAmount + 1
]
    let Zone5EmptyRate Zone5EmptyAmount/Zone5HouseAmount
    set-current-plot "EmptyHouse"
set-current-plot-pen "EmptyRateZone5"
plot Zone5EmptyRate
    let SocialTotalTC 0
let HouseholdAmount 0
ask households
[
   set HouseholdAmount HouseholdAmount + 1
   set SocialTotalTC SocialTotalTC + TC
]
set-current-plot "SocialAverageTC"
set-current-plot-pen "SocialAverageTC"
plot SocialTotalTC/HouseholdAmount
end
```

程序字典(program dictinaory)

申请经适房年限	applyYearAH
购买面积	buyarea
购买住房号	buyhouse
限购套数	BuyLimit
购买价格	buyPrice
实际住房面积	currentarea
入住家庭号	currentHH
自住住房号	currenthouse
强度区号	currentZone
日常消费占比	DailyConsumption WHEC
住房与 CBD 距离	distancetocenter
家庭编号	familyID
家庭人口	familysize
家庭消费属性	familyType
家庭人口	Hhsize
住房套数	houseAmount
家庭总资产	houseasset
住房购买	housebuy
住房购买号	housebuyNo
首付款	houseFirstPay
家庭主体	household
住房出租收入	houseLetIncome
房租支出	houseRentFee
住房出售收入	houseSaleIncome
租售状态	housestatus
本地户口	hukou = " Local"
外地户口	hukou = " Off-site"

续表

收入	income
住房增值	increaseValue
初始总价	initialize-HousePrice
初始价格单价	initialprice
强度区号	intensityZone
存款利率	InterestRate
家庭已经出租房子	islet
家庭已经在租房	isrent
剩余未付贷款	leasttopay
实际居住人口	liveramount
居住家庭	liverperson
贷款利率	loanrate
住房市场价格	MarketPrice
最大贷款年限	maxagelimit
单位交通成本指数	MeanTransportCost
家庭人口	membersize
抵押贷款	mortgage
支付能力	paycapability
公租房房号	PHID
公租房补贴	PHSubsidy
房价指数	Pindex
人口	population
物业税	propertyTax
存款利息	SaveingInterest
家庭存款	savings
销售费用	soldfee

续表

交通成本	TC
时钟周期	TimeTick
交通总距离	TotalDistance
单位交通费用	transfee
交通成本	TransportCost

附录Ⅶ　武汉市人口及住房基础信息表

时钟	T0	T1	T2	T3	T4	T5	T6	T7	T8	T9	T10
年期	2000	2001	2002	2003	2004	2005	2006	2007	2008	2009	2010
常住人口(万)	804	805	817	829	845	858	875	886	897	910	978
外来流动人口(万)	115	123. 5	132	140. 5	149	157. 5	166	174. 5	183	191. 5	200
总人口(万)	919	928. 5	949	969. 5	994	1015. 5	1041	1060. 5	1080	1101. 5	1178
平均家庭人口	3. 17	3. 13	3. 09	3. 05	3. 01	2. 97	2. 93	2. 89	2. 85	2. 81	2. 78
家庭总数(万)	290	296	306	317	329	341	354	366	377	390	423
人均住房面积(平方米)	18. 65	19. 5	22. 16	23. 92	24. 25	25. 5	26. 86	28. 25	29. 56	30. 88	31. 85
总存量住房面积(平方米)	15009. 69	15697. 5	18104. 72	19829. 68	20491. 25	21879	23502. 5	25029. 5	26519. 8	28100. 8	31166. 47
新竣工住房面积(平方米)	733. 48	924. 58	768. 23	811. 62	774. 47	722. 25	608. 91	600. 24	522. 73	499. 62	733. 48

注:上表中除常住人口、人均住房面积,2000年和2010年平均家庭人口、外来流动人口为统计值外,其余为插值法计算的估计值。

附录Ⅷ　武汉市房价梯度函数和2000—2010年商品房价格变动估计过程

一、武汉市房价梯度函数

武汉市市区（包括七个中心城区和两个开发区）总面积为1040.64平方公里，相当于半径约为18.5公里的单中心城市。本研究考虑部分郊区发展较快现状，模型中取城市半径为30公里，此时周长正好等于武汉在建外环线（绕城公路）的总长188公里。使用卫星地图测距功能，可以证明30公里圆形区域基本覆盖了建成区。①

将房价 P 作为因变量，将住房距离中心点直线距离 D 作为自变量，构造一个半对数函数，形式为 $\ln P = \beta_0 + \beta_1 \times D + \beta_2 \times D^2$，其中房价=1.2×（基准地价+建安造价），基准地价根据武汉市公布的2010年基准地价表得出。

土地级别	基准地价（元/平方米）	建安造价（元/平方米）	房价（元/平方米）	距离中心 D（米）	D^2（米）	ln（房价）
1	11635	2000	16362	0	0	9.702717
2	7871	1900	11725.2	2.5	6.25	9.369496
3	5411	1800	8653.2	5	25	9.065684
4	3882	1700	6698.4	7.5	56.25	8.809624

① 根据2000年武汉的地价数据，距离城市中心15公里时，地价已经到最低点（见 WANG，2007）。

续表

土地级别	基准地价（元/平方米）	建安造价（元/平方米）	房价（元/平方米）	距离中心 D（米）	D^2（米）	ln（房价）
5	2731	1600	5197.2	10	100	8.555875
6	1967	1500	4160.4	12.5	156.25	8.333367
7	1634	1400	3640.8	15	225	8.199959
8	1090	1300	2868	17.5	306.25	7.96137
9	783	1200	2379.6	20	400	7.774688
10	563	1100	1995.6	22.5	506.25	7.5987
11	405	1000	1686	25	625	7.430114
12	291	1000	1549.2	27.5	756.25	7.345494
13	209	1000	1450.8	30	900	7.27987

回归结果为：$\ln P = 9.679 - 0.125 \times D + 0.001 \times D^2$，估计值比较满意，详见下表。

Dependent Variable: Y

Method: Least Squares

Included observations: 13

Variable	Coefficient	Std. Error	t-Statistic	Prob.
C	9.678938	0.022140	437.1705	0.0000
JL	-0.125150	0.003429	-36.49949	0.0000
JL2	0.001478	0.000110	13.41767	0.0000

R-squared	0.998752	Mean dependent var	8.263612
Adjusted R-squared	0.998503	S. D. dependent var	0.796225
S. E. of regression	0.030807	Akaike info criterion	-3.922979
Sum squared resid	0.009491	Schwarz criterion	-3.792606
Log likelihood	28.49936	F-statistic	4002.984
Durbin-Watson stat	1.421949	Prob (F-statistic)	0.000000

二、1999—2011 年商品房价格变动函数估计

中国指数研究院提供的武汉市商品住房成交均价数据如下：

	成交面积（万方）	成交金额（亿元）	成交均价（元/平方米）	经济适用房竣工面积（万方）
1999 年	203.92	35.12	1722	106.02
2000 年	339.28	55.51	1636	126.72
2001 年	380.10	66.34	1745	102.87
2002 年	393.13	75.32	1916	102.79
2003 年	512.13	103.61	2023	79.76
2004 年	613.91	151.19	2463	68.38
2005 年	626.80	172.45	2751	——
2006 年	906.68	321.74	3549	17.89
2007 年	1199.55	541.07	4511	83.09
2008 年	520.37	285.57	5488	122.27
2009 年	1181.29	621.01	5257	133.66
2010 年	1122.41	698.89	6227	36.76
2011 年	1075.48	689.60	6412	123.88

1999—2011 年成交均价的描述统计如下图所示：

描述统计量

	N	极小值	极大值	均值	标准差
VAR00001	12	1636.00	6412.00	3664.8333	1822.47144
有效的 N（列表状态）	12				

使用SPSS17.0进行曲线估计，房价增长比较符合增长函数和三次函数（见下图）。但三次函数系数估计值中存在较大的负值，和总体增长的趋势不符合。

模型汇总和参数估计值

方程	模型汇总					参数估计值	
	R方	F	df1	df2	Sig.	常数	b1
增长	0.970	318.805	1	10	0.000	7.163	0.142

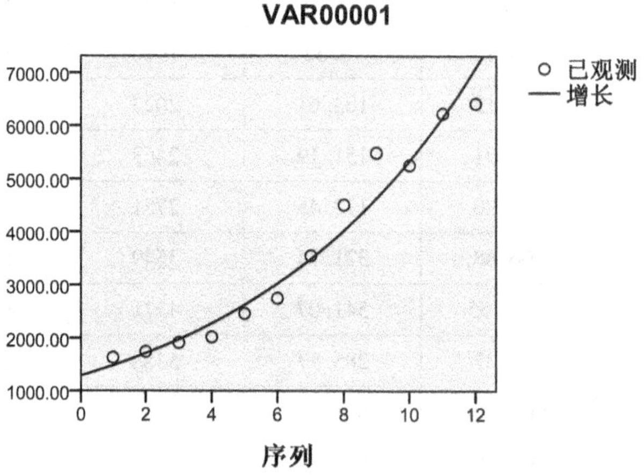

一般来说，仿真模型可以使用数组进行初始化输入，这样更为精确，但实验的工作量比较大。本研究为了预测2020年的情况，假定在通胀压力下房价会继续增长10年（尽管2012年的房价涨幅已经下降了很多，但产生原因有多种不同的意见），但增长幅度会下降。仿真模型中直接选取增长函数进行预测，函数形式为housing price＝e^（b_0+b_1（t）），程序中代码为Pindex＝e^（7.163+0.142×TimeTick－0.0035×timetick^2）。如果要测试不同房价变动趋势下（比方说剧烈下跌或温和上涨）的市场状况，可以更改这一函数来进行政策实验，具体见6.8节。

附录IX 政策实验变量表

	T1	T2	T3	T4	T5	T6	T7	T8	T9	T10	T11	T12	T13	T14
G1	1%	5%	5%	10%	5%	10%	3%	20%	1%	5%	5%	5%	5%	5%
G2	80%	80%	80%	80%	80%	80%	80%	80%	80%	80%	80%	80%	80%	80%
G3	60%	60%	60%	60%	60%	60%	60%	60%	60%	60%	60%	60%	60%	60%
G4	500	500	500	500	500	500	500	500	500	500	500	500	500	500
G5	5%	1%	5%	10%	5%	10%	3%	1%	20%	5%	5%	5%	5%	5%
G6	5	5	5	5	5	5	5	5	5	5	5	5	5	5
G7	80%	80%	80%	80%	80%	80%	80%	80%	80%	80%	80%	80%	80%	80%
G8	60%	60%	60%	60%	60%	60%	60%	60%	60%	60%	60%	60%	60%	60%
G9	500	500	500	500	500	500	500	500	500	500	500	500	500	500
G10	2	2	2	2	2	2	2	2	2	2	2	2	2	2
G11	1	1	1	1	1	1	1	1	1	1	1	1	1	1
G12	30%	30%	30%	30%	30%	30%	30%	30%	30%	30%	30%	30%	30%	30%
G13	70%	70%	70%	70%	70%	70%	70%	70%	70%	70%	70%	70%	70%	70%
G14	50%	50%	50%	50%	50%	50%	50%	50%	50%	50%	50%	50%	50%	50%
G15	0%	0%	0%	0%	0%	0%	0%	0%	0%	0%	0%	0%	0%	0%
G16				30%	30%	30%	30%	30%	30%	30%	30%	30%	30%	30%
G17	30	30	30	30	30	30	30	30	30	30	30	30	30	30
G19	5	10	10	10	0	0	0	0	0	0	0	0	0	0
G20	10	5	10	10	0	0	0	0	0	0	0	0	0	0
P-tax	0. 5%								0. 5%					

续表

	T15	T16	T17	T18	T19	T20	T21	T22	T23	T24	T25	T26
G1	5%	5%	5%	5%	5%	5%	5%	5%	5%	5%	5%	5%
G2	90%	100%	80%	100%	80%	80%	80%	80%	80%	80%	80%	80%
G3	60%	100%	60%	100%	60%	60%	60%	60%	60%	60%	60%	60%
G4	500	500	500	500	500	500	500	500	500	500	500	500
G5	5%	5%	5%	5%	5%	5%	5%	5%	5%	5%	5%	5%
G6	5	5	5	5	5	5	6	7	8	9	10	11
G7	90%	100%	100%	80%	80%	80%	80%	80%	80%	80%	80%	80%
G8	70%	100%	100%	60%	60%	60%	60%	60%	60%	60%	60%	60%
G9	500	500	500	500	500	500	500	500	500	500	500	500
G10	2	2	2	2	2	2	2	2	2	2	2	2
G11	1	1	1	1	1	1	1	1	1	1	1	1
G12	30%	30%	30%	30%	30%	30%	30%	30%	30%	30%	30%	30%
G13	70%	70%	70%	70%	70%	70%	70%	70%	70%	70%	70%	70%
G14	50%	50%	50%	50%	50%	50%	50%	50%	50%	50%	50%	50%
G15	0%	0%	0%	0%	0%	0%	0%	0%	0%	0%	0%	0%
G16	30%					0. 005	0. 005	0. 005	0. 005	0. 005	0. 005	0. 005
G17	30	30	30	30	30	30%	30%	30%	30%	30%	30%	30%
G19	0	0	0	0	0	0	0	0	0	0	0	0
G20	0	0	0	0	0	0	0	0	0	0	0	0
P-tax	0. 5%											
Transfee						50	50	50	50	50	75	100
Income tax						20%	10%	30%	50%	20%	20%	20%

注：T1~T4为测试；T5~T9为实验1；T12~T15为实验2，分别模拟房价增速 fast \ slow \ medial \ stable；T16~T19为实验3；T20~T23为所得税实验5；T10~T11为房产税实验4，图中直接标注为高税率、低税率；T24~T26为交通费用实验6。P-tax为房产税率；Transfee为单位交通费；Income tax为房产交易个人所得税率。

附录X 对住建部公租房试点湖北省黄石市房券制度的调研提纲

1. 贵市现有租金补贴的标准、档次和发放范围情况？

2. 具备租赁资格的标准是什么？是如何制定的？调整的周期和方法是什么？

3. 由暗补变为明补后，如何根据保障对象的收入和租金情况，计算补贴的额度？补贴的总量是如何计算的？

4. "住房券"的含义是什么？是否可以转让？发放住房券是否会造成房租上涨？获得住房券后平均多长时间可以入住？

5. 公租房资金投入和收益是如何平衡的？如果不平衡是如何解决的，与国家开发银行的合作情况。

6. 承租私人房屋经批准可否享有补贴？存量公租房房源的征收标准是什么，新增公租房采用什么办法（按比例配建还是集中兴建）？两者比例如何？

7. 是否进行过公租房需求调查？可否提供一份调查报告？

8. 极低收入者（原廉租房的保障对象）是否欢迎廉租房和公租房合并，是否能及时支付租金？对违约者如何处理？

9. 公租房可以出售是贵市制度设计的一大特点，具体是如何运行的（购买资格、定价、产权状况等）？如何保障可供租赁房源的可控和稳定？

10. 经适房和公租房，在同样的支出情况下，贵处认为应优先发展什么样的项目？

11. 企业或园区自建公租房是否可以批准？有无这样的例子？建设用地是如何解决的？

12. 众邦公司是如何平衡自有资金的？物业管理和维护费用如

何解决？

13. 公租房投资者权益可转让，股份转让还是产权转让，登记方式（房产证）如何设定？

14. 异地建设费的制定标准是怎样的？

15. 贵市提出保量安排土地用于公益性公共租赁住房建设，如何做到保量？

16. 公租房准入标准与家庭收入无关的优势和劣势？原因是收入核查成本太高吗？低收入者是否优先获得配租？如何确保弱势群体优先？

17. 按照现行方案，普通商品房配建5%保障性住房，总建筑面积中是否包含商业部分，成本价回购保障性住房是否考虑大市政的成本？

18. 公益性公租房可出售，那么其他公租房产权是否可以转让，已签租约是否继续？出售时是否完成土地出让？如何登记和定价？

19. 公租房闲置如何解决？

20. 城市最低收入标准补贴市场房租的90%，城市低收入标准补贴80%，是否分别对应原体系中的廉租房和经适房？

21. “房券”=“补贴资金”吗？未经审批不能支取使用，管理方式是否类似公积金？那么房源是个人产权的如何处理，是否可以将房补直接给房东。房源的选择上在目前公布的7400套里面可自由选择吗？香港出现的骗租事件（互相租用对方住房领取租房补贴）是否可能出现，如何解决？

22. 租赁合同为1年，续租如何确认，每年进行检查成本是否太高？

23. 公租房投资10年回收期的计算过程？

24. 共有产权的租金分配模式是怎样的？

25. 国有直管住房清理工作是一项实质性的改革举措，原居住者的既得利益如何解决，如何平稳推进这项工作？有什么经验？

附录XI　作者房地产博客(Blog)节选

浅析中小房地产开发企业如何应对财务危机

自2004年4月10日，国务院办公会议明确要压缩过快的固定资产投资规模后，各种规范房地产业发展的政策措施陆续出台。4月25日，央行提高各商业银行的存款准备金利率，严格控制和压缩信贷规模过快增长，使房地产项目债务融资步履艰难。4月27日，国家决定将新建房地产项目的自有资金比例从20%提高到35%。同时，各地方政府也陆续出台了一些抑制楼市投机行为的措施。4月13日，上海市政府颁布政策，宣布停止住房贷款转按揭。

由于房地产开发是资金密集型产业，在各商业银行规范和整顿房地产开发企业贷款，严格窗口操作的情况下，各企业面临非常大的资金压力。业内甚至戏称央行121号文件的颁布为“121地震”，可见该行业在这一轮宏观调控中所受到的冲击。而相对于大型房地产企业，中小企业财务状况更不乐观，一方面其融资渠道单一，被国内证券市场融资的高门槛拒之门外；另一方面由于内部管理不够规范，信贷资信普遍不高，造成其他外来投资者对此类企业的借款请求非常谨慎。正是面临资金上的供给不足，市场上已经出现开发企业以项目转让、合作开发等方式逃离市场的现象。

从目前房地产开发企业资产结构变化趋势上不难发现，随着房地产开发规模逐渐扩大，企业的货币资金在增加，但是企业的其他应收款却增加得更快，这主要是由于房地产物业可以进行预先销售造成的。同时财务报表也显示企业的存量资产迅猛增加，并且在总资产中占有最大比重。这是由于项目开发一般要经历土地收购、规划设计、开工建设直到开盘销售这样一个漫长过程，周期比较长，大约是 8~16 个月。可见房地产开发企业与其他行业的企业相比，它的流动资产比重不高，这必然会影响到企业的日常开支及对于其资本成本的偿付，因此其抗财务风险能力相对较弱。

房地产企业的持续发展需要大量的资金投入，目前大多数企业一般采用负债融资的方式，相对于股权融资，负债融资成本要高得多。房地产企业的长期负债比率普遍很大，当国家采取银根紧缩策略时，就意味着企业的利息负担会变得很重，这对一个需要有长期资金来支持的企业来说是非常不利的。除此之外，由于土地资源的稀缺性和政府对土地市场的日益规范，平均地价越来越贵。在经济景气周期里，企业要发展就必须要尽早买地，这对于一个周转速度较慢的行业来说是很矛盾的，扩张的唯一办法就是不断地向外融资。

实际上，如果做一个财务上的统计，会发现房地产行业与其他行业不同，其资产周转率相对较低。例如汽车销售行业，其资产周转率大约是 5.4，房地产业通常只有 1.0。这也就是说在考虑货币的时间价值作用下，如果两个行业都要达到 5%的资产报酬率，汽车销售行业的销售利润率只需要有 1.8%就可以，但房地产行业的销售利润率就必须达到 7.5%。而且由于房地产业所销售的产品一般来讲属于固定资产，其生产周期较长，资金的回收期也相应较长。因此，在房地产企业的整个项目建设周期里，财务与资本运作是非常重要的，如果资金筹集和调度出现问题，对企业将会是致命的打击。

那么，在紧缩银根的货币政策环境中，房地产企业将面临巨大挑战。2004 年一季度后，就已经有许多中小房地产企业面临着资金链断裂的严峻考验。对这些企业来讲，过去的发展一直都是靠银行贷款支撑，现在如果突然贷不到款了，从短期来看，流动资金不足，企业无法偿还到期的利息，将会影响到债权人的信心；从长期来看，企业资本不足，这意味着业务拓展受限，造成开发结构失衡。未来由于地价上涨，用于土地储备的投入将会更大，使得企业处于市场竞争中的高成本劣势。那么在财务危机面前，中小房地产开发企业该如何渡过难关呢？笔者认为可以从以下三个方面寻求解决之道。

信托融资。其实质就是建立房地产信托基金，通过信托基金汇集闲散资金，满足房地产业发展对资金的巨额需求。它有几种方式：第一种是传统的方式，这和传统商业银行贷款一样，即以资金信托计划募集的资金用来借贷给房地产项目公司。第二种是股权融资方式，即投资公司持有开发商部分股权，开发商承诺项目完成后以溢价方式将股权回购。这也是阶段性股权融资的方式，这是信托能做而其他金融机构所不能做的事。第三种方式是交易形式的信托产品，它类似房地产投资基金。此外还有部分企业采用向内部职工发行信托产品来短期融资。

寻求战略合作伙伴。在目前各地方政府经营城市的思路下，实施成片开发已是主流，房地产开发已进入所谓的“大盘时代”，即新开工项目普遍占地规模和建筑体量均较大。同时伴随中奥房联、中城联盟的诞生与壮大，国内大型开发企业的强强联合也是方兴未艾。由于中小开发企业本身实力较弱，在规模效应中已处于劣势，所以在土地储备中应考虑采用“联合买地，共同开发”的经营模式，这可以有效减少资金压力，在调控周期里保存自己。另外在商业地产领域，通过和大型商业企业，如百货商场、连锁超市、酒店管理集团等品牌商家合作，以定制物业、换股等方式进行低成本自我扩张，从而实现以小资源控制大资源。

土地证券化融资。土地资产能保值、增值和抵御通货膨胀，拥有土地某种程度上就可以获得稳定的、可预测的现金流。因此，土地是一种适合证券化的资产。在国外它已经经历了住宅抵押贷款证券化、银行信用证券化、资产证券化三个阶段。土地证券化作为一种全新的资金筹措方式，它吸收了直接融资与间接融资的优点，是一种非负债型融资。当然，目前国内这种融资方式的施行还有待于消除制度障碍。

抵抗财务风险的另一手段就是提高资金的使用效率。加快资金的周转速度，主要是加快经营活动现金的变现能力。加大存量资源变现，敢于善于做加减法，舍弃周转困难的地产项目或存量物业。

着力优化现有投资项目结构（即合理布局短、中、长期项目比例），在土地储备工作上，即便某些融资功能强、资金回笼快的短期投资项目回报率低于行业平均水平，也要适当增加其比重。还要在房地产开发的诸多环节中引入流程优化，通过在前期定位、规划设计、政府报批、工程建设、营销推广的并行工作，缩短项目周期，加快资金周转，降低财务费用。

在财务管理中引入项目管理策略，对财务人员实行委派制，资金、人员由公司财务部统一安排、调度，并制定一套合理完善的项目财务管理制度来保证其顺利进行。虽然，在一定程度上它会增加企业的管理费用，但是采用了项目财务管理后，公司可以及时了解每一个房地产开发项目的成本、收益和利润率，这将有利于公司对一些支出作敏感性分析，从而在资金有限的时候合理利用资金。与此对应，企业也要及时调整和完善部门岗位设置，实现业务流程的细节量化和规范化，建立矩阵型的项目管理模式，并形成项目考核与激励机制。

但实际上，调整企业发展战略才是中小房地产企业在市场上生存的根本。调整企业的产品结构，主要产品可考虑由住宅开发转为商业地产开发。在过去的二十年里，房地产企业主要是以住宅开发为主，商业地产开发处于辅助和补充的地位，但它是非常有潜力的产品。第一，虽然商业用地单位购买成本相对较高，开发风险也相对较大，但是平均利润仍然比住宅开发高得多；第二，在商业的诸多业态中，除大型百货商场（或MALL）以外，其他商业物业开发周期相对较短，资金更容易回笼。由于这两个优点，使商业地产开发成为不少开发企业的新宠。

房地产开发企业在销售商业物业的同时，还可以为客户提供商业管理和物业管理等增值服务，通过向价值链下游扩展来获取超额利润；对财务状况较好的企业，开发商一般会自留一部分商业物业用于租赁，甚至成立专门的商业企业租赁自己开发的物业，这会为开发企业带来稳定的现金流，对保持企业持续健康发展至关重要，尤其对上市公司更是如此。

对房地产开发企业来讲，它的主要生产资料——土地资源永远都是稀缺的，房地产开发企业要持续发展就必须维持一定的土地储备。结合当前一线城市（直辖市、省会城市、特区）市场竞争激烈的状况，中小型公司可以考虑进入一些二三线城市发展。相对于大城市，这些地区拓展成本较低，资金需求较小，开发项目市场风险更小一些。

宏观经济环境的变化对房地产开发企业的影响非常大，特别是对于一些规模和实力都比较弱小的企业来讲，非景气周期将逼迫它从市场中退出。因此，中小房地产开发企业要抵御宏观调控带来的负面影响，延长企业寿命，实现持续健康发展，就要以改善财务状况为主线，从改进融资渠道和成本、提高资金效率、调整公司战略等多方面入手，以更快的周转速度、优化的产品结构和合理的布局策略渡过危机。

（该文原登载于2004年第9期《宝安风》）

城市的起源是什么？——一个初步回答

城市表现为聚集，来源于分工，这是当前的一个基本看法。聚集体现在人口密度、建筑密度、投资强度、人均GDP这些表征社会与经济的数量指标比较高，大城市或大都市会更高。如清明上河图，想想世博会中国馆对此的渲染与回眸，工商业的繁华造就了汴京的城市形象，这是人们对城市的永恒印象——市井繁华。再如皇城，威严的宫殿和壮观的城楼直到现在也是不少城市的显著记忆和最大精神遗产。依托于这些建筑物，人们可以产生许多联想和故事。即便是好莱坞电影，第一个镜头也往往是洛杉矶的密密麻麻的楼群或是迈阿密人头攒动的海滩，这设定了宏大故事的序言和背景，这是只有庞大的人类聚合才可以形成的场景。确实，城市大胆地反映出了人类的一切，财富、贫穷、创造力、冲突、繁荣时期以及邪恶（Hoover，2008）。

聚集还表现在人与人的沟通强度大、沟通频度高上。正式的与非正式的、互斥与和谐的、语言与文字的、一对一与一对多的，形式不同但强度很大。城市里面的工厂和写字楼，每天进行的派工、考核、谈判、协商，咖啡厅里的闲聊，喧嚣的市场与传媒，政府机构里的计划、领导、监督、审判，当然还有抗议、游说、寻租，学校里的教学、探讨……有人说，城市里大家老死不相往来，邻居间缺乏温情和串门，这似乎只看到了一个方面。独立就是宽容，不去打扰可能是对人的一种尊重，事情往往就是这么辩证，当人们获得独立时可能是获得最多信息和接受最大刺激的时刻。

在乡村，虽然十里不同风、百里不同俗，但一个地域表现出强烈的一致的习惯、文化、秩序、风格、语言；而在城市里，人们交杂、错落、混居、联姻，无序在扩展，合作在增加，表现为多元、复合、层叠、混搭，有很多象征、标杆和偶像，人与人冲突、失衡又因为这些冲突和失衡而结合为团体和宗派，聚合为院落和社区。比如省府大院、滨江豪宅区、人民广场或是旧货一条街以及蚁族聚集的城中村、回民街、二奶村。

从分工的角度，又让人想起了企业——一种人造的组织。城市应该是一个巨型组织或复杂体，包罗万象，有时候看不到它的边界。除了政治意义上的管辖版图，城市的边界是模糊的、流动的。它的角色也是多元的和随机的。如果我们强制规划了或定义了一个城市的边界，那这个城市就离衰败不远了，因为自由地生长受到了限制，和外部环境的联系受到了制约，对资源的交换设置了成本，这在500年前也许还不可想象（想想城墙），但是在经济高度发达、信息交换极其便捷的当下，这可能是一个事实。

如果假设城市是一个企业，那么企业是如何扩张的？强有力的领导人、愿景、战略、适应环境的核心能力、学习机制、企业文化、人才吸纳和激励的机制、大胆的兼并重组、虚拟经营、抓住机遇的一次赌博行为、外包、品牌树立与运筹、扩张。驱动城市膨胀、扩张的因素也可以从中找到一些蛛丝马迹，比如适宜的气候、丰富的资源、友好的环境甚至珠圆玉润的女人带来的天然禀赋，所谓物华天宝、人杰地灵。比如城市的亲和力，绿树成荫、温文尔雅、吴侬软语、秩序井然的交通、香火繁盛的禅寺、友善的的士司机、廉价的招牌美食，这会吸引一大堆人留在这里，而创造这些的可能是历史的传承、文化的积淀抑或至少是严明的法治。可以发现除了硬环境，那些和经纬度、高度、江河湖海之类的地理因素相关的特色之外，城市还依托于软环境，城市无时不在塑造属于自己的感情、精神和文化。很多大城市的文化吸引力不如杭州、成都，不是没有湖没有山没有江，而是没有西湖的传说和武侯祠茶馆里的安逸。一个城市的兴盛，能够只靠个人的威信吗？权力的胁迫吗？正如为了永续经营的目的，企业老板分散股权、给予激励、构筑制度、形成文化，松而不散。当局者要做的是把土地房产公平地给予市民，让人们安居乐业，提高公共服务效率和能力，传承和培育城市特色文化。

（该文完成于2010年11月9日）

土地管理还是土地科学？

——对土地资源管理专业内涵与发展方向的思考

1. 引言

2011年国庆前夕，为庆祝华中农业大学土地资源管理专业创立50周年，该校举行了老教授论坛，该专业领域的老一辈学者王万茂、叶舜赞、韩桐魁、陆红生、叶公强、林增杰、严星、董德显、张月蓉、张丽春、王粼孟教授，以及土地战线老领导马克伟、刘育成参加了论坛，可谓群贤毕至、熠熠生辉。老专家们都说这是50年来十分难得的一次聚会。吕萍、张安录、李月明等高校的土地管理专业负责人和约二十位研究生出席了论坛。会议开始，张安录教授作为主办方代表坦言，在土地资源管理专业的未来发展方向以及人才培养上还存在诸多困惑，能否成长为一级学科尚没有时间表。那么该专业的研究范畴和核心定位应该是怎么样的？该问题圃一提出，就引起了与会老教授们的极大兴趣，进而引发了近3小时讨论。老教授们博学、认真、殷切关怀后学的精神令我辈非常感动。

鉴于在之前召开的第十届全国高校土地管理院长（系主任）联席会上，也有与会代表提出，土地资源管理目前隶属于公共管理学科，同在该学科内还有行政管理、公共卫生管理、教育管理，在研究对象上三者差别比较大，基础课和专业基础课很难统一。土地管理学科目前显得比较"软"，技术性不足，相比较其他应用经济管理学科，专业基础显得比较单薄，研究领域和方向越来越窄，学生就业的渠道也受到了抑制。为了向老教授们致敬，也为了该学科的健康发展，笔者作为土管专业的博士生，不揣冒昧提出若干建议，以求教于方家。

2. 老教授们的基本观点

王万茂教授在论坛上提出：从历史发展轨迹上看，我国当代的土地科学教育开始于20世纪30年代，以萧铮为首的一批留德学生创建了地政专业。在谈到土地科学研究的核心内容时，王教授强调了核心内容是"地籍、地价、地权、地用"四大块，并可用两句话归纳，就是"调整土地关系、组织土地利用"，两者缺一不可①。因此，他认为把土地资源管理归于公共管理会把土地科学软化，把握不了其核心内容，而应将土地资源管理看作是一个综合性的学科，强调共性在先，强调个性在后，应争取以"土地科学"取代"土地资源管理"成为一级或二级学科的名称。

叶舜赞研究员"针锋相对"地提出：正像专业分类里没有人的科学一样，也不宜提出"土地科学"这样过于笼统的概念。反而"土地管理"这一名词作为学科的定位，已为几十年发展实践所证明，并强调土地管理属于公共管理的范畴，是研究如何替政府来管理土地的。

董德显教授提出：该研究领域的核心是"土地合理利用"，最终的目的也是为了土地合理利用。地价、地权、地籍都是为地用服

① 详见他在2011年6月发表在《南京农业大学学报（社会科学版）》上的论文《中国土地科学学科建设：历史与未来》。

务，土地利用涉及很多学科，具有综合性，管理学还不能完全概括。

王鄰孟教授提出：该学科是从工科发展出来的，如俄国是从土地划界开始发展的，在原苏联曾被归为测量学科。但现代社会的发展要求该学科必须要有经济理论基础。

林增杰和叶公强教授对上述观点持保留意见，由于土地管理学科还在快速发展中，认为既无支持的根据，亦没有反对的理由，不宜急着下结论。叶公强教授特别指出，土地管理原本是“天上管一半，地上全管”，涉及面多而广大，需要全局性的思考，并提醒在座的年轻人要有思想，不要迷信专家教授，书本不可能全对，要敢于挑战权威，敢于指出错误。

综上，可以归结为老教授们认为值得探讨的核心议题是三点：一是学科定位是从属于“科学”还是“管理”更能涵盖学科的发展方向和内涵；二是核心研究对象是人地关系还是土地合理利用；三是如何提高学科的含金量和基础地位。

3. 对土地根本属性的辨析

正像没有一个人是相同的，土地管理的难点在于没有一块地是完全相同的，但其特点依然可以进行归纳。

（1）土地作为自然资源的一部分，虽然和原材料（materials）如铁矿石、木材、石油等都是贡献于生产活动，但显然土地更加耐用，且无法消灭，转化也比较困难。资产特性上也不同，在很多时候，为了简化，土地在作为资产时可以用来代指不动产，如农场和厂房。

（2）土和地既有联系，也应分开看，土更关注土壤、土质，地更强调地理空间。

（3）土地不属于太阳光、空气这类中长期内用之不竭的外部资源，也完全不同于可再生的生物资源，因而其排他性强，经济上的外部性强，管理上往往要兼顾其公共属性。

（4）土地的可塑性是极强的。相对于对物种的基因改变，人对土地的改造相对容易。比如填海造山、调整种植结构、农地非农化。改变土地地貌、用途、内部成分、改变利用方式都是人类活动的一部分。然而没有人类的活动，土地又是惰性的，改良、演化比较慢。

（5）现代社会，随着分工与专业化的发展，土地的用途已经多元化，甚至千变万化了，因而土地涉及的产权关系是十分复杂的，从中长期看，人们几乎无法估计某一块土地的潜力与收益，也无法预测一块土地将承载哪些人类使命。然而，这是土地研究的魅力所在。

（6）土地与现代国家的诞生密切相关，几乎所有宪法都有对土地产权关系的描述、界定和说明。土地制度几乎是法政之基，土地改革是生产力与生产关系变革的主要内容。土地与财、税、权密切相关，土地管理无可避免地成为治国理政的第一要务。在农业国家里，在经济大国里，土地问题尤其重要。比方说我国三农问题，任何一个要素都和农地密切相关。

4. 我的看法

对土地管理概念的定义：土地管理是为解决土地问题，以土地（或国土资源）为对象或载体而实施的组织、领导、调控、立法、行政行为。土地管理的主要活动是管理土地的利益相关人。人当然包括自然人和法人。

土地管理是围绕土地利用（使用）产生的管理活动。但研究的核心范畴或主要内涵，并非土地利用技术本身，或者说并不是 how to use land 的问题。如农业种植、房地产中的基础工程与结构、空间面积测量等。其技术基础分别属于生物学、力学、建筑学、物理学、光学、遥感技术等专业领域。正如机器设备的价格评估，虽涉及两个专业，但一般还是归为管理类，而不是机械、电子专业。类似土地评估可以归为土地管理的范畴。

土地科学可以有两层意思：一是对土地问题研究可归于一种自然科学与社会科学的结合与交叉（当然实际上还有技术因素，即土地科技）。二是土地管理的研究范畴是探求土地管理行为背后的规律性知识，目的是实现土地管理过程的科学化。提高土地管理的科学性，这也是科学发展观的要求。这要求在土地管理方面的研究也要注重量化管理、精细管理，这是进行科学决策、提高决策质量的一条重要途径。

土地作为国家皇权的象征，伴随着国家的建立而产生。土地作为分工的产物，随着人类发现其具有不同用途，而出现了对土地的管理活动。近代以来，随着封建土地关系的解体，土地管理的宏观性有所减弱。在世界上农业国家城镇化、农业机械化、城乡一体化、农民数量减少的情况下，土地（包括农地）问题的关注点也逐渐转向了城市问题、城市化问题、环境与生态保护问题、可持续发展问题。

建议：

（1）土地科学和土地管理称谓上的争论不是问题的实质，这只是在教学管理上具有一定的意义，因为这门学科本身是跨学科的，要培养的学生也是要具有应对未来世界变化的创新人才。如果非要二选一，土地管理比较恰当，其内涵相对丰富。

（2）由于土地是国土资源中最重要的部分，也是历史上研究最长的对象，所以为简化起见，在教学中用“土地”代指了包括不动产、海洋、矿产、水资源，以及进一步引申和扩展的生态、环境、可探及的宇宙其他空间。因此，应该建立一个“大土地”的概念。土地代指人类依靠的结构变化缓慢的自然资源及其衍生物。在研究这个层次，视野可以更加高远，应用范围可以更加开放，不必拘泥于地籍、地价、地租、地类这些常规领域。

（3）研究逐渐成熟的标准是能否开创出独特的研究方法，形成独有的基本术语和基本概念。比如对土地学基本定律和推论的总结，人地关系的分类和定义。理论研究应直面重大历史问题和城市现实问题，例如农地承包（使用）权研究、土地革命历史研究、城市空间结构研究等。

等到百花齐放、著作颇丰、学人辈出的时代，土地学自然可以自成一派、不可或缺、独具魅力。希望这个时间越短越好！

（本文初稿写于2011年10—11月）

最严厉的调控无法持久

一、严厉的调控无法持久

哲学没有用，不过哲学提供有用的观点（冯友兰语）。传统哲学认为万物运行都是有周期的，经济事务当然要遵循这一规律。比如价值规律就是其中一种，价高则供给增大、需求减少，价格自然回落。反之亦然。价格围绕价值变化恰如地球围绕太阳转动。当然这种规律不太容易把握，大周期包含了小周期，长周期影响了短周期，往往是玄而又玄，深不可测。历史上能预言到经济危机的都是少数人，盖“道不可名”。

经济运行中周期性出现扩张与紧缩交替更迭、循环往复的现象，这说明经济周期有两个特点：一是经济事物始终处于波动、转动的状态之中。一切事务的形成和变化都是由阴阳、刚柔、动静这些对立面的转化消长而引起的。用周期理论来理解就是阴盛则阳衰、暑往则寒来。经济状态不会一成不变，宏观政策也不会从一而终。（或许极端国家有，但那是极低水平的状态。）二是变动呈现出周期性循环，周而复始。驱动事物周期运行的一个重要法则是“物极必反”。例如《道德经》认为“反者道之动”，又说“飘风不终朝、骤雨不终日”。这也就是说最严厉的调控坚持不了多久，反而温和的调控会持续很长时间，成为一种常态。

因此在房地产行业危机来临时，既不能有“速胜论”，也不能有“倒闭论”。前面一种过于轻敌，后面一种则丧失了信心，这两种心态都会让一个公司陷于被动。还有一种“等待论”，认为公司应等到政策放松了，大行情已经启动了，再行卖房或拿地。听起来有点道理，但“等待论”容易主观上变成消极等待、坐以待毙。如果将等待视为一种冬眠，则积极心态应该是多方谋划、养精蓄锐、伺机而动，也就是通常所说的做个有准备的“人”。

二、市场什么时候会转暖

既然房地产市场是遵循周期理论的，是一定存在循环转化的。那不免就会追问下一个问题：现在处于什么历史阶段，是大周期里的什么位置？理论上，如果我们判断准了位置，那么该采取什么行动就变成了数学题，可以作理性思考和逻辑推断。比方说，2012年底是政策低谷，那或许今年拿地就比较合适。如果2013年底会放松管制并出台新的经济刺激计划，那明年夏秋季就是比较好的建仓时机。相应的今年要做的就是保存实力、苦练内功、卧薪尝胆，或者是在付款方式上使用某些技巧，以便用较小的资金控制大型项目，直至市场转暖再顺势加快开发进度。

中国经济基本上是一种受控经济，从计划经济到市场自由化再到强调宏观调控，可以看到经济路线上高层在摇摆。时而强调“抓大”，树立大型国有企业的主力军和垄断地位；时而又体谅小微企业难处，要求维护民营企业平等地位。这种看似随机的管理手段，实际是管理层推动经济持续发展的一种策略。既要维持既得利益，又要用高速经济发展来弱化社会矛盾问题。林毅夫对这一现象的总结是：“一活就乱，一乱就收，一收就死，一死就放”的“活—乱”循环。这种经济模式下，企业家只能是三头六臂，统筹兼顾。既要抓自身能力建设，又要搞政治关联，顺势而为。有研究指出，中国的经济周期表现为明显的政治经济周期，自1987年以来，每次中共的代表大会期间，都有放松银行信贷的现象，总固定资产投资增长率的4次峰值分别出现在中共十三大、十四大、十五大和十六大召开的次年，相信这次也概莫能外。

三、历史的借鉴

我国的房地产市场是模仿香港地区的，比如土地招拍挂制度、严控新增用地规模、经适房（公屋）、预售制度等。相对英美自由主义，香港采用的是比较严格的政府管制和较多的市场干预。在香港的房地产历史上，经历了二战后的人口急速增长，大约5年内增加了3倍的人口，租金和房价都上涨很快，而且很多港人的住房条件非常差，大约30%的人只能住棚屋（寮屋），甚至面临霍乱疫情。如果不是气候温和，很多人将逃离香港。为了缓解这种住房紧张局面，该地区提出了支持住宅购买和建设的政策，如降低首付和按揭贷款的利率，兴建交通设施提高地价，鼓励地产投资。公屋建设主要提供给遭灾的市民，直到1997年金融危机爆发之前，香港公屋轮候时间都很长，而同期房价上涨8倍。1997之后，市场干预逐渐加强，如后来提出的加大住宅用地供给、大力兴建公屋等，试图平抑房价，最终竟然以提前终止告终。原因是房地产市场面临崩溃，中产阶层也强烈反对。目前香港又在推出限购政策，试图减少大陆投资客对房价的冲击，但批评和反对的声音也很大。

重温这段历史，会发现市场运行规律有点相似。1998年启动住房制度改革以来，我国出台的也是一种鼓励购房的改革，使得住房供应以公房为主转为商品房为主。这也是解决快速城市化时期住房短缺的主要手段，它提供了一种产权激励机制。其中尽管经历了2001年、2005年、2008年、2012年这几次大的冲击和调整，但是1998年停止实物分房，1997—2002年连续下调贷款利率，2003年实施招拍挂制度和土地市场化改革，2009年扩大内需，2012年利率市场化改革，管理层的真实行动始终是试图维持房地产市场的稳定发展，并非任志强所说的“被抛弃”。因此对调控措施也需要作正面解读。

目前城镇化已经到了中期，城镇居民（包括常住城市的农村人口）已多于农村居民了，政府必须要考虑的一是继续增大城市的包容性，尤其是解决外来务工人员和大学毕业生的住房和就业问题，保证两类人群的情绪稳定。（当外向型出口经济无法持续时，农民工是不会轻易回到农业和农村的。）二是继续通过户籍制度和限购制度限制人口自由流动，既防止外地人过快涌入特大城市，又控制外来资本对农村的渗透和农地的投资。由上可见，兴建公租房、廉租房，做好工业倍增和产业转移工作都是为了解决第一个问题，而限购和保持城乡二元体制是避免大城市过早崩溃。这些问题不能初步缓解，情绪不能得到一定安抚，就不会放松对购买和投资的管制。

总结一下，速胜论不可取，但倒闭论更不靠谱。大陆一线城市的情况比1997年前后的香港要好得多，管理层并不十分担心，调控方式将逐渐转得温和。当收入增长了，住房的改善性需求也是无法抑制的。乐观地看，最快2013年下半年对行业和市场的管制就会逐步放松，尤其是大城市郊区和卫星城还会进一步释放承载力，继续吸纳新的人口进入。放松管制虽然不等于放弃限购政策，但是调控一定会更加富有弹性，不再是一刀切。

（该文原刊载于2012年第8期《宝安地产》，准确预测到2014年后中国逐步放松对住房市场的管制。）

产权被细分的必要条件是什么？

Y. 巴泽尔认为产权是一组权利，是可以分割的，并被不同的主体所利用，从而获得更高的效率。这已经被很多事实所印证。但是他在《产权的经济分析》① 一书中没有回答产权可以被分割的必要条件是什么？也就是说产权可以或允许被分割需要具备什么样的前置条件，什么情况下一种资源（人、土地、物品等）的产权可以采用多种形式被使用、处置和占有。

下面以住房为例来说明：

住房除了所有权以外，还有使用权、抵押权等。除此之外还有附着于所有权（或使用权）之上的和邻里、社区、公共服务相关的衍生权利，如投票、社保、子女就学、商誉、邮政快递、社区便民服务等。为了简化，先讨论所有权和使用权的区别。所有权可以理解为长期使用权，期限可以是无限长，也可以是法律规定的40~70年。使用权可以理解为“短期”的使用权，起码比所有权的使用年限要短，也就是从使用年限上看所有权包含了使用权。反过

① Y. 巴泽尔著，费方域、段毅才译：《产权的经济分析》，上海三联书店、上海人民出版社1997年版。

来，所有权可以理解为“超长期”使用权，以至于在不可预见的期限内不需要再进行特别的额外的协商了。

所有权和使用权的转让对应到交易方式就是售和租。租是售的一种，是对长期使用权的“分割”，独立出来并销售，交易之后双方仍有交集。在我国，商品房买卖是出售70年产权，一般租房期限大约为1~12个月，酒店提供住房则用天计算，酒店房间几乎是最短的租房合约，现在发展出来的“钟点房”更短，交易中一个显著不同是租房和入住酒店都必须交押金（或提供担保）。类似的，可以观察到的还有买车和租车，以及占用时间更短的出租车（taxi）；航空公司购买飞机、租赁飞机；动物园购买熊猫、租赁熊猫，短期租赁熊猫用于交配繁衍；大学“引进”院士和允许其兼职（租赁）。

从住房产权分离出来另外一种产权的困难之处在于：（1）转让标的质量的检查。（2）管理的方便。（3）搬家的困难。（4）清理，想象一下酒店房间的保洁。（5）邻里关系的重建。（6）稳定感，如老人孩子待在住房（家）里的时间较多，可以节约时间和体力。

可以发现产权的分割经常利用的是时间的可分性（维度）。因为在不同的时间段内，资源具有不同的功效，剥离并转让可以获得更高的效率，巴泽尔已经发现了这一点。不过产权还可以有很多种维度可以剥离，比方说结构上、空间上甚至心理上。结构上的一个例子是废旧家电回收，例如一台旧冰箱，可以修好出售、出租，也可以砸成废铁、铜线出售，这取决于收购人对其实际状况的判断，是分开还是组合更有利可图。空间维度上的一个例子是关于水资源的分配，水都是H_2O，并无特别之处，不过对不同的区域作用完全不同。春雨贵如油，人类虽然不能转换季节，但可以通过水库蓄水、南水北调来解决不同时空上的水的需求平衡问题。这是产权的分割和转移。家长对孩子的监护权也可以分割，甚至不同的人承担不同功课的辅导，如专业老师辅导钢琴、父亲辅导数学、母亲辅导英语……也可以理解为对教育辅导权的剥离，目的是达到最好的教学效果。

通过上面的案例，试着总结一下对资源的产权束进行剥离或划分的必要条件：

（1）资源是比较重要、不可短期再生的或高价值的。

（2）产权束的分离可以改进使用效率，但这种提高可以被感知和观察到，从而双方协商采用出租的方式来共享资源。如果不能被双方感知，尤其是买方如果发现资源的独有之处，更愿意直接购买。

（3）很多时候必须有足够的买方才可以完成转让短期使用权的交易，或者允许在时间、空间维度上可以分割成更小的单位。资源应不便计量，如果很方便计量就可以对使用量进行计算（如自来水、电），按量计费和取酬就可以了，就不需要剥离了。

（4）因为不确定性的存在，演化为两种对待资源未来价值的态度，购买者愿意承担长期风险，租赁者无法或不愿意承担长期风险。两者可以合作。

（5）交接比较方便。可以推论在讲诚信的环境下，租赁更可能发生；租赁必须重合同、守信用。

（6）允许资源的自由流动和人的自由迁徙，才能激励租赁的存在。

该理论的一个推论：房屋租赁（包括私人和公共租赁住房）得以接受的必要条件：

（1）住房是高价值的，建设用地是不可再生的。因此如果房价下降到大多数人都能承受，或住宅用地供应比较宽松，租房就不会受到欢迎。

（2）租赁房源可以面积非常小，功能比较单一，可以共用客厅、厨房、大堂、文娱设施等，从而提高单位面积的使用效率。在20世纪七八十年代，住房供应十分紧张，筒子楼样式的宿舍就是解决人多房少的例子。这就是在空间（使用功能上）和时间上（短期租赁）做分割。

（3）租赁合同必须非常清晰和完备，并对违反合约的行为给予严格的处罚。这样对住房使用权进行交接就比较方便，不会增加额外的协商成本。诚信建设在租赁活动中非常重要，诚信也可以通过教育、立法来树立，并通过担保和押金来解决和制约。住房中介和中介平台可以用自身信誉、担保和技术手段来改善双方的互信，促成交易的达成和合同的正常履行。

（4）如果要把住房保障看成一种投资，公租房的选址和规划就应在就业机会较多或交通方便的地区，保证未来有足够的租赁需求。商品房小区内配建公租房是一种比集中兴建更有弹性的做法。

（该文完成于2012年10月26日）

观察新“国五条”的有效角度

“一千人眼里有一千个哈姆雷特”，用莎翁名言来形容新“国五条”①（以下简称国五条）颁布后的政策反馈是相当贴切的。国五条虽不会成为经典，但是当下关注国五条的人比关心王子命运的人多得多。为了避免陷入人云亦云或故弄玄虚的藩篱，笔者希冀提出一个问题来探讨：什么是观察住房政策的有效角度。

原有的视角是什么？不妨观察那些在焦点时刻出来表态的专家们。因观点必须鲜明才能吸引眼球，专家们可被简单分为两个阵营。正方认为调控需要长期坚持，并以社会需要公平正义推导出政策调控应具有钢铁侠式的决心。国五条被誉为“再出重拳”，要砸碎的大概是高房价。正方专家总不忘提醒公众：房市有泡沫，认购需谨慎。反方往往以理性主义自居，以市场经济的基本原理推导出连续剧式的调控必然失败，甚至将国五条斥之为丢人现眼，描述为原有调控政策的垂死挣扎。2013年3月以来大城市再次上涨的房价和有所放大的成交量已经让理性学派的专家们暂时获胜。然而，

① 由于2011年7月12日曾经出台扩大限购城市范围的“国五条”，因此新“国五条”一般指2013年国务院常务会议确定的五项加强房地产市场调控的政策措施。国务院办公厅曾于2013年2月26日发布《国务院办公厅关于继续做好房地产市场调控工作的通知》（国办发〔2013〕17号）。

正反双方可能都忽视了国五条的实际调控目标或对象是否清晰合理？因我国的住房政策经常是骑驴找驴，对住房政策乃至政府干预一律是批评的专家十有八九可以命中，这没什么新鲜的。政策评估如果目标不清晰再加上评价对象模糊，结果必然是雾里看花、盲人摸象。

一项政策的影响对不同收入阶层的影响是完全不同的。比方说公交车调价对工薪阶层和富人影响不同；汽油调价对有车族和无车族也是不同的。房产政策对处于不同婚姻状态的居民其影响也必然不同。如果不分别讨论“国五条”对富人、中等收入还是低收入困难家庭的影响，那这种评论就属于眉毛胡子一把抓，看的人也必然是一头雾水，不知所云。如果把国五条看成一副汤药，各城市对“高房价病”的反馈自然是千奇百怪，轻微者抱怨行政干预太重，视为虎狼之方，重症者恐怕会认为毫无作用。笔者认为中低收入者与高收入者共享一个城市，要达到住有所居的总目标，首要是合理解决占总人口约70%的中等收入群体的住房问题，据世联地产总裁陈劲松的回忆，2007年国务院24号文出台后，广东房协蔡穗声先生就提议研究中等收入者的住房问题，他认为这确实是一个真问题①。大城市住房问题说到底是中等收入者的住房问题，因此对待宏观的住房调控政策应该将中等收入人群作为政策实施对象来观察，这样的讨论才有实际意义。例如美国使用机会指数——中产阶层可以购买的住房占总供给量的比例，来评估住房市场。如果市场偏离上述标准，就要采取干预措施。基于上述讨论，笔者通过评估“严格征收二手房个税”和“控制房价”两个具体政策作一个粗浅的分析。

我国当前的住房政策背景有两个基本点：一是经过住房制度改革之后，城乡居民的住房拥（私）有率达到世界较高水平。大部分城市的存量住房总量（表现为人均住房面积和套数）已经基本满足常住人口的小康需求，但占有结构和质量有待改善。突出的矛

① 陈劲松：《世联观察：景气循环中的市场2007—2009》，机械工业出版社2009年版，第197页。

盾是中高收入居民热衷于购房囤房与中低收入者买不起舒适住房的现象并存。二是大城市适合青年人和低收入者的低端住房逐渐减少，可供租赁的合适房源也相对不足。但如何供应这一类住房有不同的解决思路。中等收入人群的现状是户均拥有1.22套以上的住房，房产占家庭资产的比重已达到73.44%，远高于金融资产和经营资产①。在这种情况下，住房政策的重点目标应是改善有房一族的居住环境，帮助他们获得比现有住房更加安全、舒适的住房。激活二手市场本来是符合住房改善这一政策目标的，有助于增加中低端住房供给与市场融合，中等收入家庭获得更大更好住房以后，还可以为减少住房囤积和降低“砖头经济”的高烧作政策铺垫。国五条对流转环节加税短期可以抑制一部分投资需求，但因政策没有考虑到对首次购房者购买二手房产的优惠，会让刚需一族很受伤。卖掉个人唯一住房进行换房在现实生活中难以操作，要实现这类居民改善住房的无扰切换、无缝对接需要更为精确的制度设计。

一般来说，价格管制必须制定得相当精明才能起效果，单纯围绕平均房价这一指标来进行调控往往难以奏效。这好比血压是心脏病的一个参考指标，但不是唯一指标，不能因为血压降了就说心脏没病。过于关注平均房价多半会产生造假。例如为了合同顺利备案，北京有开发商将原来的购房合同由一份改为两份，一份是购房合同，另一份则是装修合同。到政府方面去登记时，只用出示毛坯房的购房合同即可。中部某特大城市的管理部门则在窗口限制对高价楼盘的备案，通过“高低配”来平衡房价统计值。未扣除通胀因素的房价涨幅和GDP值一样意义并不大。国五条仍旧将控制房价作为最主要调控目标，属于典型的套套逻辑、因果倒置！这让人联想起张五常教授举过的例子：四十多年前，香港政府试图控制房租上涨，结果实际租金高过管制值十倍。房东还会向租客收取看房费和交钥匙费。如果没有限购，平抑房价只会让富人购买更多住房（或不动产），结果可能是更严重的阶层分化。价格通常来说只是

① 参见《清华—花旗中国消费金融与投资者教育调研》第二年度报告，中国证券报-中证网，2010-09-17。

一个事实，政策制定最好从评估实际房价变化对中等收入群体的影响开始。

（该文原刊载于《宝安地产》2013年第3期，总第11期）

限价房是经适房的改进版，但并不是住房政策改革的方向

2013年以来，有武汉、郑州等几个省会城市提出取消经济适用房，将保障性住房产品组合设定为公租房和限价房。我的观点是：限价房是经适房的新版或2.0版，两者的实际差别很小，不算是政策创新。真正需要的政策创新是取消限价房，改为住房货币补贴。

经适房的口碑不好，让“经济适用”这么美好的汉语也蒙上了灰尘，这真是语言的腐败（张维迎语）。经适房为什么有信誉危机，我在《经济适用房还是公共租赁房？——对住房保障政策改革的反思》一文中（载《公共管理学报》2010年第4期）已经详细解释了。经适房作为福利政策的一部分，发达国家也普遍存在，但并没有像中国这样声名狼藉。有位教授曾问我：你为什么支持保留经适房？似乎在质疑我支持特权、支持分配不公平，这是逻辑上的误解。

经适房在我国原有的政策体系中本应该占有较大份额（类似新加坡和中国香港地区），但实际只有总住房存量的2%左右，新增面积多年也低于10%。经适房采用划拨土地（土地是公有），住房的产权则属于私人，因而是一种混合式的住房援助方式。兴建经适房项目目前面临的问题是土地划拨性质无法获得商业贷款，而且土地成本上涨，财政也不堪重负，地方政府和开发企业因此都没有积极性。限价房将土地改为出让性质，相对市场化和透明化，也可以从提高售价上部分解决土地获取成本的缺口，算是一个改进。但是福利分配上的问题仍旧存在，限价房销售主要面向公务员和事业

单位职工，面向普通居民的项目主要是补偿拆迁对象，是一种定向安置的需要。一个城市住房困难家庭要申请购买限价房是没有可能的，这样的政策和原有的经适房政策并无任何区别？限价房成为商品房，交易前不需要补缴出让金，在变现上更便捷，导致的福利损失和腐败的可能性更大！

比较理想的政策组合是采用住房补贴为主，公租房项目为辅助载体，这样对福利支出比较透明，易于审计和监督，也便于个人自由选择住址。公租房允许部分转售（有香港和湖北黄石的案例可以参考），转售比例可以根据轮候人数和供求预期来设定。

（该文完成于2013年9月9日）

《江村经济》读后感

《江村经济》是费孝通先生（1910—2005）25岁时到江苏吴江县开弦弓村调研一个多月后，根据材料写成的哲学（社会学）博士论文。该文1939年在伦敦出版，46年后才翻译为中文。

费先生1935年得清华资助准备出国，但听从导师劝告，先到广西大瑶山少数民族地区调查，不想发生意外，自己掉入捕兽的陷阱受重伤，妻子外出呼救时跌落山崖不幸亡故。后回家乡吴江县养病期间，经姐姐费达生介绍到开弦弓村搞调研。江村是他为这个村子起的代号，类似现在案例研究中用某村代指研究所涉之地域。费先生到英国后，本来论文题目想写大瑶山花篮瑶社会组织的成果，这对他来说有较多素材和研究基础，但导师马林诺夫斯基认为江村的案例更好，所以这是偶然中达成的成果。也说明千里马常有，而伯乐不常有。

全书分十六章，前六章主要是交代江村的社会文化背景，属于经济地理，特别是将个体、家、户和村、县的关系进行交代。后十章从农业（耕种稻田和养羊）、工业（蚕丝业）、按农历劳作日程、村里各色人等的职业分化、土地制度和资金筹措为主要内容，将江村的整个生产生活生态呈现出来。全书评论比较少，简而精，更多是梳理案例材料，由于带有大量现场照片和手绘地图，全书的可读性非常高。西方人看后，会通过农民的日常生活来了解当时中国农村的现状。专题片《舌尖上的中国》第二季中的《时节》篇，通过春夏秋冬的应季特色美食来说明中国人的生活就有点类似这种手法。人大经济论坛有人讲《江村经济》开创了田野调查方法，恐怕是误传，该书的特点并不完全是方法。

笔者有如下感悟：

（1）好的定性研究里并不排斥量化研究，最好还是有大量数字和一些计算，通过调查做好记录。对某事件言其“多”和“少”必须要有比较才知，也方便其他人开展类似研究引用。例如讲一户农民的礼仪支出，作者计算为年收入的1/7，这一结论必须要统计得出。再如亩产量、人口结构、二十四节气的准确时间、结婚定亲送彩礼和返还嫁妆的数字和相对关系等。这是要工作量的活。

（2）熟悉当地社会（研究背景）非常重要。费先生讲到能写好江村，一是因为自己是本地人，懂方言。二是姐姐是该村蚕丝厂合作社的头，因此村长和村民都敬他，愿意配合调查。三是姐姐和受访对象可以陆续提供一些补充资料，因此虽人在江村现场不足2个月，仍可以最终完成此稿。

（3）以小见大是最厉害，深入浅出是真功夫。佛说一瓶水内有八万四千虫，即是一个生态。搞经济学必须发现生活案例，既可以是鸟瞰一个森林，也可以是发现独特的生物，比方说阐述外部性之“灯塔”和“蜜蜂采蜜”的案例。同是看苹果落地，有人有思考而大部分人无思考而已。论文有例子引出或辅证则可读性强，普通人完全看不懂的经济学、管理学论文一概是故弄玄虚，毫无意义。

（4）论文写得有趣是一个方向。如说明江村当地的宗教习俗，费先生举例说供奉灶王爷要有糯米团子。因为大家相信：“灶王爷吃了糯米团子之后，他的嘴就粘在一起了。玉皇大帝要他（上天）作年度报告时，他只能点头而说不出话来，因此他要说坏话也不可能了。”（见原书第92页①）这是很有趣的说法，将这些写入论文不会损害内容反而会增进阅读者的理解，中国人实际上很幽默很实用，包括对待信仰。

（5）研究对象的选择上找那些“混合经济体”是条捷径。1935年的江村处于中国资本主义的萌芽状态，因而虽然农田农业是主要载体，但蚕丝厂的兼业收入是村民最大收入来源。江村算是农村的工业化吧。作者举一个极端的例子，有位妇女在外非法同居被发现后遭到工厂开除，回村后备受羞辱歧视，但婆婆最终原谅她，因为她有无锡丝厂的工作经验，在村里也是技术能手。所以有人研究城乡结合部的土地制度，有人研究PIPP（公私合营）企业，有人研究市场的管制，有人研究双轨制，往往收获更大一些。正是处于变化中的经济体，矛盾更加突出，你才可以清晰观察到不同主体和变量的轨迹。所以当前中国的经济确实是最好的研究对象，小伙伴们大有可为。

（6）作者提出“狭窄的地带和分散的地块妨碍了畜力的使用，也妨碍了采用其他集体耕作方式，这是中国农业技术落后的首要原因”（第173页）。并且指出因为继承（多个儿子继承父亲的田地）引起的频繁土地划分是导致农田不相邻的重要原因。我不懂农经，但这个结论很重要，现在也值得再次论证，有心人调查一下，发到《管理世界》也不成问题吧。也可以用计算机仿真，看看是否能验证。如果农民外出打工增多，土地撂荒比较多，那现在重划农田搞集中耕作是不是最好机会？

（7）作者引用1924年《国民党第一次全国代表大会宣言》中的陈述，即民生主义最重要的原则是平均地权和节制资本，私人所有土地，由地主估价呈报政府，国家就价征税，并于必要时依报价收买之，此平均地权之要旨也……（第169页）。土地革命和圈地运动实际是同一思想根源，只不过没有依报价收买而是直接剥夺而已。现在有学者建议收房产税，算是回到正轨，可惜是弯路太长代

① 费孝通著，戴可景译：《江村经济》，北京大学出版社2012年版，下同。

价太大。大学经济学必修课里必须加上《中国经济史》，这是断断不可再耽误了。

（该文完成于2014年5月7日）

商业保险支持养老产业发展的研究框架

1. 研究背景

到2030年，我国60岁人口比例将从13.26%（2010年）快速上升到30%。养老相关产业的市场总份额可能达到5万亿元。然而相对于其他重大民生工作，养老问题还没有获得各级政府的最大重视和关注，相关扶持政策也有待研究制定。项目投资回收期长和经营风险困扰着保险企业。中短期保险行业是否能从养老产业中获得快速发展的机会，市场竞争中又将呈现怎样的产品创新和经营模式创新？这需要本课题从政策和实践两个层面来进行研究。

当前，房地产开发（或股权投资开发项目）是上市公司和金融企业的主要投资理财方向之一。保险企业利用资金和营销网络的优势通过不动产投资获取长期稳定收益是自然而然的选择。即便我国老龄化没有这么快的速度，从全球最大规模的城镇化进程中获取资源增值也是保险公司保持资产和收益稳定增长的主要方向。在高层权衡“放松管制”与“加强监管”的过程中，保险企业可以说也同样面临投资策略上的比较和权衡，是选择大胆试点、势如破竹的项目拓展策略，还是通过借鉴模仿成功经验、稳打稳扎、合纵连横的发展战略，可能需要课题组从融资结构、盈利模式、开发模式、社区规划、拓展区位与租售选择、退出机制和风险控制多个角度来开展研究工作。

投资模式研究通常是一种战略研究，需要对企业所面临的内外部环境进行详细的SWOT分析，依据集团整体战略愿景和阶段性目标进行探索。一般来说，这一过程是包括投资养老社区的可行性研究与创新性研究的综合，涉及多种投资模式的比较和实施方案的精确设计。因此开展本研究具有探索性和前瞻性的特点，既可为保险企业自身服务，也可促进行业的整体发展。

2. 主要问题

保险企业介入养老产业或投资养老社区至少面临两个主要的困难：（1）保险资金投资不动产受到严格的监管，目前政策虽有所松动，但在开发许可和租、售选择上有严格规定，盈利模式和空间受到较大制约，因而难以在房地产市场上同普通开发商竞争。其中较高的土地获取成本和即将征收的不动产税都可能会降低投资回报。（2）我国城市养老社区的投资建设、运营管理仍处于探索阶段，相关扶持政策也存在不足或真空，因而整体上还没有形成一个相对成熟的盈利模式和产业链条，这与保险企业尤其是国有大型保险企业保持业绩稳定和提高偿付能力的经营目标存在矛盾。不确定性使得项目实践存在多方面风险。

因此作为应用性课题，本研究应该解决两个问题：（1）是否存在既符合保监会监管要求，又具有市场竞争优势的盈利模式；（2）这一投资模式实践中存在什么障碍，需要获得什么样的资源支持和政策关联要求，如何才能在创新带来的不确定和业绩增长间保持权衡。

3. 研究方法

除了常规的文献研究、多案例聚类研究和问卷调查法以外，本研究拟增加：（1）响应性分析。从公司 VIP 客户中随机选择若干组客户（如一线城市各取 50~100 组），按照预先设计好的问卷进行访谈或调查，了解客户对养老服务产品的接受程度，并通过多种渠道了解监管层对模式创新的观点和意见。（2）政策仿真分析。通过主体建模，模拟特定城市人口及政策工具变动，如老龄化人口比例、住房状况、非自用性不动产投资比例、地价、消费及医疗费用支出等参数变化，对备选投资模式进行预评估（可通过模型观察入住社区各类家庭的状态变化）。甚至在集团多部门协同工作下，还可以求得最优的融资规模、社区规模、公建比例、租售比例、单方造价、服务成本标准、保险产品收费标准、社区准入标准（客户年龄、收入、医保和健康状况等），从而为总公司的战略选择和投资决策提供参考意见。

4. 研究内容

4.1 宏观政策变迁规律与预测

与保险公司投资养老社区相关的宏观政策法规包括：《保险资金运用管理办法》《保险资金投资不动产暂行办法》，以及上位法规，如《保险法》《物权法》《土地管理法》等。在我国经济转轨时期，宏观政策和管理制度往往多有调整，相应的集团战略和投资模式也应“与时俱进”，这既涉及合法合规经营问题，也涉及政策风险控制问题。通过历史比较法可以观察制度变迁的路径，并进行预测。通过研究政策环境及其变动，可以探讨和检视资金进入养老产业的机会和威胁。

4.2 国内外的投资模式和项目研究

从经济原理上看，养老社区是集中养老，以市场的方式养老，与分散养老、居家养老是相对的。养老社区是养老需求的社会化、市场化、专业化，其效益体现在分工合作和规模化经营带来的效率上。如退休群体共用餐饮、健身、养生、医疗公共设施和服务，每个客户负担的固定成本就会下降较多。在第一代独生子女的父母逐渐退休以后，这一养老模式本身具有强大吸引力。因此本章研究的主要内容不是养老社区本身的硬件设置，而是研究保险公司如何将寿险资金的价值最大化并传导到客户。

本章通过文献研究与实地考察相结合的方式，通过资料收集、实地勘查、人员访谈来发现项目运营的优劣势，归纳其项目运营的亮点和独到之处。国外主要是台湾地区、日本和美国金融机构投资养老社区（地产）的研究，国内案例研究包括合众人寿武汉健康谷项目、康泰人寿北京小汤山项目、太平人寿上海周浦项目、中国人寿生态健康城、平安集团浙江桐乡养老社区项目、美联地产武汉福利院 BT 项目等。

4.3　养老社区投资模式与养老产业整体发展的匹配问题

我国养老产业的整体发展存在不平衡，主要为两点：一是地区不平衡，因为东部比中西部经济发展水平高，大城市比中小城市空巢老人多，全国不同等级城市的集中养老需求肯定是不均衡的、非线性的。因此重点是拓展一线城市还是非一线城市（如三四线城市大型公司可能具有业务网点覆盖优势）就需要进行整体评估。这就要求在将业务拓展进入一个城市之前，对其养老市场需求和市场容量进行总体评估，为设立大型项目进行风险评估。二是我国养老方式偏重居家（分散）养老，忽视或抗拒社区（集中）养老。本研究将对我国在5~10年的养老产业会发展到什么阶段，分散养老和集中养老的比例会达到什么样的程度进行预测。技术路线上可通过和欧美典型市场经济国家、东亚儒家文化国家、转型国家进行比较分析，辅以局部地区的社会调查来观察和预测这种变化趋势。其中着重分析目前作为主流的分散养老模式具有哪些机会点，可以与保险资金产生协调效应。对于将来将逐渐扩大规模的集中养老社区，则着重分析如何引导潜在保险客户购买特定险种，从而将养老社区建设和增加保费收入及改善集团资产结构结合起来。

显然投资养老社区或产业必须要和全社会大的节奏和养老体系主要改革措施相匹配，超前和过快会导致战略难以实施或投资回报周期过长，可行性不足。但如果对整体趋势响应不及时则丧失市场机会，也不利于拓展新兴增长极。

为了方便进行投资决策，本研究将提出一个合理的匹配进度，即将总体发展战略细化为实施节点，按照年计划或3年计划把握战略实施的节奏和工作的侧重点。根据评估结果可对拟拓展或进行试点的备选城市进行评价和排序，量化表标准化后可作为日常评价工具。

4.4　养老产业特色模式的构建

在养老社区投资运营过程中，保险公司能发挥什么样的独特作用？战略目标是价值增值、资源增值还是起整合作用，是作为投资的代理人、理财者还是服务集成商。更进一步，是否应跳出“投资养老养生社区”的思考藩篱，而将金融服务、险资增值与养老需求（服务）联系起来。可否采用互助基金的方式从保险委托过渡到养老委托服务。

人保已经在健康险和农业保险领域创造出了所谓的太仓模式和常德模式，可以看到这两个模式都利用到了人保覆盖城乡的经营网络和政策关联能力。那么在养老社区建设和运营中，保险企业是否能通过创新形成独有的竞争优势呢？例如分散的居家养老中是否仍然存在市场机会。目前城市富裕家庭有较高的住房拥有率，以房养老已经是现实情况。更多的中产阶层也加入投资性购房，通过囤房实现资产保值增值，最终希冀实现不靠子女和社保的以房养老。因此可否建立一个“幸福人生加入计划”，自带二手房加入保险，通过置换安排到养老社区集中居住或由公司提供额外的居家养老服务，通过非集中式的服务（点对点）来实现养老服务的直接到户。

投资模式的形成一般要经历两个阶段：一是顺应和吸引高端客户或发达地区的客户需求，建立若干标杆项目作为试点，为品牌、管理制度、合作伙伴和人力资源做储备。二是推广整合阶段，选择地方政府支持、市场占有率高的城市扩大试点，并逐步形成可复制连锁的投资模式，从而形成新的利润增长点。

有效的投资模式首先是符合客户需求的经营模式。总体来说国内城市居民的基本养老不成问题，住房状况也比较理想（人均住房拥有率和面积已达到小康标准），实际追求的是快乐养老和舒适养老。而且富人的养老与中低收入者养老的追求目标完全不同。中低收入者主要是保障生活质量不下降或者有最基本的生活医疗保障，主要考虑硬件标准和风险保障。高收入者在居家养老和集中养老的选择上更多考虑的是服务品质和投资回报。养老社区不是一个终点站，而应是一个安乐窝。例如笔者参观过位于湖北武汉的一个养老公寓，临终关怀区和社区医务室内弥漫着垂垂老矣的痛苦情绪令人不寒而栗，产生了想要逃离的感觉。这就是在客户体验上存在问题。养老社区的投资回报最终要靠客户买单，因此养老社区经营管理模式与项目投资成功与否存在直接联系。可通过经验借鉴和客户调查对养老社区的硬件配置、服务内容和收费标准进行测算，对成本构成和项目现金流情况进行详细分析，并可考虑对一线与二线城市（或发达地区与发展中地区）项目分别测算投资收益状况。

4.5　风险控制

一般来说投资不动产包括系统风险和特殊风险。系统风险包括利率风险、通缩风险、信用风险、流动性风险等。可通过政策冲击波动分析、敏感性分析来予以量化。特殊风险主要是采用非市场的方式进行投资，本身存在政策（法律）风险。例如一些保险企业要求采用非招拍挂方式定向拿地（减免地价），或要求政府减免税收、享受特殊招商优惠等。这类增加投资收益的活动对具体项目有效，考验具体业务部门的经营能力，但并不适合作为一般模式予以推广。因此研究应基于市场经济普遍规则和保险企业平等竞争的预设背景。只有通过立法渠道和政策建议获得政府对整个行业的扶持和特定模式的许可后，才可以大范围应用推广。

5. 研究进度（略）

6. 研究框架小结

研究内容	拟解决的问题	方法	结论
政策环境研究	政策的变动方向	文献研究和人员访谈，仿真分析方法	预测政策变动趋势和机会点
现有模式的评价	现有模式优劣的分析	保险类竞争对手相似案例研究；大型房地产公司从事养老地产开发的案例研究；统计回归方法	总结投资模式和项目操作成功经验和失败教训
创新模式的提出	在现有政策背景下和未来政策变化情况下，如何将保险与养老产业进行高效衔接	海外同类案例研究；特尔菲法	提出1~2个创新模式或现有模式的关键改进措施

续表

研究内容	拟解决的问题	方法	结论
投资模式比较	企业采用哪一种投资模式更适合	成本—效益分析方法、财务报表分析方法、案例研究方法	最佳模式和阶段性工作重点的提出；重点拓展方向和地域。
投资模式的风险评价	主要风险提示	归纳法、响应性分析	风险控制思路和方法

（该文完成于2013年5月30日）

提倡以房养老，不如发展和完善保险业务

以房养老可以通过继承、投资来实现。现有的制度安排已经可以实现，因此不需要特别的政策干预，而且大部分居民已经开始这样做，这从高住房自有率已经可以观察到。房子当然可以用来养老，“一铺养三代”，投资房产用于补偿退休收入的下降，这是住房的恒久性、锚定性等基本属性决定的。囤房养老在现阶段甚至是居民因通胀而不得不采取的行动，高通胀下留着现金储蓄有什么用?！事实上，鼓励以房养老不如发展和完善保险业务，由保险公司进行市场化操作。比如建立养老社区，提供养老服务。

以房养老是一个自然而然的过程，本质上老年人活动半径变小，不需要特别大的房子，人均15～30平方米就可以了，也不需要特别多的房子用于自己居住。老人一般喜欢群居而非独处，当然希望公共空间大一些，比如公园、健身中心、菜场超市等。这是需要规划部门进行干预的。建立高速互联网络和应急设施也是一种办法，可以降低老人进行群体交流和与亲属交流的成本。以房养老不等于养老地产，前者是个养老自我解决思路，后者是一个特色开发模式。

个人投资房产自然会用于养老或别的目的，不需要别人操心，也不需要过多政府干预。当然企业可以发现商机，帮助人们通过投资房产或一切有稳定回报的资源来换取养老支出。以房养老至少要有三个必要条件：

（1）房子的寿命超过人的寿命。房子的寿命包括物理结构和产权寿命，在我国住宅用地批租期是70年，因此一个人30岁买房，预期寿命80岁，住房土地剩余的产权寿命也就只有20年。如果没有产权保障和金融担保，房子的提前变现是非常困难的。

（2）房子可以快速变现。与股票、债券、金条、外币相比房子不容易变现，因此建立专有金融工具和平台，可以加速变现程度。

（3）退休养老金及储蓄不足以养老。养老一般包括日常生活和风险（医疗）开支。医疗支出的数字未来可能是惊人的，如果退休金和医保计划无法支撑普通人养老，可以预见以房养老将是家庭不得已而为之的必然选择。

（该文完成于2013年10月16日）

参 考 文 献

[1]阿列克斯·施瓦兹．美国的住房政策[M]．黄瑛，译．北京：中信出版社，2008.

[2]爱德华·L. 格莱泽，约瑟夫·乔科．美国联邦住房政策反思：如何增加住房供给和提高住房可支付性[M]．陈立中，陈一方，译．北京：中国建筑工业出版社，2012.

[3]巴曙松，王志峰．资金来源、制度变革与国际经验借鉴：源自公共廉租房[J]．改革，2010(3)：80-86.

[4]彼得·M. 杰克逊．公共部门经济学前沿问题[M]．郭庆旺，等，译．北京：中国税务出版社，2000.

[5]边燕杰，刘勇利．社会分层、住房产权与居住质量——对中国"五普"数据的分析[J]．社会学研究，2005(3)：82-95.

[6]陈德湖．排污权交易理论及其研究综述[J]．外国经济与管理，2004(5)：45.

[7]陈淮．发展住房保障制度是缓解住房矛盾的关键[J]．经济与管理研究，2006(3)：9-12.

[8]陈劲松，等．世联观察景气循环中的市场 2007—2009[M]．北京：机械工业出版社，2009.

[9]陈杰．城市居民住房解决方案——理论与国际经验[M]．上海：上海财经大学出版社，2009.

[10]陈杰．停建经济适用房，兴办公共租赁房，以制度创新来实现上海住房保障事业的新突破．2010-02-04. http：//jiech.blog.sohu.com/143845626.html.

[11]陈杰．制度经济学视角下的中国住房制度变迁分析[J]．社会科学辑刊，2010(6)：104-108.

[12]成思危．中国住房政策探讨[J]．中国流通经济，2011(6)：4-9.
[13]戴维·莫林斯，艾伦·穆里．英国住房政策[M]．陈立中，译．北京：中国建筑工业出版社，2012.
[14]董立．新加坡的房屋发展署及其公共住房[J]．人类居住，2000(3).
[15]邓小平．邓小平文选(第三卷)[M]．北京：人民出版社，1993.
[16]邓卫，宋杨．住宅经济学[M]．北京：清华大学出版社，2008(3)：155.
[17]邓宏乾，王贤磊，陈峰．我国保障住房供给体系并轨问题研究[J]．华中师范大学学报(人文社会科学版)，2012(5)：29-37.
[18]丁成日．城市经济与城市政策[M]．北京：商务印书馆，2008.
[19]丁成日．中国城市的人口密度高吗？[J]．城市规划，2004(8)：43-46.
[20]丁学良．辩论“中国模式”[M]．北京：社会科学文献出版社，2009.
[21]杜金锋，冯长春．限价商品住房政策基础理论研究[J]．城市发展研究，2009(5)：102-108.
[22]菲利普·麦卡恩，李寿德．城市与区域经济学[M]．蒋录全，译．上海：上海人民出版社，2010.
[23]耿继进．房地产政策：仿真与实验[M]．北京：中国金融出版社，2011.
[24]郭玉坤，杨坤．住房保障对象划分研究[J]．城市发展研究，2009(9)：15-21.
[25]郭巍青，江绍文．混合福利视角下的住房政策分析[J]．吉林大学社会科学学报，2010(3)：128-133.
[26]郭士征，张腾．“三元到四维”：住房保障体系的构建[J]．探索与争鸣，2010(8).

[27]何一鸣．产权管制放松理论——验证于中国的农地制度变迁(1958—2008 年)［M］. 北京：中国经济出版社，2010.
[28]胡挺．基于 Agent 模型的房地产市场复杂自适应研究[J]. 现代管理科学，2010(1)：72-75.
[29]焦怡雪．城市居住弱势群体住房保障的规划问题研究[D]. 中国城市规划院，2007.
[30]焦建国，郎大鹏．住房社会保障制度：由来、问题、借鉴与改进建议[J]. 经济研究参考，2005(76)：31-37.
[31]吉姆·凯梅尼．从公共住房到社会市场——租赁住房政策的比较研究［M］. 王韬，译．北京：中国建筑工业出版社，2010.
[32]金观涛．探索现代社会的起源[M]. 北京：社会科学文献出版社，2010.
[33]景娟，刘志林，满燕云．低收入住房政策的国际经验借鉴：需求方补贴[J]. 城市发展研究，2010(6)：56-64.
[34]吕萍，甄辉．城乡统筹发展中统一住房保障体系的建设[J]. 城市发展研究，2010(1)：123-128.
[35]李大宇，米加宁，徐磊．公共政策仿真方法：原理、应用与前景[J]. 公共管理学报，2011(10)：8-13.
[36]李国敏，卢珂．公共性：中国城市住房政策的理性回归[J]. 中国行政管理，2011(7)：51-55.
[37]李晶．完善保障性租赁住房政策的必要性研究[J]. 城市规划，2008，32(5)：45-50.
[38]李晶．英国劳动力移民的住房政策及启示[J]. 国际城市规划，2010(5)：103-114.
[39]李涛，史宇鹏，陈斌开．住房与幸福：幸福经济学视角下的中国城镇居民住房问题[J]. 经济研究，2011(11)：69-84.
[40]李文斌．美国不同时期的住房补贴政策：实施效果的评价与启发[J]. 城市发展研究，2007 ，14(3)：77-81 .
[41]李薇辉，傅尔基．创新上海住房保障体系的构想[J]. 上海经济研究，2007(4)：67-77.

[42]李扬，汪利娜，殷剑峰．普遍住房保障制度比较和对中国的启示[J]．财贸经济，2008(1)．
[43]李宇明．谈术语本土化、规范化与国际化[J]．中国科技术语，2007(8)：5-10.
[44]李强．当代中国社会分层：测量与分析[M]．北京：北京师范大学出版社，2010(4)：140.
[45]凌维慈．公法视野下的住房保障——以日本为研究对象[M]．上海：上海三联书店，2010.
[46]林荣茂．经济适用房划拨用地补贴与货币补贴的福利、效率与产权分析[J]．中国土地科学，2006(8)：9-14.
[47]林卡，高红．中国经济适用房制度发展动力和制度背景分析[J]．中国软科学，2007(1)：23-34.
[48]刘佳燕．1940 年代以来巴西公共住房政策发展评析和启示[J]．国际城市规划，2012(4)：43-50.
[49]刘妙龙，陈鹏．基于细胞自动机与多主体系统理论的城市模拟原型模型[J]．地理科学，2006(3)：292-299.
[50]刘云，宁奇峰，陈伟．香港保障性住房供应体系的特点及其启示[J]．上海经济研究，2002(4)：61-65.
[51]刘志峰．住房政策法规文库·从书序二[M]．北京：中国建筑工业出版社，2012.
[52]陆铭．中国城市化的南辕北辙[2011-11-11]．http：//news. cn. yahoo. com/ypen/20111115/700361_2. html.
[53]陆铭．城市不死——在上海中青年区域经济学者论坛的演讲[N]．东方早报，2013-03-12.
[54]陆学艺，宋国恺，胡建国，等．当代中国社会结构[M]．北京：社会科学文献出版社，2010.
[55]姜琳．新华时评：北京市看不懂、想不通的公租房价．2010-08-01．http：//finance. qq. com/a/2010 0801/000520. htm.
[56]马万里，陈玮．建立健全面向农民工的城市住房保障体系研究——杭州农民工基本住房状况调查与政策建议[J]．城市规划，2008(5)：38-45.

[57]马光红，李宪立．建立健全保障性住房规划建设管理体制研究——基于廉租房的视角[J]．城市发展研究，2010，17(4)：64-68.

[58]马朝琦，雷晓康．美国公共政策绩效评估方法及借鉴[J]．西北农林科技大学学报(社科版)，2006(9)：80-85.

[59]满燕云，隆国强，景娟，等．中国低收入住房：现状及政策设计[M]．北京：商务印书馆，2011.

[60]茅于轼．住房保障应采取货币补贴．[2011-11-16]．http：//finance. ifeng. com/opinion/mssd/.

[61]内斯特·M. 戴维斯，等．美国经济适用房与公私合营关系[M]．北京：中国建筑工业出版社，2012.

[62][日]平山洋介．日本住宅政策的问题——展望“自有房产社会”的将来[M]．丁恒，译．北京：中国建筑工业出版社，2012.

[63]钱瑛瑛．中国住房保障政策研究——经济适用房与廉租住房[J]．中国房地产，2003(8)：57-60.

[64][法]让·克劳德·德里昂. 欧洲与法国社会住房政策的主要问题[J]．马璇，姚鑫，译．国际城市规划，2009(4)：22-27.

[65][法]欧仁·阿韦尔. 居住与住房[M]．齐淑琴，译．北京：商务印书馆，1996.

[66]容乐，陈立中．香港住房政策：基于社会公平视角的案例研究[M]．北京：中国建筑工业出版社，2012.

[67]宋博通．政府兴建住房与货币补贴成本比较研究[J]．深圳大学学报(理工版)，2001(3)：71-78.

[68]宋博通．从公共住房到租金优惠券——美国低收入阶层住房政策演化解析[J]．城市规划汇刊，2002(4)：65-69.

[69]苏志超．台湾地区农地权益制度与农地生产效率[J]．中国土地科学，1998(6)：6-17.

[70]孙刚，陆铭，张吉鹏．反腐败、市场建设与经济增长[J]．经济学(季刊)，2005(10)：1-22.

[71]石薇．基于美国经验的上海市公共租赁房发展对策[J]．科学

发展，2011(5)：108-113.

[72]上海社会科学院房地产业研究中心，上海市房产经济学会．发展中国公共租赁住房机制和对策研究[M]．上海：上海社会科学院出版社，2010.

[73]谭兵．香港、澳门、内地社会援助比较研究[M]．北京：北京大学出版社，2009.

[74]谭荣，曲福田．中国农地发展权之路：治理结构改革代替产权结构改革[J]．管理世界，2010(6)：56-64.

[75]陶雪良，刘洪玉．北京市经济适用住房供给规模影响因素的实证分析[J]．系统工程理论与实践，2010(3)：464-471.

[76]陶雪良，刘洪玉．城市公共住房政策的起因与归结[J]．财政研究，2008(9)：33-35.

[77]田一淋，马光红．以中间组织为枢纽的PPP模式住房保障体系探讨[J]．建筑经济，2008.

[78]汪利娜．我国保障性住房政策演变及思考[J]．现代城市研究，2009(12)：7-12.

[79]汪冬宁，汤小橹，金晓斌，等．基于土地成本和居住品质的保障住房选址研究——以江苏省南京市为例[J]．城市规划，2010，34(3)：57-61.

[80]王俊，龚强，刘冲．基于参数模拟的中国物业税调控能力研究[J]．管理科学学报，2011(12)：87-97.

[81]王松涛．中国住房市场政府干预的原理与效果评价[M]．北京：清华大学出版社，2009.

[82]威廉·N. 邓恩．公共政策分析导论(第二版)[M]．北京：中国人民大学出版社，2002：437.

[83]魏礼群．加快推进以改善民生为重点的社会建设——十七大报告辅导读本[M]．北京：人民出版社，2007.

[84]武汉市经济研究所．2011武汉发展报告[M]．武汉：武汉出版社，2011.

[85]武汉市人民政府．市人民政府办公厅关于加快发展公共租赁住房的意见[R]．内部资料，2011.

[86]谢识予．经济博弈论(第三版)[M]．上海：复旦大学出版社，2010.
[87]许德风．住房租赁合同的社会控制[J]．中国社会科学，2009(3)：125-141.
[88]许庆，章元．土地调整、地权稳定性与农民长期投资激励[J]．经济研究，2005(10)：59-69.
[89]姚洋．农地制度与农业绩效的实证研究[J]．中国农村观察，1998(6)：1-10.
[90]叶前，詹奕嘉．倒卖利润高违规成本低 追问“住经适房开奔驰”现象．[2010-04-04]．http：//www.chinadaily.com.cn/hqcj/fcdt/2010-04-04/content_112436.html.
[91]尹志超，甘犁．中国住房改革对家庭耐用品消费的影响[J]．经济学(季刊)，2009(10)：53-72.
[92]余凌志．廉租住房保障水平研究[D]．上海：上海交通大学图书馆，2007.
[93]余南平．欧洲社会模式——以欧洲住房政策和住房市场为视角[M]．上海：华东师范大学出版社，2009.
[94]袁秀明．我国住房保障制度设计问题剖析与建议[J]．宏观经济研究，2009(7)：27-33.
[95]约瑟夫·费尔德．科斯定理 1—2—3[J]．李政军，译．经济社会体制比较，2002(5)：72-80.
[96]杨春志，郑思齐．推进中国城市空间模型的理论研究与实际应用[J]．城市发展研究，2012(2)：94-98.
[97]杨万国．武汉房产公司未经环评在重污染土地建起经适房[N]．新京报，2010-11-30.
[98]易宪容．中国住房市场的公共政策研究[J]．管理世界，2009(10)：62-72.
[99]殷·罗伯特．案例研究：设计与方法(第2版)[M]．重庆：重庆大学出版社，2004.
[100]曾国安，李少伟．关于中国住房社会保障的几个问题的宏观思考[J]．西北大学学报(哲学社会科学版)，2008(9)：

43-50.
[101]曾国安．黄石模式：住房保障创新和发展的新模式[J]．中国房地产学术版，2012(9)：14-18.
[102]曾晓安．对PPP模式在城市住房保障体系中的应用研究[J]．上海房地，2009.
[103]宗利永，孙绍荣，顾宝炎．基于多主体建模方法的行为管理制度设计研究[J]．管理学报，2011(9)：1318-1334.
[104]朱晨，岳岚．基于规划调控的英国住房保障措施研究[J]．城市发展研究，2007，14(2)：23-28.
[105]朱莉·鲁格．英国青年人住房政策[M]．陈立中，译．北京：中国建筑工业出版社，2012.
[106]朱亚鹏．住房制度改革——政策创新与住房公平[M]．广州：中山大学出版社，2007.
[107]甄峰．城市规划经济学[M]．南京：东南大学出版社，2011.
[108]郑尚元．居住权保障与住房保障立法之展开——兼谈《住房保障法》起草过程中的诸多疑难问题[J]．法治研究，2010：11-19.
[109]郑思齐．城市经济的空间结构：居住、就业及其衍生问题[M]．北京：清华大学出版社，2012.
[110]郑思齐，符育明，任荣荣．住房保障的财政成本承担：中央政府还是地方政府？[J]．公共行政评论，2009(6)：109-125.
[111]张磊，姜雷．发展中国家低收入者住房理论发展轨迹：多元性与渐进性[J]．城市发展研究，2011(3)：14-20.
[112]张国胜，王征．农民工市民化的城市住房政策研究：基于国别经验的比较[J]．中国软科学，2007(12)：39-46.
[113]张金鹗，等．台北市住宅政策纲领之研究[R]．“中华民国”住宅学会内部报告，2000.
[114]张庭伟．从更广的角度看城市住房改革——房改自身解困的思考[J]．城市规划，1991(2)：58-59.
[115]张昕，张宇祥．典型国家和地区住房保障政策的经验与启

示[J]. 宏观经济研究，2008(3)：77-79.
[116]张齐武，徐燕雯. 经济适用房还是公共租赁房？——对住房保障政策改革的反思[J]. 公共管理学报，2010(10)：86-92.
[117]张齐武，周德翼，曾启华. 囤房现象形成的原因、影响与治理策略[J]. 城市发展研究，2012(7)：18-26 .
[118]张齐武，徐燕雯. 住房保障与住房援助[J]. 中国科技术语，2012(8)：31-34.
[119]张齐武，徐燕雯. 试论排污权与排放权的价格评估[J]. 科技进步与对策，2010(22)：56-59.
[120]张齐武. 可交易许可模式在公共管理中的应用与移植——以公共住房政策为例[J]. 公共管理学报，2015(2)：83-92.
[121]张齐武. 新常态下促进房地产行业健康发展的策略研究[J]. 建筑经济，2015(5)：22-27.
[122]张齐武. 基于 NETLOGO 城市住房政策可视化评估系统：中国，2014SR165996 [P]. 2014-11-02.
[123]张清勇. 住房、住房问题与住房政策：一个综述[J]. 财贸经济，2008(1)：44-51.
[124]张祚，李江风，李治. 国外住房问题和住房政策研究——回顾及启示 [J]. 公共管理学报，2009(10)：112-123.
[125]周其仁. 医疗服务的资源动员——医改系列评论之三[N]. 经济观察报，2007-01-29.
[126]周雪光. 组织社会学十讲[M]. 北京：社会科学文献出版社，2003(12)：304-306.
[127]中国土地学会. 土地科学学科发展报告[M]. 北京：中国科学技术出版社，2010.
[128]住房和城乡建设部住房改革与发展司. 国外住房数据报告[M]. 北京：中国建筑工业出版社，2010.
[129]住房和城乡建设部政策研究中心，中冶置业集团有限公司联合课题组. 求索公共租赁住房之路[M]. 北京：中国建筑工业出版社，2011.
[130]巴泽尔. 产权的经济分析[M]. 上海：上海三联书店\ 上海

人民出版社，1997.

[131]ANGEL D. Meeting the demand for affordable housing: state intervention in Massachusetts. Housing Studies, 1992 (4): 243-254.

[132]AMBROSE BW. A Hazard Rate Analysis of Leavers and Stayers in Assisted Housing Programs. Cityscape, 2005(8): 69-93.

[133]ARIMAH BC. Housing-sector Performance in Global Perspective: A Cross-city Investigation. Urban Studies, 2000 (13): 2551-2579.

[134]BRATT RG. Housing for very Low-income Households: The Record of President Clinton, 1993-2000 [J]. Housing Studies, 2003(4): 607-635.

[135]CARLSON D, HAVEMAN R, KAPLAN T, WOLFE B. Long-term earnings and employment effects of housing voucher receipt. Journal of Urban Economics, 2012(71): 128-150.

[136]CARLSON D, HAVEMAN R, KAPLAN T, WOLFE B. Long-term effects of public low-income housing vouchers on neighborhood quality and household composition. Journal of Housing Economics, 2012(21): 101-120.

[137]COLLINSON R, WINTER B. U.S. Rental Housing Characteristics: Supply, Vacancy, and Affordability. HUD PD&R Working Paper 10-01. http://ssrn.com/abstract=1583176.

[138]DONOVAN S. Greetings from the secretary. [2012-12-04]. http://portal.hud.gov/hudportal/HUD? src=/hudprograms.

[139]DIAMOND M. Affordable Housing and the Conflict of Competing Goods: A Policy Dilemma. Georgetown Public Law Research Paper 2010-10-07.

[140]EARLY DW, OLSEN O E. Geographical Price Variation, Housing Assistance and Poverty. The Oxford Handbook of the Economics of Poverty, Oxford University Press, 2011.

[141]ELLEN I, Schill M, et al. Housing Production Subsidies and

Neighborhood Revitalization: New York City's Ten-Year Capital Plan for Housing. FRBNY Economic Policy Review, 2003: 71-85.

[142]ELLEN I, SCHILL M, et al. The Role of Cities in Providing Housing Assistance: A New York Perspective. Working Paper, 2004(4).

[143]ELLICKSON RC. The Mediocrity of Government Subsidies to Mixed-Income Housing Projects[J]. Habitat International, 2007(31): 177-192.

[144]ERIKSEN MD. The market price of Low-Income Housing Tax Credits. Journal of Urban Economics. 2009(66): 141-149.

[145]FREEMAN L. Household Composition and Housing Assistance Examining the Link. Cityscape. 2005(8): 49-66.

[146]FREEMAN A. A cross national study of tenure patterns, housing costs and taxation and subsidy patterns. Scandinavian Housing and Policy Research, 1997(14): 159-174.

[147]FORREST R, Lee J. Housing and social change. London: Routledge, 2003.

[148]GALSTER G. Comparing demand-side and supply-side housing policies: sub-market and spatial perspectives. Housing Studies, 1997, 12(4) : 561-577.

[149]GAO L. Achievements and Challenges: 30 Years of Housing Reforms in the People's Republic of China. Asian Development Bank Economics Working Paper Series, 2010.

[150]GREEN RK. Thoughts on Rental Housing and Rental Housing Assistance. Cityscape, 2011(13). 39-56.

[151]HALL JC , RYAN M. The Economics of Government Housing Assistance for The Poor. Housing America: Building Out of a Crisis, Oakland, 2009: 230-261.

[152]HENGER R, BIZER K. Tradable planning permits for land-use control in Germany. Land Use Policy, 2010(27): 843-852.

[153] HEIJDEN HVD. Social Rented Housing in Western Europe: Developments and Expectations. Urban Studies, 2002, 139(2): 327-340.

[154] HO LS. Privatization of public housing: An analysis of policy alternatives. Contemporary Economic Policy. 1995: 53-64.

[155] HO LS, Wong G W. The first step on the housing ladder: A natural experiment in Hong Kong. Journal of Housing Economics, 2009(18). 59-67.

[156] IGLESIAS T. Our Pluralist Housing Ethics and Public-Private Partnerships for Affordable Housing. 2008. http://works.bepress.com/tim_iglesias/7.

[157] JIN Y, ZENG ZX. Real estate and optimal public policy in a credit-constrained economy[J]. Journal of Housing Economics, 2007(16): 143-166.

[158] KATZ B, TURNER MA, BROWNKD, et al. Rethinking Local Affordable Housing Strategies: Lessons From 70 Years of Policy and Practice. The Brookings Institution Center on Urban and Metropolitan Policy and The Urban Institute, 2003.

[159] KEIVANIA R, WERNAB E. Modes of housing provision in developing countries. Progress in Planning, 2001(55): 65-118.

[160] KEMENYJ. From public Housing to the Social Market: Rental Policy Strategies in Comparative Perspective. London: Routledge, 1995.

[161] KONING RH, RIDDER G. Rent assistance and housing Demand. Journal of Public Economics, 1997(66): 1-31.

[162] KLEINMAN M. Meeting housing needs through the market: an assessment of housing policies and the supply/ demand balance in France and Great Britain. Housing Studies, 1995(10): 17-38.

[163] LEVITIN AJ, WACHTER MS. Explaining the Housing Bubble. Georgetown Business, Economics and Regulatory Law Research, 2010: 10-16.

[164] LEUNG CKY, et al. Public housing units vs. housing vouchers: Accessibility, Local public goods, and welfare. Journal of Housing Economics, 2012(21): 310-321.

[165] LUX M, SUNEGA P. The future of housing systems after the transition-The case of the Czech Republic. Communist and Post-Communist Studies, 2010: 221-231.

[166] MARKHAM M. POLAND: Housing Challenge in A Time of Transition. Housing Policy in the United States: The Intersection of the Public and Private Sectors in Housing Finance, 2003(5): 1-13.

[167] MAK WKS, CHOYA L, Ho KOW. Privatization, housing conditions and affordability in the People's Republic of China. Habitat International, 2007(31): 177-192.

[168] MCCLURE K. Rent Burden in the Housing Choice Voucher Program. Cityscape, 2005(8): 5-38.

[169] GABRIEL M , JACOBS K . Opportunities and Constraints in State Housing Policy: The Example of "Tasmania's Affordable Housing Strategy". Urban Policy and Research, 2006 (24): 539-551.

[170] Metro Vancouver Affordable Housing Strategy. [2007-11-1]. http: //www. metrovancouver. org.

[171] OFFICE OF POLICY DEVELOPMENT AND RESEARCH OF HUD. Studies in Assisted Housing. Cityscape, 2005: 1-247.

[172] O'CONNELL GE. Problems with The US Program Approach to Urban Housing : Can Europe Lead America to a Policy Solution in 2002 and Beyond. European Journal of Housing Policy, 2002 (2): 293-307.

[173] ORLEBEKE JC. The Evolution of Low-Income Housing Policy, 1949 to 1999. Housing Policy Debate, 2000(111): 489-520.

[174] OLSEN EO, et al. The Effects of Different Types of Housing Assistance on Earnings and Employment. Cityscape, 2005 (8). 163-183.

[175] RENEE JL. Thirty Years of Trends in Transit-Oriented Development across America. Citeseer, 2005: 1-27.

[176] RONALD R. The Ideology of Home Ownership: Homeowner Societies and the Role of Housing. New York: Palgrave Macmillan, 2008.

[177] POWELL B, STRINGHAM E, MOORE T A. Housing Supply and Affordability: Do Affordable Housing Mandates Work? Policy Study, 2004(318): 1-48.

[178] PINTO MS. Assistance to poor households when income is not observed: targeted in-kind and in-cash transfers. Journal of Urban Economics, 2004(3): 536-553.

[179] POISTER TH. Public Program Analysis: Applied Methods. Baltimore: University Park Press, 1978: 9.

[180] QUIGLEY MJ. Rental Housing Assistance? Program On Housing And Urban Policy. Working Paper, 2011.

[181] SENGUPTA U. Government intervention and public-private partnerships in housing delivery in Kolkata. Habitat International, 2006: 448-461.

[182] SINGAPORE. Housing And Development Board. HDB Annual Report 2011/2012. [2011-1-1]. http: //www. hdb. gov. sg/.

[183] SHRODER M. Does housing assistance perversely affect self-sufficiency? A review essay. Journal of Housing Economics, 2002(11): 381-417.

[184] SKABURSKIS A, MOK D. The Impact of Withdrawing Subsidies for New Rental Housing: Projections for Toronto and the Rest of Ontario. Housing Studies, 2000, 15(2): 169-194.

[185] SUCHMAN EA. Evaluation Research: Principle and Practice in Public Service and Action Program. N. Y. Ressell Sage Foundation, 1967(61).

[186] SHLAY BA. Low-income Homeownership: American Dream or Delusion? Urban Studies, 2006(43): 511-531.

[187] SUSIN S. Rent vouchers and the price of low-income housing.

Journal of Public Economics, 2002(83): 109-152.

[188] STAVINS NR. Transaction Costs and Tradable Permits. Journal of Environmental Economics and Management, 1995: 133-148.

[189] TATIAN PA, SNOW C. The Effects of Housing Assistance on Income, Earnings, and Employment. Cityscape. 2005 (8): 135-147.

[190] TSE R, HO CW, GANESAN S. Matching housing supply and demand: an empirical study of Hong Kong's market. Construction Management and Economics, 1999(17): 625-633.

[191] U. S. DEPARTMENT OF HOUSING AND URBAN DEVELOPMENT. The Budget For Fiscal Year 2011. [2012-12-01]. http: //portal. hud. gov/hudportal/HUD.

[192] U. S. DEPARTMENT OF HOUSING AND URBAN DEVELOPMENT. Annual Report on Fair Housing, FY 2010. [2011-12-01]. http: //portal. hud. gov/hudportal/HUD.

[193] U. S. DEPARTMENT OF HOUSING AND URBAN DEVELOPMENT. Quality Control for Rental Assistance Subsidy Determinations Final Report for FY 2007. [2011-12-01]. http: //portal. hud . gov/ hudportal/ HUD.

[194] WANG R. The Structure of Chinese Urban Land Prices: Estimates from Benchmark Land Price Data. Journal of Real Estate Finance and Economy, 2007.

[195] WILLIAMS P, SALISBURY N. Opportunities for institutional investment in affordable housing. Report to the HCA Housing Finance Group, 2011: 1-19.

[196] WONG TC, YAP A. From universal public housing to meeting the increasing aspiration for private housing in Singapore. Habitat International, 2003(27): 361-380.

[197] YATES J, Whitehead C. InDefence of Greater Agnosticism: A Response to Galster's Comparing Demand-side and Supply-side Housing Policies. Housing Studies. 1998(13): 415-423.